북한의 한반도 주변 대4강 외교정책에 대한 이해

북한의 한반도 주변 대4강 외교정책에 대한 이해

김 태 운 著

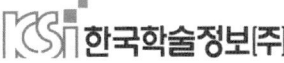한국학술정보(주)

머 리 말

이 책은 북한의 한반도 주변 대4강 외교정책의 과거와 현재를 살펴보는 가운데 향후 외교정책을 전망하여 본 것이다.

북한이 냉전기 및 탈냉전기에 보여주었던 대외행동들을 보면 다소 상식에서 벗어나거나 비합리적인 측면들이 없지 않았다. 그래서 혹자들은 북한 외교정책이 일반적인 외교정책 분석틀로는 설명되지 않는다고도 한다. 그러나 북한 외교정책의 과거와 현재를 자세히 들여다보면 이러한 주장들에는 편견과 오류가 내재되어 있다는 것이 발견된다. 북한의 주변 대4강 정책은 약소국이 강대국을 상대로 보여줄 수 있는 매우 교과서적인 것이었다. 정권수립 이후 소련 중심의 동일진영 외교나 정부승인 외교는 당시 대미 추종적 한국의 외교행태와 크게 다르지 않았다고 본다. 또한 한국전쟁 이후 보여주었던 친중국적 태도 역시도 당시 북한으로서는 최선의 선택이었다. 약자가 강자들의 틈바구니 속에서 생존하기 위해서는 자신의 힘을 기르든가 아니면 힘 있는 자에 의존하는 것이 원칙이다. 북한은 이러한 두 가지 원칙을 대4강 정책에 적극 활용하였다. 북한은 중·소와의 동맹·협력관계를 기반으로 지금까지 미·일에 대응해 오고 있기 때문이다.

탈냉전의 국제환경은 북한에게 새로운 대외정책을 요구하였다. 이 과정에서 북한은 지속과 변화라는 두 측면을 동시에 보여주었다. 중국 및 러시아와는 지난날의 우정관리 및 관계회복에 힘을 썼고, 미국을 비롯한 일본과는 새로운 관계 형성에 역점을 두었다는 점이다. 이처럼 북한은 나름대로의 논리와 원칙에 따라 대외행동을 하였다.

현재 한반도를 비롯한 동북아지역은 북한과 관계되어 있는 현안 문제들이 산적해 있다. 북핵문제와 미사일문제가 역내 안보이슈로 등장한 지 10년이 넘었지만 아직도 해결의 가닥이 잡히지 않고 있다. 미국과 일본의 대북한 수교 전망 역시 불투명하다. 남북한 관계는 2000년 이후 관계개선 징후가 역력하지만 냉전구조를 해체할 수 있는 수준으로까지는 도약하지 못하고 있다. 북한과 중·러 간에는 탈냉전기 들어 미묘한 갈등이 적지 않게 드러나고 있다. 이러한 상태가 지속되고 있다는 것은 결코 한반도 및 동북아의 미래를 위해서 바람직하다고 볼 수 없다. 북한 외교정책을 정확히 이해하는 것은 이러한 문제들을 풀어나가는데 디딤돌이 될 수 있다. 이 책은 바로 이러한 점에서 나름대로의 의미를 가지고 있다.

이 책은 필자의 박사학위 논문을 대폭 수정·보완하여 새롭게 구성한 것이다. 여기에서 다루어진 대부분의 내용들은 필자의 완성된 생각이라기보다는 향후 더 깊은 논의를 위한 하나의 과정으로서 성격을 가지고 있다. 따라서 여러모로 지적될 수 있는 부족한 점들은 향후 수정과 보완을 통해 완성도를 높일 것이다.

끝으로 지금까지 필자가 학문에 정진할 수 있도록 끝없는 격려와 은혜를 베풀어주신 조선대학교 정치외교학부의 모든 교수님들께 진심으로 감사를 드린다.

2006년 9월 28일
김태운

차 례

제2부 북한의 주변 대4강 외교정책 / 137

제1부 북한 외교정책의 이해를 위한 기초

제1장 서 론

한반도 주변 4대강국(중・러・미・일)은 남북한 분단을 비롯해 분단 이후 국가형성 및 체제유지와 불가분의 관계를 갖고 있다.[1] 주지하는 바와 같이 제2차 세계대전 종전(終戰)과 동시에 전승국 미국과 러시아(구소련)는 전후(戰後) 처리과정에서 한반도를 분단시켰다. 분단 이후 한반도는 미・소 갈등의 최일선에서 대리전쟁(한국전쟁[2])을 치르게 되었다. 이 전쟁에서 미국을 비롯한 중국과 러시아(구소련)가 상호 연관됨으로서[3] 남북한은 냉전기 및 탈냉전기를 통해 이들과 동맹 또는 적대관계라는 복잡한 역학관계를 갖게 되었다.

북한과 미・일 간의 적대관계는 한국전쟁 및 미・일 군사동맹 등이 직접적인 계기가 되었다. 중국 및 러시아와는 체제 및 이념

---

1) 북한정권 수립과 관련하여 러시아(구소련)는 결정적인 역할을 하였다. 소련에 있던 김일성은 해방과 함께 입북하여 소련군의 절대적인 후원을 받아 조선로동당을 결성(1945. 10. 10)하고 조선인민군을 창설(1948. 2. 8)한 후 정권 수립에 성공하였다. 중국의 경우는 한국전쟁을 통하여 북한체제 수호에 결정적인 역할을 하였다.
2) 한국전쟁은 6・25 동란, 한국 내전, 6・25 사변 등 다양한 명칭으로 불리고 있는데, 이는 한국전쟁의 성격을 어떻게 규정하느냐에 대한 것으로, 한국전쟁을 보는 가치관과 이데올로기에 따른 것으로 볼 수 있다.
3) 한국전쟁의 원인에 관하여 다수설은 소련 스탈린의 계획하에 김일성이 일으킨 전쟁이고, 중국이 북한을 원조한 전쟁으로 보고 있다. 즉 한국전쟁은 그 원인에 있어서 소련을 비롯한 중국, 북한이 상호 관련되어 있다는 것이다.

적 동질성을 기반으로 동맹·협력관계를 맺게 되었으며, 특히 한
국전쟁과 국제체제의 냉전적 대결은 이들과의 관계를 견고하게
만들었다. 한반도를 위시로 한 주변 강대국들과의 이 같은 관계
는 냉전기 및 탈냉전을 통하여 약소국인 북한의 대내외 정치에
많은 영향을 미치고 있다.

한편, 북한과 동맹국들과의 관계 면에서 냉전기 및 탈냉전기를
통해 관계 부침이 계속되고 있다. 이러한 점에서 동맹국인 대
중·러 관계는 결코 순탄한 것만은 아니다. 말 그대로 북한의 대
중·소 관계는 협력과 갈등의 연속이었다. 약소국인 북한이 이들
과의 관계에서 보여주었던 특징은 중·소 어느 한쪽으로만 기울
지 않았다는 것이다. 즉 상황에 따라 친중국 또는 친소련의 경향
을 보였으며, 어떤 경우에는 독자적인 외교노선을 표방하는 등
다양한 양태로 이들 동맹국들과의 관계에 적응해 왔던 것이다.

탈냉전 이후 중국 및 러시아가 남한과 수교를 하면서 북한의
대중·소 관계는 많은 변화를 가져왔다. 특히 북한의 국제적 고
립과 동맹국가들과의 관계 변화가 그것이다. 이에 북한은 국제적
고립 탈피와 안보환경 개선을 위하여 미국 및 일본과의 관계개
선을 시도하였지만 괄목할 만한 성과는 거두지 못하였다.4) 또한,
북한은 냉전기의 우방이었던 중국 및 러시아와의 관계복원의 중
요성을 인식한 가운데 이들과의 관계 재정립에 대외정책의 역점
을 두게 되었다. 주변 4강과의 이 같은 관계개선 및 재정립의 목
표는 탈냉전기 현재 북한의 대외정책에서 중심이 되고 있다.5)

---

4) 그럼에도 불구하고 북한은 미국 및 일본과 관계개선의 노력을 멈추지 않고
   있다. 그 이유는 이들과의 관계개선 여부가 자신들의 체제 유지 및 도약과
   밀접한 관련을 갖고 있다는 현실적인 인식 때문이다.

현재 북한의 대외정책에서 대중·러 정책은 물론 적대관계에 있는 대미·일 정책도 북한의 생존과 직결되어 있는 중차대한 문제이다. 이에 따라 동맹·협력관계에 있는 중국 및 러시아와는 냉전기와 같은 정치·경제·군사·안보관계 회복이 시급한 과제이며, 적대관계에 있는 미국, 일본과는 관계개선을 통해 체제보전 및 경제협력을 도모하는 것이 체제도약을 위한 지름길이 되고 있다.

그러나 현재 이들 4강과는 북한 자신이 유발한 제2차 핵문제로 인해 대외정책 목표달성이 단기적으로 용이하지 않은 실정이다. 특히 핵문제가 어떻게 해결되느냐에 따라 북한의 안보환경 및 경제문제가 개선되거나 아니면 더욱 악화될 수도 있는 입장에 처해 있다. 따라서 탈냉전기 북한의 대외정책에서 주변 4강정책은 북한체제의 생존과 직결되어 있을 정도로 그 중요성이 크다고 볼 수 있다.

이처럼 이 책은 북한의 대외정책에서 주변 4강 관계가 북한체제 생존여부를 결정할 만큼 중차대하다는 인식하에 북한이 이들 강대국들을 상대로 전개해 왔던 냉전기 및 탈냉전기 외교정책의 주요 궤적을 살펴보면서 대4강 정책을 전망하고 향후 연구과제를 제시하고자 한다.

북한의 외교정책을 연구하는 데 있어서는 여러 가시 분식빙법[6]이 있지만, 이 책에서는 북한의 선전매체인 「로동신문」[7]의

---

5) 북한은 탈냉전 초기 중국과 러시아가 한국과 수교 이후 북한으로부터 멀어지면서 외교적 고립상태에 직면하게 되자 이러한 탈냉전의 상황에 적응하기 위하여 1990년에 일본과의 수교교섭을 추진하였고, 1994년에는 미국과의 핵 합의를 통해 지속적인 대화채널을 확보하였다. 그러나 관계개선의 효과를 거두지 못한 채 현재에 이르고 있다.

사설, 논설 그리고 김일성 및 김정일의 각종 연설 및 교시 등의
1차 자료[8]와 함께 2차 자료로서 국내외 논문 및 단행본을 위주
로 하는 문헌분석적 방법을 사용하고자 한다. 한편, 북한의 대외
정책을 분석하는 데 있어서 환경적 요인 및 대내정치적 요인들[9]
이 종합적으로 고려되어야 할 것이나 본 연구는 주로 문헌분석
적 방법에만 의존하고 있는 점에서 연구의 한계를 갖고 있다.

  본 연구는 다음과 같은 몇 가지 의문점을 해소하는 데 도움을
줄 것이다.

---

6) 북한연구 방법론에 대한 자세한 내용은 경남대학교 북한대학원 엮음, 『북한
   연구 방법론』(서울: 한울아카데미, 2003)을 참고할 것.
7) 로동신문의 모태는 1945년 11월 '북조선공산당 중앙위원회'의 기관지였던 '정
   로'로서 북한에서 조선로동당이 출범하면서 기관지의 이름이 현재의 '로동신
   문'으로 바뀌었다. 한편, 로동신문의 지면 구성에서 제1면(김일성, 김정일의
   주요 활동, 각종 연설문, 담화문, 시책 지시, 외국대표단 접견)과 2면(당의 중
   대 시책) 그리고 6면(국제면, 대외뉴스, 보충 및 해설기사) 등이 북한의 대외
   정책 연구와 관련된 주요 정보를 얻을 수 있는 지면이라고 할 수 있다.
8) 출판형태를 띠고 있는 이와 같은 여러 자료들과 방송은 북한의 대내정치·
   경제·문화건설에서 뿐만 아니라 대외정책을 분석·평가하는 데 있어서도
   중요한 기초자료들이라고 할 수 있다. 그러나 출판물들은 북한체제의 변화
   과정에 따라 성격에 차이가 있다는 지적이 있다. 즉 1960년대 이전 자료일
   수록 자료적 가치가 높고, 대중적인 선전용 출판물보다는 핵심 권력과 관련
   된 자료가 심층적인 연구에는 보다 중요하다는 것이다. 그래서 1970년대 이
   후의 북한 출판물들을 통해서는 북한체제를 분석하는 데 어려움이 있다. 해
   방직후부터 1960년대까지 출판된 자료들은 이후 출판물들에 비해 내용이나
   필자의 다양성, 자료의 신뢰도 등이 상대적으로 장점이 많다는 것이다. 이주
   철, "북한연구를 위한 문헌자료의 활용", 경남대학교 북한대학원 편, 『북한
   연구방법론』(서울: 경남대학교 북한대학원, 2003), p.117.
9) 대내정치적 요인들 가운데서도 최고정책결정권자는 대외정책에 중요한 영향
   을 미친다. 이는 북한체제의 특성으로부터 연유한다고 보는데, 북한은 1인지
   배체제로서 최고정책결정권자의 대외정세 인식이나 대외관 등이 실제 대외
   정책에 그대로 반영되는 경우가 많기 때문이다. 이러한 분석틀의 연구에 대
   해서는 김태운, "최고정책결정권자의 대외인식과 북한 외교정책", 『한국동북
   아논총』 제34집(2005), pp.122-137을 참조.

첫째, 약소국인 북한이 동맹 및 협력관계에 있는 강대국들을 상대로 한 대외정책의 특징은 무엇인가?

둘째, 약소국인 북한이 적대관계에 있는 강대국을 상대로 한 대외정책의 특징은 무엇인가?

셋째, 정권수립 이후 현재까지 북한의 대4강 정책의 지속 및 변화 배경은 무엇인가?

넷째, 약소국인 북한이 주변 강대국들을 상대로 향후 어떠한 정책을 추진할 것인가?

이러한 의문점을 풀어보는 것은 현재 및 과거의 북한 외교정책에 대한 우리의 지적 호기심을 충족시켜주며, 또 한편으로는 한국의 대4강 정책과 관련하여 하나의 지침을 제공할 것으로 본다.

이 책은 크게 2부로 구성되었다. 제1부는 북한 외교정책의 이해를 위한 기초 부분이다. 우선 제1장에서는 연구의 목적과 그 방법 및 연구 의의를 고찰할 것이다. 제2장에서는 이론적 고찰로 외교정책의 일반적 의미와 그 유형 및 약소국 외교의 문제와 그 특징을 살펴볼 것이다. 아울러, 약소국이 대강대국을 상대로 자율성과 외부환경에 대한 거부능력을 갖기 위해서 선택할 수 있는 외교정책에 대해 살펴볼 것이다.

제3장에서는 북한 외교정책의 기조와 그 목표 및 외교노선 변화 추이를 살펴볼 것이다. 우선 외교정책의 사상적 기조로서 주체사상의 의미와 대외정책과의 관련성을 살펴본다. 다음으로, 외교정책의 이념과 목표를 비롯한 정책결정, 집행과정 및 구조를 살펴본 후 북한정권 수립 이래 현재까지 전개되어 온 북한 외교노선의 변화 추이를 살펴볼 것이다. 여기서는 북한이 국가수립

이후 현재까지 공식적으로 제시한 외교정책 노선[10]과 그 내용을 검토하고, 외교노선 지속 및 변화에 대한 배경을 동시에 고찰할 것이다.

제4장과 제5장에서는 냉전기 및 탈냉전기 동안 북한의 대중·러(구소련)·미·일에 대한 외교정책의 주요 내용과 정책, 목표를 고찰할 것이다. 북한이 국제체제 변화 속에서 어떻게 이들 강대국들에 대해 적응해 왔고 또 대응했는가를 살펴볼 것이다. 제6장은 결론으로서 지금까지의 논의에 대한 정리와 함께 향후 북한의 대4강 정책 전망과 연구과제를 제시할 것이다.

제2장 이론적 고찰

Ⅰ. 외교정책의 의미

영어의 'Diplomacy'라는 의미는 그리스에서 유래된 말로서 그 어원은 'Diplo-un' 즉 '접는다'의 뜻을 가지고 있다. 로마시대 외국인의 타국 통행을 허가하는 증서에 2개의 금속 도장을 찍고 그것을 특수한 방법으로 접어서 꿰매어 사용하던 수첩 모양의 통행증이 있었다고 하는데, 그 통행증을 'Diplomas'라고 하였다.[11] 현재 우리가 사용하고 있는 외교의 의미는 바로 로마시대

---

10) 여기서 외교정책 노선이라는 용어는 북한이 공식적으로 천명한 외교정책의 원칙, 외교의 대상설정, 외교 대상과 관계 설정 등을 포함하는 넓은 의미의 개념을 말한다.
11) 송영우, 『현대외교론』(서울: 평민사, 1998), p.1.

위 통행증으로부터 유래된 것이다. 이후부터 서양에서는 이 같은 통행증을 소지하고 다른 나라를 다니게 되면 통행 시 신분상의 특권을 인정받을 뿐만 아니라 다른 나라와의 일을 구체화시키는 사람으로 간주되었다. 이는 17세기에 이르러 통행증의 의미보다는 외교문서를 관리하거나 외교적인 업무를 담당하는 사람으로 인식되었다. 18세기까지도 외교라는 말이 대외관계에 국한되어 쓰이지 않았다고 한다.12) 따라서 외교라는 것이 대외관계에 국한되어 쓰이게 된 것은 18세기 이후부터라고 볼 수 있다. 특히 외교를 Diplomacy라고 최초로 사용한 사람은 영국의 버크(Edmund Burke)로 알려지고 있다. 이후에도 외교라는 의미는 국가 간 문서분석의 업무를 의미하거나 국제교섭사를 연구하는 일 등에 국한되어 사용되어 왔던 것이다.13) 이 같은 어의의 역사를 가진 외교라는 단어는 오늘날에도 다양한 의미로 사용되고 있다. 곧 외교를 외교정책이라는 의미를 포함해 국가 간 분쟁해결에서도 그 '해결' 및 '분쟁교섭'과 관련지어 사용하기도 한다. 또한 국가 간 공공관계를 설정하는 데 있어서뿐만 아니라 개인의 문제가 국가 간 이해관계에 얽혀 있을 때도 그 해결과 관련하여 '외교'라는 의미를 사용한다.

이처럼 외교라는 의미는 국가 간 공공영역뿐만 아니라 개인적 영역의 문제를 다루기도 하는데, 특히 개인적 영역의 경우는 그것이 국제적 성격을 띠는 경우에 외교라는 의미가 사용된다. 이처럼 외교라는 의미는 매우 다양한 쓰임과 의미를 지니고 있다.

---

12) 송영우, 위의 책, p.1.
13) 이에 대해서는 Harold Nicolson, *Diplomacy*, 3rd ed.(London: Oxford University Press, 1969)를 참조.

그러나 외교라고 할 때 일반적으로 한 국가의 대외적 행위와 관
련된 것이며, 하나의 정책 형태를 띠는 것이 보통이다.[14]

외교의 의미를 보다 정확히 이해하기 위해서는 외교정책의 개념
에 대한 이해가 필요하다. 외교정책은 그 개념을 정의하는 것이 용
이하지가 않다. 그러나 일반적으로 특정의 정향(Orientation)과 국
가의 역할 및 목적, 행위 등 네 가지 수준을 포함하고 있다.[15] 홀
스티(Holsti, K.J)의 견해를 중심으로 외교정책의 개념을 몇 가지
수준에서 살펴보면 다음과 같다.

첫째, 외교정책의 정향과 관련하여, 외교정책은 대외적 환경에
대한 국가의 일반적 태도와 신념이며, 국가의 대내외적 목적을
달성하고 현존하는 위협에 대처하기 위한 국가의 기본전략이다.
로제나우는 이 같은 기본 정향으로 외교정책의 개념을 국제관계
에 있어서 국가행위의 기초가 되는 일반적인 경향 또는 원리로
정의하고 있다.[16] 이에 비해 홀스티는 고립[17], 비동맹, 정치적
연합, 군사동맹 등을 들고 있다. 특히 홀스티는 이 같은 정향을
고대 중국이나 인도에서 국가의 권력을 증대하고 안전을 확보하
기 위해 비동맹, 정치적 연합 또는 군사동맹을 상황에 따라 선택

---

14) 모든 국가 대외 행위를 외교로 볼 수 있느냐 하는 문제에 대해서는 이견이
   있다. 즉, 국가의 대외행위는 광의의 의미에서 볼 때 한 국가의 이익이나
   외교정책 및 목표와 밀접한 관련을 갖는다는 점에서 외교로 볼 수 있겠으
   나, 실제 정치적 의미를 갖고 정치적 목적을 달성하기 위한 행위만을 외교
   로 보기도 한다.

15) Holsti, K. J., International Politics(N. Y.: Prentice-Hall, INC, 1983), p.97.

16) Rosenau, J.N., "The Study of Foreign Policy," Rosenau(eds.) World Poli
   tics(N. Y.: The Free Press, 1974), p.16.

17) 외교정책에서 고립정책의 주된 목적은 외부와의 교류를 차단함으로써 자국
   의 안전과 독립을 유지하려는 데 있다. 그러나 이 고립전략은 아무 때나 사
   용할 수 있는 것은 아니고, 국제정세나 국내적 여건이 적합할 때 가능하다.

해 왔다는 것을 그 근거로 들고 있다.[18]

둘째, 국가의 역할과 관련하여 홀스티는 외교정책에서 국가역할은 국가에 적합한 일반적인 결정, 신념, 규칙, 행위들에 대한 정책결정자의 정의를 의미한다고 주장하고 있다. 또한 다양한 지리적, 상황적 여건하에서 국가가 달성해야 할 기능들에 대한 정책 결정자의 정의를 포함한다는 것이다. 특히 국가의 역할은 대략 16가지 정도가 있다고 하는데, 중요한 역할로는 '혁명 또는 민족해방의 요새'로서의 역할, '신념의 수호자'[19]로서의 역할 등을 들고 있다.[20]

셋째, 외교정책의 목적과 관련하여 이는 곧 국가행위의 목표와도 같은 것이다. 국가행위의 목표가 무엇인가 또는 외교정책의 목표가 무엇인가에 대한 질문은 국제정치학의 본질적인 문제이기도 하지만 상당히 대답하기 어려운 질문이기도 하다. 왜냐하면, 기본적으로 국가의 행위라는 것이 목표지향적이기 때문이다. 또한 행위자 대내외의 다양한 요인들은 행위자가 추구하는 목표의 규정성에 영향을 미치며, 이 목표를 추구하기 위한 수단과 기회에도 영향을 미치기 때문이다. 그리고 국제관계를 구성하는 모든 단위들은 다수의 목표를 가지며 경우에 따라서 목표의 변화라는 많은 가변성을 지니고 있기 때문이다.[21]

---

18) Holsti, *International Politics* (1983), p.97.
19) '신념의 수호자'와 관련하여 미국과 소련은 제2차 세계대전 이후 냉전이 종식될 때까지 서로가 자신들이 신념의 수호자라는 인식하에 동맹국들에게 많은 대가를 지불하면서 국가의 역할을 강조해 왔다.
20) Holsti, K. J., "National Role Conceptions in The Study of Foreign Policy", *International Studies Quarterly* 14(1970), pp.233-309.
21) 구본학 외, 『세계 외교정책론』(서울: 을유문화사, 1996), p.98.

사전적 의미에서 보면, 외교정책의 목표는 "국가와 관련된 이익을 국제정치적 상황 및 가용한 국가능력의 관련성 속에서 표현하는 구체적 방식"이며, "국제환경 속에서 그 국가와 관련된 특정 외부 상황을 변경시키거나 유지하려는 목적으로 행해지는 정책결정자의 선택"이다.[22] 이러한 사전적 설명은 어느 정도 외교정책 목표를 설명할 수 있으나 충분한 설명은 되지 못한다. 따라서 이를 보다 구체화시켜 보면, 외교정책 목표는 국가이익과 동일한 개념으로서 개별 국가가 특정한 시점에서 가지고 있는 특정의 이익 추구라고 할 수 있다. 특히 국가이익이라고 하는 것은 외교정책 결정에서 정책결정의 지표가 되는 것이며 외교정책의 궁극적인 목표인 것이다.

한편, 외교정책 또는 외교의 수단은 외교목표 달성을 위한 수단적인 것으로서 무력, 보복위협, 군사적 수단, 경제적 이익 또는 보복 등과 같은 다양한 수단들이 동원될 수 있다. 이들 수단들은 각자 독립적으로 사용될 수도 있지만 여러 가지 수단들이 동시에 사용되기도 한다. 이러한 수단들은 이론적인 문제라기보다는 실제적이고 기술적인 측면들을 포함한다.[23]

II. 외교정책의 유형

외교정책은 여러 가지로 유형화해 볼 수 있다. 국가 간 외교만

---

22) Jack C. Plano, and Roy Olton, *The International Relations Dictionary*, 3rd ed, (CA: ABC-Clio, 1982), p.8. 구본학 외, 『세계 외교정책론』, p.98에서 재인용.
23) 최동희, 『탈냉전시대의 한국 외교정책』(서울: 사회문화연구소, 1998), pp.32-33.

을 놓고 보면 적대국 간 외교, 동맹외교, 협력외교, 전시외교, 비동맹외교를 기본 틀로 하여 힘이 대등한 국가 간의 외교를 비롯해 힘의 차이가 나는 약소국과 강대국 간 외교 등 다양하다. 따라서 지구상에 존재하는 모든 국가들은 이 같은 외교형태 가운데 어느 한 가지 이상의 관계를 가지고 있다.[24] 이를 차례대로 살펴보면 다음과 같다.

첫째, 적대국 간 외교관계로 이는 갈등적 외교라고도 한다. 국가 간 관계에 있어서 장기간 갈등이 지속되고 있는 경우 또는 무력충돌이 산발적으로 일어나거나 분쟁이 종식되지 않고 있는 경우이다. 주지하는 바와 같이 국제사회의 무정부적 성격으로 인해 국가들은 타국과의 관계에서 항상 불안을 느끼게 된다. 그래서 모든 국가들은 외부의 적으로부터 자신을 보호하기 위해 여러 가지 수단을 강구하게 된다. 자기의 힘을 크게 강화시키거나 아니면 연합 또는 동맹하여 자신을 보호하고자 한다. 한 국가가 어느 일방의 국가를 인식하는 데 있어서 적대국으로 인식하고 있다면 적의를 바탕으로 한 적대 외교정책을 추진하는 것이 보통이다. 특히 이 경우에는 적대국보다 강력한 힘을 보유함으로써 적대국의 공격이나 정치적 압력을 극복하고자 한다.[25] 적대국 간 외교에서 상대방보다 강한 힘을 보유하려고 하는 것은 힘이 나약할 경우 상대방이 이를 이용할 가능성이 높다는 우려가 작용하고 있다. 또한 이러한 관계에 있는 국가들 간에는 상대방의 가

---

24) Klaus Knorr, *The Power of National*(New York: Basic Books, Inc., 1975), p.3.
25) Arnold Wolfers, *Discord and Collaboration*(Baltimore: Johns Hopkins University Press, 1965), p.83.

치를 저해하고, 상대의 국익을 훼손하는 가운데 자국의 가치를 증대시키는 행위를 할 수 있다. 상호간의 대외정책은 배타적이며, 상대에 대한 대외행위는 상대의 희생이나 손해를 염두에 두고 이루어진다. 이 같은 관계는 공식적 외교관계를 전제로 한다.

이 같은 적대외교의 대표적인 경우는 냉전기 장기갈등 상황에서의 미·소 간 관계라고 할 수 있다. 주지하는 바와 같이 미국과 소련은 제2차 세계대전이 끝나기 이전까지는 공식 외교관계를 유지하는 가운데 제2차 세계대전 기간 중에는 동맹국의 일원으로 협조체제를 유지했다. 그러나 제2차 대전 이후 국제체제가 양극화되면서 두 나라는 '윈윈게임'보다는 서로 상대방의 손해와 희생을 염두에 둔 그런 게임에 몰두해 왔다. 한마디로 양국은 팽창과 봉쇄를 반복하는 적대적 외교정책 게임을 전개해 왔던 것이다. 현실주의 국제정치 이론의 입장에서는 양립하는 초강대국 간에는 서로가 힘을 추구하고 유리한 세력권 형성을 추구하기 때문에 이 같은 투쟁과 갈등의 양상으로 나타난다고 보고 있다.

1960~70년대 중·소 관계도 이 같은 외교 유형에 해당된다. 중·소 양국은 1949년 공식적인 외교관계를 가졌으나 1956년 2월 제20차 소련공산당 당대회에서 후르시초프가 스탈린주의를 배격하였고, 소련의 수정된 마르크스주의를 강조했다. 아울러, 평화공존론을 주장하며 자본주의와의 유대관계 형성의 필요성을 언급했다. 이는 결국 중·소 이념분쟁의 씨앗이 되었고, 1960년대 들어 양국의 외교관계는 형식적인 형태만 유지한 채 거의 단절되었다. 이후 양국은 배타적이고 경쟁적인 대외정책을 전개하게 되었다.[26]

---

26) Joseph Camilleri, *Chinese Foreign Policy*(Seattle: University of Washington

둘째, 협력외교로 이는 우호국 간에 이루어지는 것이 원칙이다. 협력외교는 상호간의 대외행위를 일방적이 아닌 상부상조의 정신에 의거하여 서로 적응하고 조화를 이룰 수 있는 차원에서 행한다. 그것이 명시적이 아니더라도 묵시적인 약속하에 상호 협력외교를 하게 된다. 국가 간의 협력적 관계는 쌍방의 필요에 의해서도 이루어지지만 일방에 의해서도 이루어진다. 즉 어느 일방이나 쌍방이 상호간에 가치를 나누는 것이 국가적 이익이 된다고 생각할 때 협조적 관계가 형성된다. 그러나 어느 일방만이 협조적 관계의 필요에 의해 관계를 형성하게 되면 관계형성의 필요를 느끼는 국가는 많은 대가를 치르게 된다. 실제 제2차 대전 이후 미·소 간의 냉전이 형성되면서 미국은 서유럽 국가들과의 동맹관계 형성 및 유지를 희망했고, 그 대가로 서유럽의 많은 동맹국들에게 경제 및 군사원조를 제공해야만 했던 것이다. 한편, 협력외교라고 하더라도 항상 양자가 우호·협력적인 것만은 아니다. 즉 원칙이 그렇다는 것이며 실제 모습은 협력외교 관계에 있으면서도 국가 간 갈등이 표출되는 경우도 있다. 미국을 위시로 한 서유럽에서의 NATO는 회원국 간 외교관계를 협조적이고 우호적인 관계를 원칙으로 하였지만 회원국 내에서도 상호 갈등을 겪는 국가들이 있었기 때문이다. 협력외교는 적대적 세력 간에도 이루어질 수 있다. 예를 들면, 냉전기 미·소 간은 전쟁을 피하기 위해 군사·안보의 여러 측면에서 묵시적인 협력을 했었다. 즉 강대국 간에 핵무기를 상호 보유하게 됨으로써 양 진영 모두 핵을 수단으로 한 전쟁을 무모한 것으로 간주하고 핵무기

Press, 1980), p.74.

감축에 합의한 것은 적대세력 간의 협력외교 사례를 보여주는 대표적인 경우이다. 실제, 미국과 소련은 핵전쟁의 상호 위험을 피하기 위해 핵전력 감축에 합의하였다.[27]

셋째, 동맹외교로 동맹은 국제정치에서 힘의 균형을 유지하기 위한 기본요소이다. 동맹이 형성되는 경우는 다소 유동적인 것으로서 대개는 자국의 안보를 유지하는 데 있어서 독자적인 능력으로 세력균형을 달성할 수 없을 때 동맹이 체결되는데, 이는 다른 국가와 동맹을 체결함으로써 적대진영 또는 적대국과 힘의 균형을 확보할 수 있기 때문이다. 또한 자체 힘을 강화하기 위해서도 동맹을 체결한다. 한편, 국가 간 동맹이 체결되기 위해서는 기본적으로 동맹체결국 간 공동의 이익이 존재해야만 한다. 그러나 동맹 내부에는 엄격히 차별적 이익이 존재한다. 그래서 동맹을 유지하고 관리하는 데 많은 노력과 비용이 소요되며 또 이익의 변화 여부에 따라 동맹도 변화하게 되는 것이다. 동맹정책의 중요한 관건은 바로 여기에 있다. 동맹은 국가이익의 관점이 변화함에 따라 변화의 가능성을 지니고 있기 때문이다.

한편, 동맹외교의 관리상 어려움은 다극체제에서 더 많이 발생한다. 다극체제에서는 개별 국가들의 이익을 예상하는 것이 쉽지 않을 뿐만 아니라 누가 누구를 위협하는지가 불분명하기 때문이다. 또한 양극체제하에서의 동맹은 대개 힘의 차이가 명백히 구분되는 국가 간에 발생하지만 다극체제하에서는 이와 다르다. 즉 힘이 거의 비슷한 국가들 간에도 형성되는 경우가 허다하다.

---

27) 이처럼 적대국 간 협력이 이루어지는 것은 서로의 영향력이나 힘을 묵시적으로 인정해 주기 때문에 가능하다. 냉전기 미국과 소련 간의 관계가 그러하다.

동맹의 형태는 크게 세 가지이다. 전시동맹과 상호안보동맹 그리고 불가침 동맹이 그것이다. 전시동맹은 제3국에 공동으로 대응하기 위해 동맹을 체결하는 경우이고, 상호안보동맹은 체결국 일방이 타방으로부터 공격을 받을 경우 이를 공동으로 물리치기 위한 것을 목적으로 하고 있다. 불가침동맹은 서로가 서로를 침략하지 않겠다는 것을 목적으로 하고 있다. 보편적으로 언급되고 있는 동맹은 전시동맹과 상호안보동맹이다. 따라서 동맹이 형성되게 되면 상호간에 공동의무가 발생한다. 즉, 동맹국 간 외교정책의 조정의무를 비롯해 군사계획의 상호조정, 군비분담, 비상사태 발생 시 상호 협력의무 등에 관한 것이다. 동맹이 체결되었다고 해서 동맹국 간에 문제가 전혀 없는 것은 아니다. 동맹국들은 기본적으로 동맹파기에 대한 우려와 함께 동맹으로 인해 자국에게는 별 이익이 되지 않는 전쟁에의 개입 가능성이 있다.[28]

동맹국들의 대응방법 및 책임의 측면에서 볼 때 동맹국 일방이 제3국으로부터 군사적 침략을 받을 때 동맹국은 자동적으로 군사개입을 해야 하는 동맹이 있는가 하면, 반대로 군사적인 자동개입 조항은 없고 개별 국가들의 헌법절차에 따라 조치를 취하도록 하는 경우가 있다. 전자의 경우 유럽의 나토와 냉전기 바르샤바 조약기구라고 할 수 있으며, 후자의 경우는 한·미 상호방위조약이나 미·일 안보조약 등이다.

동맹이 실패하는 원인은 여러 가지가 있지만 주된 요인은 군사협조에 관한 것으로 동맹국 간 군사협조와 그 계획의 미숙함에 있

---

28) Glenn H. Snyder, "The Security Dilemma in Alliance Politics," *World Politics*, Vol.36, No.4, July 1984..

다. 또한 동맹국 간 국제정치적 결속력 부족이나 정치적 갈등으로 인해서도 동맹이 실패하기도 하며, 사회적 가치나 정치적 가치가 변화하여 서로 다른 경우에도 동맹은 실패하게 된다. 냉전 종식 이후 북한과 러시아 간의 동맹관계 변화는 바로 이 같은 경우에 해당된다. 즉, 구소련을 계승한 러시아가 체제전환을 하면서 이데 올로기적 문제와 더불어 실리차원에서 더 이상 북한과의 동맹 유 지가 어렵게 되었고,29) 이에 북한과 러시아는 군사안보 동맹조약 을 폐기하고 새로이 우호 협력조약으로 대체하였던 것이다.

넷째, 비동맹30) 외교로 이는 동맹외교와 정반대의 개념으로 군 사안보 및 외교적 개입을 하지 않는 외교정책 정향을 기본으로 하고 있다. 또한 비동맹외교는 중립외교와는 다소 구분되는 개념 으로 양진영의 갈등이 생길 경우 어느 진영에도 가담하지 않는 것을 말한다. 중립과 비동맹외교를 구분하자면, 정책방향을 개별 국가 스스로가 정하느냐 그렇지 않느냐 하는 것이다. 즉 중립외교 의 경우 다른 국가의 행위에 의해 외교적 지위가 취득되는 데 비 해 비동맹의 경우는 대외정책 방향을 스스로 정하기 때문에 타국 에 의해 그 지위를 보장받지 못한다. 1955년 중립국이 된 오스트 리아의 경우가 바로 이 같은 중립국의 지위에 해당된다. 오스트리 아는 국제조약에 의해 중립국의 지위가 부여되었기 때문이다. 따

---

29) 김계동,『북한의 외교정책』(서울: 백산서당, 2002), pp.32-33.
30) 비동맹과 제3세계의 개념이 혼동되어 쓰이는 경우가 있는데, 비동맹과 제3
　　세계는 동일한 개념이 아니다. 제3세계 국가들 중에서도 비동맹회의 회원
　　국이 아닌 국가들이 많으며, 또한 비동맹회의 회원국이 모두 제3세계 국가
　　라고도 할 수 없기 때문이다. 그러나 대부분 제3세계 국가들이 비동맹회의
　　구성원으로 가입되어 있기 때문에 이 두 개념은 큰 차이가 없이 사용되고
　　있는 것이다. 신명순,『제3세계정치론』(서울: 법문사, 2000), p.12.

라서 중립국이 된 경우 자국영토에 대한 외국군대의 주둔도 금지
되며 타국과의 군사조약 또는 협정 등을 체결할 수 없다.[31]

　일반적으로 비동맹은 힘의 경쟁관계에서 그 어느 편에도 가담
하지 않는 것을 원칙으로 하지만 꼭 그런 것만은 아니다. 비동맹
자신들에게 유리한 정책에 대해서는 특정 진영에 대해 외교적
지지를 보내기도 한다. 또한 국제체제에서 그 역할이 독립적일지
모르지만 지역적으로는 군사안보 및 경제적 문제와 관련하여 특
정 진영으로 치우치는 경우도 있다. 예를 들면, 스웨덴은 나토회
원국은 아니지만 서방의 자유민주의 및 시장경제질서의 가치에
동조하고 있다. 즉 스웨덴은 국제체제의 역할과 달리 특정 진영
의 정치·경제적 가치에 동조하고 있는 경우에 해당된다.

　다섯째, 약소국과 강대국 간 외교로 국가 간 외교에 있어서 국
력의 수준은 외교에 많은 영향을 미친다. 외교는 일반적으로 한
국가의 경제력, 군사력, 기술력 등 현실적으로 드러나는 힘 아래
에서 행해지는 것이 보통이다. 이러한 점에서 외교정책 결정 및
추진 시 힘은 중요한 요소라고 볼 수 있다.[32]

　한편, 이 책에서 다루고 있는 북한과 주변 4강들의 관계를 약
소국과 강대국으로 정의하고 있는데, 실은 약소국과 강대국을 구
분하는 기준이 명확히 존재하는 것은 아니다. 약소국이지만 강대
국 기준에 해당되는 경우가 있고, 반대로 강대국이지만 약소국
기준에 해당되는 요소를 가지고 있는 경우도 있기 때문이다. 그

---

31) 김계동, 『북한의 외교정책』, (2002), p.34.
32) Horman F. Eilts, "Diplomacy-Contemporary Practic," in Elmer Plischke(ed.),
　　Modern Diplomacy(Washington, D.C.: American Enterprise Institute, 1981),
　　p.11.

러나 약소국과 강대국의 구분은 영토의 크기, 인구, 경제력, 군사
력, 대외경쟁력 등이 주요 척도가 되고 있다는 점을 감안할 때
북한은 이러한 비교에서 이들 4개국과는 명백히 힘의 차이를 보
이고 있는 약소국이라고 할 수 있다.[33] 또 상대국에 비해 자국의
정치적 목표나 외교정책을 실현할 수 있는 영향력과 능력이 있
는 국가들을 강대국으로 정의할 때도 북한은 중·러·미·일에
대해 자신의 정치적 목표나 외교정책을 실현할 수 있는 영향력
과 능력이 열등하다.

Ⅲ. 약소국 외교정책의 문제와 대강대국 적응이론

1. 약소국 외교정책의 문제

모든 국가들의 외교행위는 근본적으로 국익을 극대화하는 데
있다. 강대국이나 약소국 모두 외교정책의 최종 목적은 이와 같
다고 볼 수 있지만 그 기초나 과정 및 방법은 각기 다르다. 그
이유는 외교라는 것이 국가관계에 있어서 하나의 수단적 의미를
갖기 때문이다. 현실주의자들의 지적을 굳이 인용하지 않더라도
국제사회는 엄격히 힘을 바탕으로 운영되고 있는 것이 현실이다.
이처럼 국가들의 대외행위는 힘을 바탕으로 이루어지는 것이기
때문에 약소국과 강대국 간 외교는 양과 질에서 차이를 보이는
것이다. 이에 따라 외교정책은 해당 국가가 약소국이냐 아니면

---

33) 약소국에 대한 사전적 의미는 '국토, 자원, 군비 등이 미약한 작은 나라'이
   다. 영어에서도 이와 비슷하게 영토의 대소와 힘의 강약을 약소국의 기준
   으로 삼고 있다.

강대국이냐에 따라 소극적 또는 적극적 양상을 보이게 된다. 약소국 외교의 특징을 살펴보면 다음과 같다.

　주지하는 바와 같이 외교정책의 목표는 한 나라의 정치직 역량(국력)에 따라 그 성취여부가 결정된다고 할 정도로 개별 국가의 힘은 외교행위에서 핵심을 이룬다. 즉 힘은 외교행위를 비롯한 외교수준의 질을 결정하는 데 중요한 역할을 한다. 이러한 점에서 약소국이 강대국을 상대로 추진하는 외교정책은 성공적인 외교성과를 거두기가 어렵다. 이 같은 힘의 열세는 직접 강대국 간 관계는 물론이고 강대국의 지원을 받는 약소국인 제3자와의 관계에서도 영향을 받는다. 즉 외부압력에도 약소국 외교는 취약성을 안고 있다는 것이다.

　국제정치에서 도덕성을 찾고자 하는 것은 매우 어리석은 일이라고 할 것이다. 어쩌면 국제정치 현실은 칸트적 사고보다는 홉스적 사고가 지배하는 약육강식의 장으로 볼 수 있다. 국제관계에서 강대국은 약소국의 이익을 언제라도 희생시킬 각오가 되어 있다는 것을 알아야 한다. 즉 강대국들은 외교행위에 있어서 자신들의 중대한 이익이 포함되어 있는 경우 주저 없이 약소국을 희생시킨다.34) 강대국은 약소국과의 외교에서 자신의 이익을 관철시키기 위해 강압적인 힘의 행사와 위협 또는 경고를 그 수단으로 사용할 수 있다. 이 같은 행위는 일방적으로 가해신나. 약소국은 이에 대항할 만한 정치적 역량이 없기 때문이다.

　한편, 약소국이 강대국과의 외교관계에서 가장 취약성을 드러

---

34) Michael Handel, *Weak States in the Internatioal System*(London: Frank Cass and Company, Ltd, 1981), p.120.

내게 되는 경우는 주종관계 또는 지나친 의존관계에 있는 경우라고 할 수 있다. 이 같은 상황에서 약소국과 강대국 간 외교관계는 불평등하게 전개되며, 강대국은 약소국에 비해 목표성취가훨씬 용이하고, 약소국은 그 반대일 가능성이 높다. 특히 주종관계나 일방적인 의존관계에 있는 경우 강대국은 약소국에 대한외교역량이나 약소국에 대한 보호를 독점한다. 이러한 상황에서약소국은 강대국에 적응하지 않으면 안 되며, 약소국의 대강대국외교는 수동적이게 된다. 또한, 상호 외교관계는 강대국의 일방성이 지배하게 된다.[35]

그렇지만 이러한 일방성이 반드시 약소국 외교에서 부정적으로만 작용한다고 볼 수 없다. 다시 말하자면, 강대국과 주종관계에 있는 약소국이 제3국과의 외교행위를 함에 있어서 그렇지 않은 약소국보다는 외교적으로 유리한 입장에 설 수 있는 가능성이 더 높을 수도 있기 때문이다. 다만, 이러한 경우는 일방적 의존관계를 형성하고 있는 강대국의 전폭적인 지지가 있어야 한다는 전제가 필요하다. 한편, 약소국과 강대국 간의 이 같은 관계에서 강대국에 의해 약소국의 이익이 보호되는 경우도 있다. 강대국은 어느 정도 약소국을 보호해야 할 전략적 이유를 나름대로가질 수 있기 때문이다. 냉전체제하에서 볼 수 있듯이 강대국과약소국 간의 동맹관계 구축은 바로 이러한 측면들이 있는 것이다. 즉 강대국은 약소국인 동맹국의 힘이 지나치게 약화됨으로써강대국 자신의 이익에 지장을 초래할 가능성이 있다면 오히려

---

35) 냉전기에 미국과 서방국가들 간 또는 소련과 동구공산권 국가들 간에 이
    같은 관계가 지배했었다.

제한된 범위 내에서 약소국의 이익을 보호하려 할 것이다. 냉전
기 한·미관계나 북·중 관계, 북·소 관계는 이러한 경우에 해
당된다고 볼 수 있다. 즉 한국이 지나치게 악화됨으로써 북한과
의 제반 경쟁력을 상실하게 될 경우 이는 미국의 한반도 및 동
북아전략에도 부정적인 영향을 줄 수 있기 때문이다. 사실, 냉전
기 남북한은 바로 이러한 요인들로 인해 일정부분 혜택을 입었
던 것으로도 볼 수 있다. 일본의 경우도 이와 다르지 않다. 즉 미
국이 태평양을 지배하고 소련을 봉쇄하는 데 전략적 가치가 있
는 국가가 일본이므로, 미국에게는 당시 약소국이었던 일본의 힘
을 키워야 할 절대적 필요성이 있었던 것이다. 결국 이러한 전략
적 이유 때문에 미국은 냉전기 동북아 여러 국가들과 동맹관계
를 맺게 되었던 것이다.[36]

약소국이 강대국과의 외교에서 생존할 수 있는 방법은 국제정
치 환경을 이용하거나 이에 적응하는 것이 희생을 최소화할 수
있는 방법 가운데 하나이다. 특히 강대국보다 유리한 입장에 서
기 위해서는 약소국 자신의 대외환경을 적절히 활용할 수 있어
야 한다. 이는 경험적으로 입증되고 있는 것으로, 냉전기 비동맹
국가들의 주요 생존전략 가운데 하나가 바로 이 같은 외적 환경
을 활용한 비동맹외교였다. 그 예로, 아시아에서는 인도, 아프리
카에서는 이집트를 들 수 있을 것이다. 이들은 냉전기 주요 강대
국인 미국 및 소련과 주종관계를 갖지 아니하였으며 독자적인
외교방식을 택함으로써 이들로부터 정치적 압력이나 위협을 받

---

36) Paul F. Lqnger, "Changing Japanese Security Perspectives," in Richard
H. Solomon(ed.), *Asian Security in the 1980s*(Cambridge, Massachusetts:
Oelgeschlager, Gunn & Hain, Publishers, Inc., 1980), p.73.

지 않았다. 오히려 자신들을 세력권으로 포함시키려 했던 미국과 소련의 유인경쟁을 활용하여 이들로부터 정치, 경제적 원조를 이끌어내기도 했다. 특히 미·소 간의 경쟁이 치열해질수록 독자적 외교노선을 표방하던 냉전기 비동맹국들은 강대국들로부터 전략적 가치를 크게 부여받았다.[37] 양극체제는 이러한 측면에서 강대국과 약소국 관계에서 약소국에게 일정부분 외교적 이익을 발생시키기도 하였다. 그러나 오늘날처럼 국제체제가 다극화되고 강대국 간 전쟁의 위험성이 없어지면서 약소국의 전략적 가치는 크게 하락하였다. 말하자면 강대국들은 냉전기처럼 동맹국을 더 많이 가질 필요가 없게 되었다는 것이다. 오히려 많은 동맹국을 가진 강대국들에게 현재의 다극체제는 여러 가지 문제를 안겨주고 있다. 즉, 동맹관리에 따르는 정치, 경제적 부담이 만만치 않다는 것이다. 냉전이 종식되면서 북한과 러시아 간의 동맹조약 폐기는 이러한 측면에서 구조조정이 단행된 대표적인 경우라고 할 수 있다. 또한 최근 한·미 동맹이 내용적으로 조정국면의 양상을 보이고 있는데, 이 역시 다극체제하에서 볼 수 있는 강대국과 약소국 간 외교현상이라고 할 수 있다. 이러한 면에서 볼 때 약소국은 외교에 있어서 강대국에 비해 국제환경 변화에 민감하고 취약하다. 따라서 약소국의 생존전략은 국제정치 환경변화에 편승하는 그런 전략이 필요하다.

　마지막으로, 약소국이 강대국을 상대로 유리한 외교정책을 전

---

37) 냉전이 종식되고 미·소대립과 갈등이 사라지면서 두 강대국들의 이들에 대한 전략가치는 크게 하락하였다. 냉전기 다수의 비동맹권 국가들이 오늘날 정치, 경제적 곤란을 겪고 있는 것은 이 같은 국제환경 변화에 따른 강대국들의 외교정책 변화와 어느 정도 관련이 있다.

개하기 위해서는 다음과 같은 몇 가지 조건이 전제되어야 한다는 주장이 있다.[38) 이의 주장을 토대로 살펴보면 다음과 같다.

첫째, 약소국의 입장에서 볼 때, 주변 강대국 간의 관계가 가능한 한 다원적인 완전경쟁상태에 놓일 때 외세의 영향력이 중화되어 그 영향력이 최소로 미칠 가능성이 크다는 것이다. 따라서 약소국의 대외조건으로서는 이러한 경합상태가 바람직하다고도 볼 수 있다. 그러나 이러한 상태가 반드시 외세영향력의 중화를 가져오지만은 않는다. 약소국 내부정치가 불안정하거나 대외정책에 대한 합의가 불일치하는 경우 이 같은 경쟁상태는 약소국 외교정책의 이점과는 거리가 멀다. 따라서 내부정치의 안정 또는 불안정성은 약소국의 대외정책 수준을 결정하는 주요 요인이 된다.

둘째, 약소국 외교정책은 비이념적일수록 좋다는 것이다. 특정의 정치이념에 치우치게 되면 자연히 정책에 대한 포용성과 타협성을 상실하게 된다는 것이 그 주된 이유이다. 특히 약소국의 경우에는 독립을 지키기 위해 주변 외세관계에서 일어나는 세력변화에 민감한 적응성을 발휘해야 되는데, 특정의 이념을 외교정책 방향설정의 기초로 삼을 경우 약소국의 대외행동 반경을 크게 제약하는 결과를 가져올 것이기 때문이다.[39)

셋째, 약소국의 강대국들에 대한 외교정책은 가급적이면 적대정책보다는 우호적인 정책을 전개해야 한다는 것이다. 약소국의 강대국에 대한 적대정책은 강대국이 자극을 받아 약소국의 국내문제에 개입하게 되는 경우가 많기 때문이다.

---

38) 이호재, 『약소국 외교정책론』(서울: 법문사, 1987), p.6.
39) 이호재, 위의 책, p.7.

2. 약소국 외교정책에의 영향 요인

한 나라의 외교정책에 영향을 주는 요인은 다양하다. 대내외적
차원에서 보면, 한 나라의 역사 및 문화적 전통, 인구와 영토의
크기, 지정학적 특성, 경제력, 군사력, 정치이념, 대내 정치구조,
최고지도자의 개인적 측면, 국제체제 및 정세, 주변국가들과의 관
계 등이 영향을 미치는 변수라고 할 수 있다. 이는 국력의 크기
와 상관없이 외교정책 결정과 관련이 있는 주요 변수들이다.[40]
즉 모든 국가들은 국내적 환경과 국제적 환경을 동시에 고려하
여 대외정책을 결정하는 것이다. 또한 이러한 요인들은 가변적일
수도 있고 고정불변일 수도 있다. 그러나 위에서 나열했던 여러
요인들은 약소국이나 강대국 모두에게 동일한 정도로 영향을 미
치지는 않는다. 다시 말해서 각각의 요인들이 약소국과 강대국에
미치는 정도가 다르다. 일반적으로 강대국에 비해 약소국은 내부
요인보다는 외부요인(국제체제나 안보환경)에 더 많은 영향을
받는 경향이 강하다. 여기서 주요 외부요인이라고 하는 것은 국
제적 사건이나 행위, 외부환경에서 오는 도전, 상대국가의 외교정
책 등을 말하는 것이다. 이러한 사실은 냉전기 및 탈냉전기의
한·미관계에서도 잘 나타나고 있다. 미국에 비해 국력이 열세인
한국은 냉전 또는 탈냉전이라는 외부환경 변화, 즉 국제체제 변
화에 대해 민감하게 반응할 수밖에 없었으며, 특히 냉전기의 경
우 한국의 대외정책은 미국의 대외정책에 의해 많은 영향을 받

---

40) Kenneth W. Thompson and Roy E. Macridis, "The Comparative Study
    of Foreign Policy," In *Foreign Policy in World Politics*, 5th ed. Roy E.
    Macridis, ed.(Englewood Cliffs: Prentice-Hall, 1976), pp.6-7.

았다. 그러나 미국의 경우는 이러한 국제체제 변화에 크게 영향
을 받지 않은 채 자신들의 국익 추구에 유리한 방향으로 대외정
책을 추진해 오고 있는 것이다. 이러한 점에서 볼 때 강대국은
국내정치적 요구에다 외부환경의 도전을 적응시키고 있으며, 이
와는 반대로 약소국은 외부환경에서 오는 요구와 도전에 국내환
경을 적응시키는 경향이 있다.41)

이처럼 약소국과 강대국은 외부환경이나 내부환경이 대외정책
에 미치는 영향이 차이가 있는 것이다. 이러한 이유 때문에 약소
국 외교정책을 분석하는 데 있어서 대내적 요인보다는 대외적
요인에 더 많은 관심을 기울이는 것이다. 이러한 점에 입각하여
리스카(George Liska)는 국제체제라는 것이 국가 간 서열화로
구성되어 있다는 주장을 하고 있다. 또한 이러한 서열화는 개별
국가들의 국제기구 참여정도, 국가이익의 범위에 따라 정해질 수
있으며, 이는 국제체제 안에서 하나의 조화를 이룬다고 보고 있
다. 이에 따라 국제관계에서 약소국과 강대국 간에는 지배와 종
속이라는 관계가 형성되어 있다고 한다.42) 코헤인도 이 같은 관
점에서 약소국의 국제적 지위와 역할을 언급하고 있다. 즉, 약소
국의 이 같은 지위나 역할로 인해 약소국은 국제체제 질서 유지
및 변화에 큰 영향을 미치지 못하기 때문에 자신들의 대외정책
을 현실에 맞게 적응시키고 유지시켜야 한다고 주장한다.43)

---

41) James N. Rosenau, *The Study of Political Adaption* (N.Y.: Nicholas
   Publishing Company, 1981)을 참조.
42) George Liska, *International Equilibrium : A Theoretical Essay on the Poli
   tics and Organization of Security* (Cambridge, Mass.: Harvard Univer
   sity Press, 1957)을 참조.
43) Robert O. Keohane, "Lilliputians Dilemmas: Small States in International

일반적으로 약소국의 외교정책 결정에 주된 영향을 미치는 것
은 국제체제라고 할 수 있으나 강대국 이익의 범위에 관한 것도
무시할 수 없다. 예를 들면, 북·중 관계에서 냉전과 탈냉전이라
는 국제체제도 북한의 대외정책 결정에 중요한 영향을 미치지만
중국의 국익에 대한 범위는 오히려 이보다 더 많은 영향을 미칠
수도 있는 것이다. 다시 말하면 북·중 관계와 한·중 관계에서
중국의 국가이익이 한·중 관계 또는 북·중 관계 어느 한쪽에
더 높은 이해관계를 가지고 있다면, 남북한 각자의 외교정책 결
정은 현격한 차이를 보일 것이다. 강대국의 약소국에 대한 국가
이익의 범위는 여러 가지 요인들이 고려되어 결정될 것이다. 지
정학적 장점, 군사·안보적인 측면에서의 전략적 가치, 경제적 이
익 등은 매우 중요한 고려 요인들이라고 볼 수 있다.

3. 약소국의 대강대국 적응 전략

약소국들은 강대국에 비해 외교정책 결정 및 추진에 있어 여
러 가지 제약요인들이 뒤따르게 된다는 것은 살펴본 바와 같다.
무엇보다도 국제체제와 같은 외부환경에 매우 취약하였으며, 특
히 강대국의 이익 범위에 따라 많은 영향을 받았다. 이러한 상황
에서 약소국이 생존전략으로 선택할 수 있는 대강대국 적응 외
교전략 선택의 폭은 넓지 않다. 정책선택에 있어서도 그 기준은
정책결정에 따른 이익의 극대화보다는 군사·안보와 같은 외부
정치적 위험을 극소화시키는 데 역점을 두는 것이 보통이다. 물
론, 약소국 외교정책 결정을 이처럼 수동적으로 보는 것에 대한

Politics," *International Organization*, 23, 1969, p.291.

비판적 견해가 없는 것은 아니지만, 어쨌거나 이러한 수동성은 약소국 대부분에서 나타나는 일반적인 외교행태이다.

냉전체제는 물론 탈냉전기에서도 약소국들은 여전히 정책결정에 있어서 강대국들의 영향을 받고 있는 것이 현실이다. 현재 약소국들에게는 새로운 정치·경제·군사안보 질서하에서 어떻게 여기에 적응하느냐가 문제이지 이를 어떻게 변화시키고 영향을 미치느냐가 중요한 것은 아니다. 대부분 이러한 질서들은 강대국들에 의해 유지되거나 변화되고 있기 때문이다. 이와 같이 약소국들은 강대국들에 비해 외교정책에 있어서 선택의 자율성이 상당히 제한되어 있다. 약소국이 강대국과의 관계에서 최소한의 대외정책의 목표를 달성하기 위해서는 최소한의 자주성과 외부환경의 영향에 대한 거부능력을 갖는 것이 필요하다. 이를 확보하기 위해서는 타국의 간섭에 굴복하지 않을 수 있는 거부능력이 필요하다. 그러나 약소국의 경우 자국의 군사력만으로 강대국들의 영향력을 배제하고 자주성을 확보할 수는 없다.[44) 약소국이 이러한 능력을 확보하는 데 있어서 다음과 같은 몇 가지 방법들을 동원할 수가 있다.

첫째, 동맹관계를 활용하는 것이다. 특히 동맹관계를 활용하더라도 약소국 간 동맹은 큰 힘을 발휘하지 못한다. 따라서 강대국과의 동맹이 필요하다. 동맹조약에 있어서 상호방위조약은 약소국의 외부환경에 대한 거부능력과 자주성을 확보하는 데 효과적인 수단이 된다. 따라서 약소국은 강대국과의 동맹관계를 활용하

---

44) 이상우, 『국제관계 이론: 국가 간의 갈등원인과 질서유지』(서울: 박영사, 2001), p.475.

여 타국과의 관계에서 자주성과 거부능력을 행사할 수 있게 된다. 냉전기 북한의 생존방식은 바로 이러한 유형에 해당된다고 볼 수 있다. 북한이 냉전기와 탈냉전기에 미국에 대응하여 나름대로 자주성과 거부능력을 가질 수 있었던 것은 전적으로 중국 및 소련과 같은 강대국들과의 동맹관계에 힘입은 바가 크다. 그러나 이러한 경우 동맹국간 힘의 차이가 심할 경우 동맹 내부에서 약소국의 자주성 상실 및 거부능력 부재라는 또 다른 문제를 야기하기도 한다. 다시 말하면, 큰 위험을 피하기 위해 작은 위험을 스스로 감수해야만 하는 문제가 발생한다는 것이다. 따라서 약소국에게 바람직한 동맹은 특정 강대국과의 양자동맹보다는 다수의 강대국과 약소국이 혼합된 동맹형태라고 할 수 있다. 최근 동북아지역에서도 논의되고 있는 다자안보협력동맹은 이러한 혼합된 동맹형태를 염두에 둔 구상이라고 할 수 있다.

둘째, 강대국 간의 이해관계를 활용하여 약소국 자신에게 미치는 영향력들을 서로 상쇄시켜 자국의 안전과 자주성을 확보하는 방법이다. 이 방법은 약소국의 희생을 최소화시킨다는 장점이 있다. 그러나 이러한 방법이 효과를 지니기 위해서는 약소국이 고도의 외교능력을 가져야 한다는 제약이 있다. 그렇지만 강대국 간의 이해 대립이 지속적일 경우 사용해 볼 수 있는 방법이다.[45]

셋째, 철저히 중립을 지키는 방법이다. 중립정책은 기본적으로 타국의 군사 또는 정치적 분쟁에 개입하지 않겠다는 것이다. 이에 따라 중립적 입장을 취하는 국가들은 평화 시에도 군사동맹에 참여하지 않으며, 자국 내에 그 어떤 외국군대의 주둔도 불허

---

45) 이상우, 『국제관계 이론: 국가 간의 갈등원인과 질서유지』 (2001), p.476.

하는 것을 원칙으로 하고 있다. 그러나 이러한 중립국이 되기 위해서는 강대국의 협조가 절대적으로 필요하다. 즉 강대국들이 약소국의 중립적 지위를 허용해야만 가능한 것이다. 대부분 상대국들이 중립적 지위를 허용하는 경우는 약소국의 지정학적 위치가 특수하여 강대국 간 완충지대로 남겨두는 것이 바람직하다고 합의될 때이다. 냉전시기 비동맹국가들은 미·소 두 강대국의 세력다툼에 개입하지 않고 자주성을 높이고 대내발전을 도모할 수 있었다는 이점 때문에 많은 약소국들로부터 관심을 받아왔다.

넷째, 약소국 간 집단방위체제를 형성하는 것이다. 지역적으로 인접한 국가들 간에 집단방위체제를 형성함으로써 약소국들은 개별 단위에서도 나름대로의 외교적 자주성과 거부능력을 갖게 된다. 동아시아지역의 ASEAN은 그 회원국 구성으로 보아 향후 약소국 간 집단방위체제로 발전할 가능성도 전혀 배제할 수 없다. 만약, ASEAN이 이 같은 집단방위체제로 발전하게 된다면 동아시아에서 이들 회원국들의 대외정책에 대한 자율성과 거부능력이 증가될 수도 있을 것이다.

제3장 북한 외교정책의 기조 · 목표 · 변화 추이

Ⅰ. 사상적 기조 : 주체사상

1. 대두배경과 그 성격

주체사상은 북한의 정치, 경제, 사회, 문화는 물론 대외정책의 영역에도 지대한 영향을 미치고 있다.[46] 이는 오늘날 북한을 이해하기 위한 주요 키워드가 되고 있으며, 구성원들에게 있어서 삶의 실천원리이자 하나의 행위 규범으로 간주되고 있다.

현재 북한은 김일성시대와는 달리 대내외 정치에서 김정일체제만의 특유한 통치방식을 보여주고는 있으나 여전히 대내외 통치원리의 사상적 기반은 마르크스-레닌주의 변형 이데올로기인 '주체사상'에 기초하고 있다. 이는 1998년에 개정된 헌법 제3조가 "조선민주주의 인민공화국은 사람중심의 세계관이며 인민대중의 자주성을 실현하기 위한 혁명사상인 주체사상을 자기활동의 지도적 지침으로 삼는다."[47]라고 규정하고 있는 데에서도 잘 알 수 있다. 또한 그 이전인 1980년 10월에 개정된 조선로동당 규약은

---

46) 전체주의 국가에서는 공식 이데올로기가 외교정책 목표를 규정하고 정책수단을 선택하는 지침을 제공한다. 북한 역시도 공식 이데올로기인 '주체사상'에 입각하여 외교정책 목표를 규정하고 정책수단을 선택한다. 특히 외교정책의 제1의 원칙으로서 '자주'가 중요시되고 있다. 주체사상의 '자주성' 원칙은 북한이 국가수립 이후 겪었던 중국과 소련의 내정간섭과 한국전쟁, 그리고 김일성 일인지배체제 확립과정에서의 권력투쟁 등 여러 가지 역사적 경험이 이를 대내외 정책수립 및 추진에 있어서 제1의 원칙으로 내세우게 했던 것이다.

47) 조선민주주의 인민공화국 사회주의 헌법 제3조 참조.

"조선로동당은 오직 위대한 수령 김일성 동지의 주체사상, 혁명
사상에 의해 지도 된다."라고 규정하고 있는 것도 이와 같은 내
용을 반영하고 있는 것이라고 할 수 있다.[48] 한편, 주체사상의
성격규정과 관련하여 주체사상은 하나의 일반적인 사상인가 아
니면 이데올로기인가 하는 문제를 생각해 볼 수 있는데, 주체사
상에서 '사상'은 일반철학자의 사상과는 다른 하나의 지도이념 또
는 통치이데올로기로 보아야 한다는 주장이 있다.[49] 즉 주체사상
이 세계와 인간의 문제에 대한 해석을 제시하고 있을 뿐만 아니
라 세계를 어떻게 변혁시킬 것인가 하는 방법까지 제시하고 있
으며 또한 북한 체제를 철저히 정당화하는 기능을 수행하고 있
기 때문이다.[50]

　주체사상이 등장하게 된 배경에는 1950~1960년대 당시 김일
성이 처해 있던 국내외적 환경과 밀접한 관련이 있다. 즉 소련의
흐루시초프가 탈스탈린화 정책을 내세우고 평화공존을 대외적으
로 표방하면서 소련이 주도해 왔던 국제공산주의 운동이 점차적
으로 해체위기에 직면했다.[51] 동시에 한국전쟁에 대한 책임전가
문제와 중국과 소련 간의 분쟁 등 당시의 대내외적 상황은 김일
성으로 하여금 하나의 독자적인 통치이데올로기를 고안하게 한
배경이 되었다. 이러한 주체사상 용어에 대한 최초의 사용은 김

---

48) 김태운, "주체사상의 자주적 입장과 북한의 대외정책: 주체사상 형성기 북
　　한의 대외정책을 중심으로", 『호남정치학회보』, 제13권(2001)을 참조.
49) 송두율, 『역사는 끝났는가』 (서울: 당대, 1995), p.264.
50) 정성장, "주체사상의 형성 발전과정과 성격", 『21세기 북한의 변화와 전망』,
　　(경기: 용인대학교 인문사회과학연구소, 1999), p.17.
51) Lesage, Michel, Le system politique de l'URSS(Paris: P.U.F.,1987),
　　pp.147-149.

일성이 1955년 12월 28일 조선로동당 선전선동원대회 연설에서였
다고 하는데, 그것을 보면 다음과 같다.

"우리는 어떤 다른 나라의 혁명도 아닌 바로 조선혁명을 하고
있는 것입니다. 그러므로 모든 사상사업을 반드시 조선혁명의 이
익에 복종시켜야 합니다. 우리가 소련공산당의 역사를 연구하는
것이나 중국혁명의 역사를 연구하는 것이나 마르크스-레닌주의
의 일반적 원리를 연구하는 것은 다 우리 혁명을 옳게 수행하기
위해서 하는 것입니다."라고 지적하면서, 조선혁명을 하기 위해서
는 '우리 민족의 투쟁역사'와 '조선의 지리 및 조선인민의 풍속'을
잘 알아야 한다고 강조하였다.[52]

김일성의 이러한 연설에서의 주체 확립에 대한 첫 언급이 북
한에서 주체사상 등장의 시발점이 되었다고 볼 수 있다.

한편, 주체사상이 대두했던 초기에는 그것은 하나의 사상체계
를 갖추지 못했었으나 1965년 이후부터 하나의 사상체계를 갖추
게 되었다. 특히 김일성이 1965년 4월 반동회의 10주년을 기념하
기 위해 인도네시아를 방문하여 알리아르함 사회과학원 연설에
서 "사상에서의 주체, 정치에서의 자주, 경제에서의 자립, 국방에
서의 자위"라는 소위 주체사상의 4대원칙을 천명한 것이 그 계
기가 되었다.[53]

김일성이 이 같은 하나의 유일한 사상체계를 고안할 수밖에

52) 백두연구소 편, 『주체상의 형성과정』(서울: 백두, 1988), pp.42.
53) 사실상 북한 내부에서는 1955년 사상에서의 주체를 강조한 것을 필두로
    1956년에는 경제에서의 자립, 1962년에는 국방에서의 자위를 주장했고
    1966년에 이르러서야 외교에서의 자주를 언급하는 등 상당히 장시간에 걸
    쳐 그 사상적 체계화가 이루어졌다.

없었던 근본적인 이유는 당시 북한 내부의 정치적 상황과 밀접한 관련이 있다. 소위 스탈린 사후 소련에서 일어나는 변화처럼 그러한 정치적 변혁이 북한 내부에 영향을 미쳐 자칫 김일성의 정치적 위치를 불안하게 만들 요소가 있었기 때문이다. 따라서 김일성은 스탈린 사망 후 소련에서 스탈린 격하운동이 전개되고 국내에서도 한국전쟁 도발의 패전에 따른 반대파들의 비판여론이 고조됨에 따라 소련의 영향을 차단하고 정적(政敵)숙청의 명분을 마련하기 위해 하나의 이데올로기가 필요했던 것으로 보인다. 결국 북한은 1955년부터 1966년까지 주체사상을 '소련의 반스탈린 운동의 북한유입 차단', '소련 원조 중단을 극복하기 위한 자력갱생 경제', '중·소 대립에서의 등거리외교' 등을 나타내는 정치구호로 사용, 북한 내 김일성 개인숭배 운동을 본격적으로 전개하고 1인독재체제를 합리화하는 수단으로서 주체사상을 체계화시켰다.

북한은 1980년대 들어서면서 "수령은 무오류성을 지닌 생명체의 뇌수이며 인민대중은 수령에 충성함으로써 생명을 부여받을 수 있고 당은 생명체의 신경조직"이라는 이른 바 '수령론'을 내세우면서 지금의 주체사상 틀을 갖추었고, 이를 활용하여 부자권력 세습 선전을 노골적으로 전개하기 시작하였다.[54]

2. 주체사상의 구조

주체사상은 이원적 구조로 되어 있다. 즉 좁은 의미의 주체사상과 김일성 동지의 혁명사상 혹은 '김일성주의'라고 불리는 넓은

---

54) http://www.unikorea.net/uninkpds/writen data/polit 015.htm.

44

의미의 주체사상으로 나뉘어져 있다. 특히 좁은 의미의 주체사상
은 철학적 원리, 사회 역사원리와 지도원칙으로 구성되어 있다.
이 주체사상은 1982년에 김정일이 발표한 '주체사상에 대하여'라
는 논문에서 체계화되었다.[55]

첫째, 주체사상의 철학적 원리는 인간을 모든 사고의 중심에
놓고 인간과 세계와의 상호관계를 밝히는 것을 철학의 근본문제
로 삼으며, 세계 개조자로서 인간의 실천적 역할을 강조함으로써
철학의 임무는 모든 것을 인간을 위해 복무하게 하는 것이라고
하였다. 김정일은 그의 논문에서 "주체사상은 사람이 모든 것의
주인이며, 모든 것을 결정한다는 것을 강조하며, 사람이 이 우주
만물의 주인으로서 세계를 개조하고 자기운명을 개척하는 데 결
정적인 역할을 한다. 따라서 주체사상의 철학적 원리는 세계에서
사람이 차지하는 지위와 역할을 밝힌 사람 위주의 철학원리이
다."[56]라고 주장하고 있다. 주체사상의 철학적 원리가 사람은 자
주성, 창조성, 의식성을 가진 사회적 존재라는 사람에 대한 새로
운 철학적 해명에 기초하고 있음을 밝히고 있다. 특히 사람은 위
와 같은 자주성,[57] 창조성,[58] 의식성[59]을 가졌기 때문에 세계에

---

55) 주체사상의 김일성주의화에 관한 연구는 고성준, "주체사상의 김일성주의화
　　에 관한 연구", 『주체사상연구』(서울: 도서출판 태백, 1989)를 참조할 것.
56) 김정일, "주체사상에 대하여", (1982. 3. 31).p. 81.
57) 김정일에 의하면 자주성은 세계와 자기운명의 주인으로서 자주적으로 살
　　며, 발전하려는 사회적 인간의 속성이라고 하였다.
58) 자주성과 마찬가지로 사회적 존재인 사람의 본질적 특성을 이루는 것으로
　　서 , 목적의식적으로 세계를 개조하고 자기운명을 개척해 나가는 인간의
　　속성으로 규정하였다. 즉 인간은 창조성으로 인하여 낡은 것을 변혁하고
　　새로운 것을 만들어 내면서 자연과 사회를 자기에게 더욱 쓸모있고 이로운
　　것으로 변화시키는 특성으로 규정하였다.
59) 의식성은 세계와 자신을 파악하고 개변하기 위한 모든 활동을 규제하는 사

서 가장 우월하고 힘 있는 존재, 세계의 주인으로서 특별한 지위와 역할을 차지하는 존재가 된다는 것이다.[60]

둘째, '사회역사 원리'이다. 이러한 사회역사원리와 관련하여 김정일은 "주체사상에 의하여 밝혀진 사회역사원리는 새로운 사회역사관, 주체사관이다."[61]라고 하면서 인민대중의 역할을 통해서 사회역사 운동의 주체, 본질, 성격, 추진력을 해명하고 있다. 그러면서 역사의 주체가 근로인민대중임을 주장하며, 반동적 착취계급에 대해서는 역사의 주체성을 부정하고 있다. 역사의 본질은 인민대중의 자주성을 위한 투쟁의 역사로 보고 있고, 동시에 역사의 성격은 자연과 사회를 개조하고 변혁하는 인민대중의 창조적인 운동으로 해명하고 있다. 이와 관련하여 김정일은 그의 논문에서 "인류의 역사가 시작된 이래 인민대중은 창조적 노동으로 자연을 정복하고 자기의 생존과 발전에 필요한 재부를 만들어 왔으며, 낡은 것을 변혁하는 창조적 활동에 의하여 사회는 발전하여 왔다."[62]는 것을 강조하고 있으며 역사의 추진력은 인민대중의 자주적 사상의식이라 강조하고 있다.[63]

셋째, 주체사상의 지도원칙이다. 주체사상은 당 및 국가활동,

회적 인간의 속성으로 규정하였다. 의식성으로 인해 사람은 세계와 그 운동발전의 합법칙성을 파악하며, 자연과 사회를 자기 요구에 맞게 개조하고 발전시켜 나가며, 또한 의식성으로 인하여 사회적 존재인 사람의 자주성, 창조성이 담보가 되며 그 합목적인 인식활동 및 실천활동이 보장되는 것으로 보았다.

60) 김정일, "주체사상에 대하여",(1982. 3. 31), pp.81-82.
61) 김정일, "주체사상에 대하여",(1982. 3. 31), p.85.
62) 김정일, "주체사상에 대하여",(1982. 3. 31), p.95.
63) 여기서 자주적 사상의식이란 자기운명의 주인으로서의 자각이며, 자기 운명을 스스로 개척해 나가려는 의지로서 인민대중의 자주성을 위한 혁명운동에서 결정적인 역할을 하는 것으로 간주하고 있다.

46

혁명과 건설의 모든 분야에서 주체를 세우기 위한 완비된 지도원칙을 가지고 있으며, 자주적 입장과 창조적 입장을 견지하고, 사상의식의 역할을 높이며, 인민대중을 의식화·조직화하여 역사발전과 혁명투쟁 과정에서 그들의 주동적인 활동을 높이기 위한 방도라고 주장하고 있다. 자주적 입장은 사상에서의 주체, 정치에서의 자주, 경제에서의 자립, 국방에서의 자위를 말한다.[64]

이상에서 설명한 것이 좁은 의미의 주체사상이다. 그러나 오늘날 우리가 말하는 주체사상은 좁은 의미의 주체사상을 기본 체계로 삼되, 이것보다 범위가 넓은 주체사상을 '김일성주의'라고 부른다. 즉 좁은 의미의 주체사상을 기본체계로 하여 김일성의 주체의 혁명이론과[65] 영도방법[66]을 가미한 것이 넓은 의미의 주체사상인 '김일성주의'인 것이다.

---

64) 김정일, "주체사상에 대하여", (1982. 3. 31),p.121.
65) 주체의 혁명이론에는 당이론과 사회주의 건설론 그리고 프롤레타리아 독재론이 있다. 여기서 당이론은 공산당만이 프롤레타리아트와 전체 근로대중의 전위를 통일하고 육성하며 조직할 수 있고, 그들을 혁명대열에 끌어 들일 수 있는 것으로 간주하고 있다. 한편, 사회주의 건설론은 사회주의를 건설하고 완성해 나가는 과정을 공산주의적 성격이 강화되고 그 과도적 성격이 극복되어 나가는 과정으로 인식하고 있다. 프롤레타리아 독재론은 프롤레타리아 독재는 과도기가 끝나도 계속되어야 한다는 것으로서 과도기가 끝나면 프롤레타리아 독재가 끝난다는 고전적인 마르크스-레닌주의 이론을 수정하고 있다.
66) 김정일은 그의 논문에서 주체의 영도방법은 모든 것을 인민대중의 힘에 의거하고 인민대중의 창조적 힘을 발동하여 해결해 나갈 데 대한 요구를 제시함으로써 세계와 역사의 주체로 자각된 사람들의 창조력을 배가하고 그 힘을 자주의 세계를 창조하는 데로 이끌어 갈 수 있는 방도를 밝혀주는 것이라고 말하고 있다. 아울러 주체의 영도방법은 혁명적 군중노선을 관철하기 위한 하나의 방법이라고 주장한다.

3. 주체사상과 대외정책 간의 관련성

1) 외교정책과 이데올로기와의 관련성

일국에 있어서 하나의 지배적인 이데올로기는 기능적 측면에서 볼 때 "현재하든지 또는 앞으로 존재할 것으로 기대되든지 간에 선호된 정치질서를 설명하고 정당화시키는 신념체계이며, 동시에 그것을 달성하기 위한 하나의 전략을 제공하는 것"[67]으로 설명된다. 아울러 이데올로기가 어떠한 지적(知的), 정치적 성향을 함축하고 있는 것으로 인식되더라도 그것은 여전히 정치사회에서 중요한 기능을 수행한다. 특히 이데올로기는 사회구성원들의 신념체계에 영향을 미치며 어떤 목적을 달성하는 데 필요한 집단적 열정과 전략을 제공한다. 따라서 기능적 측면에서 이데올로기는 사회 내에서 선호되는 정치질서를 설명하고 정당화시키는 신념체계이며, 이는 반드시 어떤 목표를 제시하고 이를 달성하기 위한 구체적인 전략을 제공한다. 그러므로 이데올로기는 이념과 행위를 포함하는데 이것은 가끔 인간으로 하여금 선택된 목표의 실현을 위한 행위와 열정을 조성함으로써 집단생활의 효율성을 증진시키도록 한다. 이런 점에서 정치적 이데올로기의 기능은 인간의 정치적 태도나 정치적 행태에 영향을 미치는 것이다.[68]

한편, 외교정책의 성격 및 요체를 이데올로기와 연관지어 설명하려는 연구에서는 '한 국가의 외교정책을 기본적으로 그 국가의

---

67) Reo M. Christenson et al., *Ideologies and Modern Politics*(New York: Dodd, Mead & Co., 1975), p.6.
68) 신정현, 『정치학』(서울: 법문사, 1995), p.535.

48

특정 이데올로기의 표현'으로 본다. 1950년대 그로스(Feliks Gross)가 이러한 설명을 대표하고 있는데, 그는 "외교정책의 개념은 문화를 반영하는 일단의 이념으로 규정되고, 한 사회의 이데올로기는 더이상 과거와 같이 공통적이지 않다"[69]고 했다. 냉전기 소련의 외교정책을 이데올로기와의 관계에서 연구한 홀스티(K. J. Holsti)의 연구 역시 그로스의 설명을 뒷받침하고 있다. 즉, 홀스티는 이데올로기라는 것이 "외교정책의 목표, 평가기준, 행위의 정당성을 부여하고 인식과정에서도 중요한 영향을 미친다."고 보았다.[70] 또한 외교정책 결정요인으로서의 이데올로기와 관련성을 보면, 이데올로기는 외교정책의 목표 형성과 밀접한 관련을 갖는데, 이는 기본적으로 외교정책이 특정 국가의 이데올로기의 반영물이라는 것이다. 또한 이데올로기는 목표만을 정하는 것이 아니라 정책방향 결정에도 영향을 미친다고 본다. 냉전시기 소련 외교정책을 설명하는 데 이러한 설명들이 적합하다.[71]

외교정책에 있어서 이데올로기는 정치체계에서의 투입-산출에 영향을 미친다. 외교정책 투입 즉 정책수립 과정에서 정책결정자가 지니고 있는 이데올로기는 매우 중요하며, 특히 이는 폐쇄적 성격을 지닌 체제일수록 더 강한 힘을 발휘한다. 이 같은 몇 가지 연구나 사례에서 보는 것처럼 일반적으로 이데올로기는 외교

69) Feliks Gross, *Foreign Policy Analysis* (N.Y.: Philosophical Liberary, 1954)를 참조.
70) K. J. Holsti, "The Study of International Politics Makes Strange Bedfellows: Theories of the Radical Right and the Radical Left", *APSR*, Vol.68(1974)를 참조.
71) Henly A. Kissinger, *Nuclear Weapons and Foreign Policy*(N.Y.: Harper and Row, 1957).

정책 결정 및 집행 등 외교정책 전반에 걸쳐 밀접한 관련을 갖
고 있는 것이다.

2) 주체사상과 대외정책의 관련성

외교정책 결정에서 실용적인 국가이익 추구가 우선인가 아니
면 이념에 충실할 것인가 하는 문제가 제기되고 있지만, 국익 우
선 경향이 현저하다.[72] 북한의 경우에도 실리를 중요시하는 것
같으나, 세계관과 정책 결정 및 추진과정에서 이념적인 면이 비
교적 크게 반영되고 있다. 그 단적인 예로는 남한을 미제의 식민
지로 규정하여 미군 철수와 민족해방을 요구하며, '남조선혁명'을
지나치게 강조하는 완고한 입장에서도 북한의 강한 이념적인 색
채를 찾아 볼 수 있다.[73] 즉 북한의 외교정책은 마르크스-레닌주
의와 이의 변형인 주체사상의 영향을 많이 받고 있다. 이러한 측
면은 1972년 김일성의 일본의 마이니치 신문기자들과의 대화에
서도 나타나고 있다.

"공화국 정부는 주체사상에 기초하여 대외정책을 작성하며 주
체사상을 지도적 지침으로 하여 모든 대외활동을 진행한다. 한마
디로 말하여 우리 공화국은 대외활동에서 자주성을 확고히 견지
하고 있다. 공화국 정부의 자주적인 대외정책은 우리 인민과 세
계 인권의 숭고한 염원을 반영하고 있다. 우리는 대외활동에서
자주성을 확고히 견지하면서 국제주의적 단결과 협조를 강화하

---

72) Donald D. Barry and Carol Barner-Barry, *Contemporary Soviet Politics*, 2nd ed., Englewood Cliffs, Prentice-Hall, Inc., 1982, pp.316-317.
73) 최명 편, 『북한개론』(서울: 을유문화사, 1996), p.556.

는 원칙을 지키고 있으며 우리나라를 우호적으로 대하는 나라들
과는 큰 나라, 작은 나라를 가리지 않고 친선과 협조관계를 발전
시켜 나가고 있다. 우리는 또한 대외활동에서 다른 나라의 이익
을 침해하지 않으며 주체사상에 기초한 공화국 정부의 대외정책
은 무엇보다도 사회주의 나라들 사이의 연대성을 강화하는 데
적극 이바지하고 있다. 공화국 정부는 사회주의 나라들과의 관계
에서 자주성의 원칙을 엄격히 지키고 있다. 자주성의 원칙에 기
초하여 사회주의 나라들과의 친선, 협조관계를 발전시켜 나가고
있다."[74)

외교정책이란 정책결정자들의 마음으로부터 자동적으로 만들
어지는 것이 아니다. 오히려 그것은 한 국가의 과거 경험과 수년
에 걸쳐 받아들인 특정한 정치적 신념과 이념의 산물인 것이다.
총체적 의미에서 보면 그 같은 신념들은 국가의 '민족적 신화체
계'를 형성하는 것으로 간주될 수 있다.[75) 이와 관련하여 Robert
M. MacIver는 "모든 사회는 그 사회의 제반 활동을 결정하고 유
지하는 지배적 사상형태의 복합체라 일컫는 신화체계에 의해 결
속된다."[76)라고 하였다. 일반적으로 이데올로기는 논리 정연한
상징체계에 기초하고 있으며, 특정민족의 문화적 역사적 경험에
바탕을 둔 행동지향적 신념체계와는 구별되는 것이기도 하다. 그

---

74) 김일성, "우리 당의 주체사상과 공화국 정부의 대내외정책의 몇 가지 문제
   에 대하여", 일본 마이니치 신문기자들이 제기한 질문에 대한 대답 중 일
   부(1972).
75) 로이드 젠슨 저, 김기정 역 『외교정책의 이해』(서울: 평민사, 1994), p.98.
76) Mostsfa Reja "Political Idelogy: Theoretical and Comparative Perspectives", in
   Mostafa Reja, ed., *Decline of Ideology*(Chicago: Aldine Atherton, 1971), p.5.

렇다고 보면 북한이 지배이데올로기로 내세우고 있는 주체사상
은 그 어떤 의미로 정의되든지 간에 십수 년간을 흔들림 없이
북한의 대외정책 정책결정에 절대적인 영향을 미치는 내외정책
결정의 사상적 기조임이 틀림없다.[77] 북한의 대외정책 기본방향
이 '자주, 친선, 평화'라는 세 가지로 설정되고 있음을 감안하더라
도 이 세 가지 기본 요소는 모두 주체사상에 기초하고 있는 것
이다.

　살펴본 바와 같이 북한의 주체사상은 대외정책에 있어서도 정
책결정 및 입안의 지도원리로 작용하고 있다. 즉 주체사상은 외
교정책 입안에 있어서 정책변화의 폭의 한계를 설정하는 역할을
수행한다고 볼 수 있다. 또한 대외정책 입안가들이 국제환경을
인식함에 있어서 하나의 프리즘적 역할을 담당할 뿐 아니라 북
한의 전략과 전술적 행동양식에도 영향을 미칠 수 있다.[78] 그러
나 주체사상은 1980년대 후반 이후부터 어느 정도 대외정책에
있어서 신축적인 측면을 보여주고 있다. 주체사상이 비록 대외정
책 입안과정에 제한을 가하고 방향을 제시하는 등 일련의 영향
력을 행사하고 있는 것은 분명하지만, 정책방향을 변화해야 할
절대적인 필요성이 대두되었을 때는 주체사상보다 실리를 앞세
운 정책이 입안되는 경우가 많은 것이다. 이는 북한이 현재 국가
이익에 대한 합리적인 근거에 대외정책의 바탕을 두고 있다는
것을 의미한다. 사실, 탈냉전기 북한 외교정책은 이러한 측면들

77) 김태운, "주체사상의 기능이 북한의 대외정책에 미친 영향", 조선대학교 지
　　역발전연구소 편, 『지역발전 연구』(1997), pp.169-170.
78) B. C. Koh, Idelogy and North Korean Foreign Policy," in Robert A. Scla
　　pino and Hongku Lee(eds), *North Korea in a Regional and Global Con
　　text*(Berkely: University of California Press, 1986), p.34.

때문에 이념과 정책추진 간의 혼선을 빚는 경우가 허다하다. 향후 주체사상이 외교정책 추진과정에서 혼선을 빚게 되는 경우가 점차 더 많아질 것으로 보이는데, 그것은 현재 북한에서 진행되고 있는 경제개혁 조치들이 시장경제 원리와 무관하지 않다는 점에서이다. 또한 김일성 사망 이후 유일지도 사상이었던 주체사상의 강조 대신 사회전반에 걸쳐 새로운 통치담론들이 대거 등장했고, 이들은 실제 대내외정책에서 실천적 측면들을 보이고 있다. 이러한 측면들은 김정일시대 대표적인 통치담론이라고 할 수 있는 '강성대국론'79)과 '선군정치' 등을 통해서 나타나고 있다.

II. 외교정책의 이념과 목표

외교정책이란 일종의 공공정책으로서 일국이 자국의 정책적인 목적이나 이익을 달성하기 위하여 타 국가 또는 정치단체에 대해서 취하는 정치적 정책을 의미한다. 그러나 외교정책이 여타 공공정책에 비해 중요성의 비중이 큰 이유는 타 정책의 기본 목적이 개별적 또는 특수한 이익의 추구에 있다고 한다면 외교정책은 자국의 기본적 가치, 즉 그 나라의 생존과 안전에 직결되는 사활적인 문제들을 타국과의 관계를 통하여 조정 내지 타개해야

---

79) 김정일이 제시한 통치담론 가운데서 '강성대국론'은 김정일시대를 맞아 김정일의 리더십이 강조되는 새로운 통치이념과 구호를 새롭게 만드는 방안을 모색하는 과정에서 등장했다. 아울러, 간부들과 주민들의 체제불안 심리와 동요를 진정시키기 위해 북한은 무너지지 않는 강한 국가로 발전될 것이며, 김정일의 강력한 리더십이 이를 성취시켜 줄 것이라는 이미지를 형성하기 위해 제시한 것이다. 서재진, "김정일시대 통치이념의 변화: 주체사상에서 강성대국론으로", 『북한체제의 현주소』(서울: 통일연구원, 2002), p.16.

하기 때문이다.

각 나라마다 외교정책의 이익과 목표 및 목적은 서로 다를 수 있지만, 자기안전, 안전보장, 사회복지, 위신, 이데올로기 그리고 권력의 유지, 확대 등은 거의 모든 국가들에서 찾아 볼 수 있는 공통의 목표들이다.

일국에 있어서 외교정책의 궁극적인 목적은 국가 이익인 것이며, 외교정책이란 일차적으로 그 나라의 국익 내용의 우선순위의 결정 및 타국의 외교행태와 관계되는 자국이익의 범위결정과 관련된 것이다. 이 중에서 특정한 국익은 어떠한 대가를 지불하더라도 반드시 지켜져야 하는 것이고, 다른 국익의 내용은 유동적일 수 있는 것이다. 이러한 국익의 유지 또는 신장의 한계를 결정해 주는 것이 그 나라의 힘이며 이 힘과 국익의 내용은 환경에 부응하는 것이다. 따라서 어느 나라의 외교정책이건 계속성과 가변성의 복합이며 이를 결정해 주는 것이 그 나라의 힘이고 이 힘과 국익의 내용은 환경의 변화에 부응하는 것이다.[80]

K. J. Holsti에 의하면 외교정책의 목표는 "각기 정부가 대외적으로 영향력을 행사하고 타 국가들의 행동을 유지시키거나 변경시킴으로써 초래되는 장래의 상태 및 조건에 관한 이미지"라고 정의되었다.[81] 이러한 관점에 의할 때 결국 외교정책 목표는 일국이 외국과의 관계에서 취하는 결정과 행동으로서 외교는 자국의 목적을 달성하기 위한 또는 국가의 이익을 증진하기 위한 것으로 볼 수 있다.[82] 그리고 한 나라의 국가 정책목표는 그 나라

---

80) http://my dreamwiz com/dew2002/htm/Study/npolicy.html.
81) K. J. Holsti, *International Politics: A Framework for Analysis*(Eng le wood Cliffs: Prentice Hall, 1972), p.131.

54

의 국가이익을 기반으로 하여 설정되는 것으로서 일반적으로 국
가의 안전과 독립의 보전, 국가 번영의 추구, 국가 위상의 향상
등을 그 목표로 한다. 이러한 점에 비추어 볼 때 북한 외교정책
목표 역시도 이와 크게 다를 바 없다. 즉 체제 안전의 보장, 경제
발전, 정권에 대한 정통성의 확보 등이다. 그러나 북한체제와 이
념이 여타의 국가들에 비해 매우 독특하다는 점에서 외교정책의
결정과 수행과정에서도 특수한 형태로 나타나고 있다. 특히 분단
된 남북한의 특수한 상황에서 북한에 사회주의 정권이 들어선
이후로 북한은 급진적 방법에 근거를 둔 다분히 현상타파적인
혁명적 성격을 띤 외교목표를 달성하기 위한 정책을 추진해 오
고 있다. 북한 외교정책의 목표와 이념을 냉전기와 탈냉전기로
구분하여 살펴보면 다음과 같다.

1. 냉전기의 이념과 목표

북한은 '대외관계분야에서 확고히 견지하고 계승·발전시켜 나
가야 할 영광스러운 혁명전통'이 '항일혁명투쟁'에 의하여 세워졌
음을 주장한다. 즉 '항일혁명투쟁시기 대외관계에서 확고히 견지
한 자주적 립장과 철저한 반제혁명적 립장, 국제 혁명력량과의
련대성을 강화할 데 대한 사상과 경험'들은 북한의 '자주, 친선,
평화를 기본리념으로 하는 당과 정부의 대외정책의 영광스러운
전통으로, 억세고 튼튼한 력사적 뿌리'가 되었다고 주장한다. 그
러나 이러한 주장과 달리, 국제 질서를 보는 북한의 입장은 김일

---

82) Charles O. Lerche, Jr., *Foreign Policy of American People*, 2and ed.(Eng
lewood Cliffs: Printice Hall, Inc., 1961), p.4.

성 정권의 유지를 우선적 목표로 하여 대내외적 환경의 변화에 대응하는 과정에서 중첩적으로 형성된 것으로 보인다. 냉전기 북한의 국제질서관은 다음과 같다.

첫째, 북한은 진영론적 입장에서 국제무대를 '민주세력과 반동세력 간의 치열한 투쟁'이 전개되는 장으로 이해하였다. 북한은 전후세계의 정치적 역량관계를 미국을 중심으로 하는 제국주의 진영(반동세력 반혁명역량 지배세력)과 소련을 중심으로 하는 국제민주진영(민주세력 혁명역량 반제자주세력)으로 대별하는 한편, 점차 제국주의세력이 약화되고 민주세력이 결정적 우세를 차지하는 방향으로 변하고 있는 것으로 보았다.

북한은 자본주의 진영의 국제관계를 강대국의 약소국에 대한 침략과 정복, 식민지 및 반식민지 국가들에 대한 약탈의 제국주의적 관계로 특징지었다. 반면에 민주주의 진영 국가들(공산주의 국가들) 간의 관계는 호상 존중과 형제적 협조에 기초한 프롤레타리아 국제주의적 관계로 특징지었다. 그리고 이러한 프롤레타리아 국제주의의 기치하에 자본주의 진영을 뒤집어엎고 사회주의·공산주의 사회를 건설하기 위하여 국제적으로 단결하고 서로 도울 것을 주장하였다. 한편, 북한은 민족분단과 통일문제도 이와 관련하여 이해하고 있다. 김일성은 미 제국주의의 '남조선' 강점과 식민지통치 지속으로 인하여 '조국통일'이 지연되고 있다고 보는 한편, 이의 타파를 위해 '민족해방 인민민주주의 혁명'이 추진되어야 함을 주장하였다.

둘째, 북한은 사회주의 진영 내의 의견대립과 갈등에 봉착하여 자주적 입장을 표방함으로써 주체성과 실리를 확보하고자 노력하였다. 북한은 진영론에 근거하여 소련 및 중국과 긴밀한 관계를 유지하려 하였으나 후르시초프의 동서 평화공존 정책과 중·소 분쟁의 심화에 따른 사회주의권의 분열, 중국에서의 문화대혁명 발생과 이로 인한 북·중 간 긴장국면의 조성에 대응하여 자위적 조치로서 대외관계에서 '현대수정주의[83])와 교조주의(dogmatism)[84])', '대국주의(great power chauvinism)[85])' 등에 대해 자주노선을 선언하였다. 또한 북한은 1970년 11월에 열린 제5차 당대회에서 중·소 분쟁의 격화와 공산권 내부의 분열로 인하여 일관된 대외정책을 전개할 수 없었음을 반성하는 한편, 사대주의·수정주의·교조주의에 대한 반대와 주체사상에 기초한 자주적 대외정책 추진을 천명하였다.[86])

냉전기 북한외교정책의 이념을 구체적으로 살펴보면 다음과 같다.

언급한 바와 같이 냉전기 외교이념은 '자주·평화·친선'이다. 이는 1980년 10월 제6차 당대회에서 처음으로 공식 천명하였다. 이후 1988년 9월 북한은 국가수립 40주년 경축보고대회의 김일성 연설을 통해 평화를 강조함으로써 우선순위를 '자주·평화·친선'

---

83) 현대수정주의는 중국이 마르크스-레닌주의의 폭력혁명의 방식을 수정한 공산주의 집단을 지칭하는 말이다.

84) 교조주의(dogmatism)란 과학적인 해명 없이 신앙 또는 신조에 입각하여 도그마를 고집하는 입장을 말한다. 도그마에 의거하여 모든 사물을 설명하려는 것으로 중세 스콜라 철학이 대표적이다. 무비판적인 독단주의·독단론의 별칭으로도 쓰인다.

85) 대국주의(great power chauvinism)란 강대한 국력을 배경으로 자국의 이익(의사:意思)을 대외적으로 관철하려는 행동양식을 말한다. 넓은 의미로는 국제관계 일반에서, 좁은 의미로는 공산권 제국(諸國) 사이의 관계에서 사용된다.

86) http://my.dreamwiz.com/dew2000/htm/study/npolicy.html.

으로 바꿔 제시하기 시삭하었나.[87] 북한은 자주를 대외활동의 근본원칙으로 규정하고, 외교정책 결정 및 집행과정에서 자주성을 가지는 것과 제국주의에 대한 원칙적 입장을 지키는 것을 그 핵심적 내용으로 간주하였다. 그리고 북한은 친선을 국제 혁명역량과 단결을 강화하는 것으로 규정하고, 대상국가의 성격에 따라 친선관계 형성방법을 달리 제시하였다. 특히 '블럭불가담운동 확대발전'을 강조하였다. 또한 북한은 평화의 이념하에 제국주의자들의 침략과 전쟁정책을 반대하는 투쟁을 적극 추진하여 제국주의 멸망을 촉진시키며, 침략과 전쟁이 없는 평화로운 새 세계를 건설하기 위한 공동사업에 적극 기여하고 있다고 주장하였다.[88]

전술한 바와 같이 냉전기 북한의 대외관은 미국을 중심으로 하는 '제국주의 진영'과 소련을 중심으로 하는 '국제민주진영'으로 대별하는 진영론적 관점을 가졌다.[89] 이런 관점에서 북한은 제국주의진영을 타도하고 '국제 민주진영'과의 관계를 강화해야 한다고 보았으며, 소련 및 중국과의 긴밀한 관계를 유지하려 하였다. 그러나 후르시초프의 평화공존정책 등에 따른 중·소 분쟁의 심화와 이로 인한 사회주의권의 분열, 중국에서의 문화대혁명 발생과 이에 따른 북·중 간 긴장국면 조성으로 북한은 사회주의 진영내의 의견대립과 갈등에 봉착하게 되었다. 이에 따라 북한은 자위적 조치로 소련을 '현대 수정주의자'로 규정하고 중국을 '교조주

---

87) 허문영, "북한의 대외정책 이념: 형성과 적응", 『통일연구논총』제5권 1호 (서울: 민족통일연구원, 1996), pp.223-261.
88) 허문영, "북한의 대외정책 이념: 형성과 적응", 『통일연구논총』제5권 1호, p.29.
89) 김일성, "북조선로동당 제2차대회에서 한 중앙위원회사업총화보고(1948. 3. 28)," 『김일성 선집 7』(평양: 조선로동당출판사, 1993), pp.328-339.

의'로 칭하면서 자주노선을 선언하였다. 한편, 북한은 자본주의 진영에 대해서는 반제국주의 관점을, 사회주의 진영에 대해서는 자주적 관점을 천명함으로써 자주성과 실리를 확보하고자 하였다.[90]

한편, 냉전기 북한의 외교목표는 당규약[91] 및 구사회주의 헌법[92]에 근거하여 첫째, 최소 목표로서 현존 북한체제의 유지 및 발전이며 둘째, 최대 목표로서 민족해방 인민민주주의 혁명완수와 온 사회의 주체사상화 및 공산주의 사회화, 즉 한반도 공산화 통일과 전 세계 공산화 달성이다.[93] 이는 냉전기에 북한이 달성해야 할 것으로 혁명과 해방을 완수하는 데 대외정책의 목표를 두었던 것으로 볼 수 있다. 북한은 제5차 당대회에서 북한 대외정책과 대외활동의 기본목적이 '미제(미국이라는 제국주의)를 국제적으로 철저히 고립시키고 조국통일과 조선혁명의 전국적 승리를 촉진시키는 데' 있음을 밝혔다.

---

90) http://my.dreamwiz.com/dew2000/htm/study/npolicy.html
91) "조선로동당의 당면 목적은 공화국 북반부에서 사회주의의 완전한 승리를 이룩하며, 전국적 범위에서 민족해방과 인민민주주의의 혁명과업을 완수하는 데 있으며, 최종목적은 온 사회의 주체사상화와 공산주의 사회를 건설하는 데 있다." 당규약 전문 참조.
92) "조선민주주의 인민공화국은 북반부에서 사회주의의 완전한 승리를 이룩하여 전국적 범위에서 외세를 물리치고 민주주의적 기초 위에서 조국을 평화적으로 통일하여 완전한 민족적 독립을 달성하기 위하여 투쟁한다." 북한의 제7차 개정 사회주의헌법 제5조 참조.
93) 북한의 제7차 개정 사회주의헌법 전문 및 제16조를 보면, "조선 로동당은 자주성과 프롤레타리아 국제주의 원칙에 기초하여 미국을 우두머리로 하는 제국주의와 지배주의를 반대하며 평화와 민주주의, 민족적 독립과 사회주의 공동위업의 승리를 쟁취하기 위하여 투쟁한다."라고 명시되어 있고, "국가는 마르크스-레닌주의와 프롤레타리아 국제주의원칙에서 사회주의 나라들과 단결하고 제국주의를 반대하는 세계 모든 나라 인민들과 단결하며 그들의 민족해방 투쟁과 혁명투쟁을 적극지지 성원한다."라고 되어 있다.

김일성은 최고인민회의 제8기 제1차 회의 시정연설을 통하여 '조선혁명은 세계 혁명의 한 부분이며, 사회주의의 완전 승리와 조국통일의 역사적 위업을 앞당겨 실현하기 위해서는 국제 혁명역량과의 연대성을 강화하고 우리 혁명에 유리한 국제환경을 마련하는 것'이 대외정책의 주요 과업임을 주장하였다.[94]

북한은 이러한 외교목표를 달성하기 위한 전략노선으로서 공화국 북반부에서의 사회주의 혁명역량의 강화[95], 남조선 혁명역량 강화[96], 국제 혁명역량 강화[97]라는 이른 바 '3대 혁명역량 강화노선'을 채택하였다.[98] 한마디로 김일성시대 북한은 사회주의 체제건설과 전한반도 공산화 통일이라는 2중적 목표를 추구한 것이다.[99]

북한의 외교 목표는 시기별로 3대혁명역량의 편성 상황에 따

---

94) 국토통일원 편, 『북한 최고인민회의 자료집』제4집(서울: 국토통일원, 1989), p.797.
95) 공화국 북반부에서 사회주의 건설을 잘하여 혁명기지를 정치, 경제, 군사적으로 더욱 강화하는 것을 말한다.
96) 남한 내에 지하당을 구축, 통일전선 형성, 반혁명 세력을 와해시키는 것을 골자로 하는데, 특히 남조선 혁명역량을 위해서는 대남침투 도발, 정치 모략, 심리전 활동을 통해 용공의식화를 조작, 무장간첩에 의한 교란활동을 주된 전략으로 하고 있다.
97) 북한이 이른바 적화 통일 방안으로 내세운 '3대혁명역량 강화' 방안 중의 한 가지. 국제 사회에서 북한을 지원하는 나라를 늘려 나가는 한편, 반한·반미 투쟁을 격화시킴과 동시에 미국을 비롯한 자유 진영 국가들과 한국 사이에 이간질을 하여 국제사회에서 한국을 고립시키려는 술책이다.
98) 3대 혁명역량의 강화는 1964년 2월 27일 노동당 중앙위원회 제4기 전원회의에서 제시되었다. 또한 1965년 4월 14일 인도네시아 알리아르함 사회과학원에서 행한 김일성의 연설에서 구체적으로 밝혀졌다. '3대혁명역량 강화노선'에 대한 자세한 설명은 『김일성 선집』제4권(평양: 로동당출판사, 1968), pp.94-239을 참조할 것.
99) 허문영, 『북한외교의 특징과 변화가능성』(서울: 통일연구원, 2001), p.27.

라 강조의 비중이 변화하는 모습을 보여 주었다. 즉 북한은 1945
년 이후 1990년대 초반까지 변함없이 통일목표로서 주한미군 철
수를 최우선적으로 추진하였으나, 시대 상황에 따라 그 강조점이
변화되었다. 1945년 해방 이후 남북한에 각자 다른 정권이 들어
선 이후 남한과 정통성 경쟁이 진행되자 북한은 사회주의 국가
들로부터 승인과 지지를 얻어내려는 '진영외교'를 통해 공산화 통
일에 주력하는 모습을 보여주었다.[100]

　　1950년대 한국전쟁 이후에는 3대혁명역량의 전반적 약화에 따
라 사회주의 국가들로부터 경제 및 군사적 지원을 확보하기 위
하여 '진영외교'를 보다 활발히 전개하여 체제안보와 전후 경제회
복에 주력하는 모습을 보였다.

　　1960년대는 자주외교 및 비동맹외교를 통해 정통성 강화와 통
일기반 조성에 주력하였다. 1970년대에는 월남의 공산화 통일과
정을 지켜보면서 안보와 경제발전을 토대로 한반도 적화통일을
적극 추진하는 모습을 보였다. 그리고 1980년대 중국의 개혁 개
방화 정책의 성과 및 북한 내부의 경제난 등이 겹치면서 '자주,
친선, 평화'의 외교정책 이념하에 대서방 관계개선을 시도하였다.

---

100) 서로 다른 체제와 이념을 바탕으로 성립된 두 개의 단독정부는 서로 자신
　　의 정부가 정통성을 갖춘 정부라는 주장을 굽히지 않았다. 특히 북한의
　　경우는 UN의 감시와 상관없이 독자적인 정부를 구성하였으나 남한의 경
　　우는 유엔의 감시하에 정부수립을 위한 선거가 실시되었기 때문에 한반도
　　유일의 합법정부라고 하였다. 대한민국은 그 주권이 38선 이북에까지 미
　　친다고 주장하며 대립의 각을 세웠다.

2. 탈냉전기의 이념과 목표

탈냉전의 도래 및 대내외 환경변화와 이로 인한 '3대혁명역량'
의 전반적 약화는 북한의 외교정책 목표에 커다란 변화를 가져
왔다. 즉 북한은 마르크스-레닌주의(제7차 개정헌법 제4조)를 제
8차 개정헌법(1998. 9. 5)에서 삭제함으로써 더이상 마르크스-레
닌주의가 북한의 활동지침이 아님을 시사하였다. 동시에 제7차
개정헌법 제5조에 규정되어 있던 '전국적 범위에서 외세를 물리
치고'라는 국가의 투쟁목표를 제8차 개정헌법 제9조에서는 삭제
하였다. 그리고 제8차 개정헌법 제17조에 '자주, 평화, 친선'이라
는 대외정책의 기본이념을 신설함으로써 마르크스-레닌주의에
입각한 혁명과 해방의 투쟁노선을 완화시킨 모습을 보여주었다.
따라서 김정일 체제하 북한의 대외정책 이념과 목표는 다음과
같다.

외교이념과 관련하여, 개정헌법 제17조에 '자주, 평화, 친선'이
라는 외교정책의 기본 이념을 신설함으로써 우리식 사회주의 자
주성에 기초한 국제적 연대성 강화를 강조하고 있다. 개정헌법에
이러한 외교정책의 기본이념을 신설하기 전에도 북한은 1980년
10월 제6차 당대회에서도 이를 공식 천명하기도 하였다.[101] 즉
"대외활동에서 자주성을 확고히 견지하고 세계 여러 나라들과의
친선협조관계를 발전시키며 세계의 평화와 안전을 보장하기 위
해 적극 노력할 것입니다. 자주, 친선, 평화 이것이 우리 당 대외
정책의 기본이념입니다."라고 선언했다.[102]

---

101) 김일성, "조선로동당 제6차대회에서 한 중앙위원회 사업총화보고", 국토통
　　일원, 『조선로동당대회자료집』제4집 (서울: 국토통일원, 1989), pp.73-75.

  북한은 이러한 기본이념을 바탕으로 국제적으로는 주체사상인 자주성을 유지하고, 세계 모든 국가들과 친선을 유지하겠다고 천명했다. 다시 말해서 북한은 국제 프롤레타리아국가들과의 단결과 친선을 강화하면서, 우호적인 서방국가들에 한해 친선을 갖겠다는 것이다. 이러한 외교이념은 동구권의 변화가 있은 후 변경되었다.

  1990년 5월에 개최된 최고인민회의 제9기 제1차회의에서는 전 세계적 탈냉전화 추세와 평화를 중시하는 자유주의 움직임이 일어나게 되자 세계 자유화의 요구에 맞추어 국제관계를 발전시켜 나가는 데 보편적인 의미를 가진다며 외교이념 순위를 종전의 '자주, 친선, 평화'에서 '자주, 평화, 친선'으로 바꾸었다.

  1998년 9월 5일 최고인민회의 제10기 제1차회의에서 수정·보완된 사회주의헌법도 "자주-평화-친선은 조선민주주의인민공화국의 대외정책의 기본이념이며 대외활동 원칙이다. 국가는 우리나라를 우호적으로 대하는 모든 나라들과 완전한 평등과 자주성, 호상 존중과 내정불간섭, 호혜의 원칙에서 국가적 또는 정치, 경제, 문화적 관계를 맺는다. 국가는 자주성을 옹호하는 세계인민들과 단결하며 온갖 형태의 침략과 내정간섭을 반대하고 나라의 자주권과 민족적, 계급적 해방을 실현하기 위한 모든 나라 인민들의 투쟁을 적극 지지 성원한다."라고 규정하고 있다.[103]

  이 같은 개정은 전 지구적으로 냉전이 종식되고 화해와 협력의 시대가 전개되면서 북한도 외형적으로나마 평화를 중시한다는 태도를 보임으로써 그동안의 호전적인 이미지를 개선하기 위한 의도로 평화와 친선의 우선순위를 변경한 것으로 볼 수 있다.

---

102) 『조선중앙년감』(1981), pp.66-67.
103) 북한사회주의헌법 제17조 참조.

한편, 북한은 평화와 친선의 순위를 바꿀 수 있어도 '자주'가 최
우선적으로 강조된다는 원칙을 고수하고 있다. 북한이 이처럼 자
주를 가장 중요한 이념으로 강조하는 것은 북한이 통치이념으로
삼고 있는 '주체사상'과 관련이 있는 것으로 볼 수 있다. 특히 국
제적인 탈냉전의 추세에도 불구하고 북한은 "사회주의는 사회주
의원칙에 기초하여 사회주의 우월성을 발양시키는 원칙에서 혁
명의 주체인 인민대중의 무궁무진한 창조력을 발동하는 방법으
로 풀어간다."고 함으로써 그들의 자주적인 사회주의 사상이 확
고부동함을 암시했다.104) 이러한 정책 이념은 그 내용에 있어서
현실적응적 변화가 있었는데 그것을 보면 다음과 같다.

첫째, 자주와 관련하여, 자주라는 것은 대외정책 결정 및 집행
과정에서 자주성을 가지는 것과 제국주의에 대해 원칙적 입장을
지키는 것을 의미하며, 이를 대외활동의 근본원칙으로 정하고, 이
에 근거하여 새로운 국제질서 수립이 정치, 경제, 군사부문에서
함께 이루어져야 한다고 보았다. 특히 국제정치 분야에서 자주적,
민주적 질서를 수립하기 위해서는 국가와 민족들의 대소, 강약,
빈부의 차이에 관계없이 자주권과 영토안정, 내정불간섭, 평등의
원칙이 적용되어야 함을 강조하고 있다.105) 국제경제 부분에서
평등, 호혜적인 질서를 수립하기 위해서는 불합리한 국제금율 및
통화체계, 불평등한 무역관계, 편파적인 국제분업체계가 개편되어
야 하며, 발전도상국가들의 대외채무 문제가 합리적으로 해결되
어야 함을 주장하고 있다. 안보 및 군사분야에서는 민족, 국가,
지역 간 분쟁이 대화와 협상을 통해 해결되어야 하며, 타국에 대

104) 『조선중앙년감』(1992), pp.526-527.
105) 『로동신문』, 1995. 6. 16.

한 군사적 위협과 간섭 중지, 외국군대의 주둔과 기지설치의 불허용 등을 제시하고 있다. 북한은 국가와 민족의 자주권을 실현하자면 정치에서의 자주원칙을 구현해야 한다는 인식하에 "모든 문제를 자기 실정에 맞게 풀어나가는 정치"의 의미로 자주정치를 강조하고 있다. 따라서 북한은 자주정치와 대외관계를 다음과 같이 해석하고 있다.

> "자주정치는 대외관계에서 완전한 자주권과 평등권을 행사하는 정치이다. 매개 나라와 민족은 국제사회 관계 속에서 자기 운명을 개척하여 나가는 것만큼 매개 나라가 국제사회의 성원국으로서 세계 정치무대에서 벌어지는 모든 문제들을 자기 인민의 이익에 맞게 처리할 수 있는 당당한 권한을 가지고 응당한 역할을 하자면 대외관계에서 완전한 평등과 자주권을 행사해야 한다. 자주정치는 나라들 사이의 특권을 반대하고 영토안정과 주권에 대한 존중, 불가침, 내정불간섭, 평등과 호혜의 원칙에 기초하여 다른 나라들과의 관계를 발전시키는 정치이다. 이처럼 자주정치는 자기 나라 혁명, 자기 인민의 이익을 첫자리에 놓고 견결히 옹호하며 모든 문제를 자기 실정에 맞게 자체의 힘에 의거하여 풀어나가며 대외관계에서 완전한 자주권과 평등권을 행사하는 정치인 것으로 하여, 인민대중의 자주성을 철저히 옹호하고 실현하며 사회주의 강성대국을 정치적으로 확고히 담보한다."[106]

넓은 의미에서 북한이 인식하는 자주화된 세계는 "지배와 예속, 간섭과 압력이 없는 세계이며 모든 나라와 민족이 자기 운명의 주인으로서 자주권을 완전히 행사하는 세계"이다.[107]

---

[106] 철학연구소, 『사회주의 강성대국 건설사상』(평양: 사회과학출판사, 2000), pp.34-36.

둘째, 평화와 관련하여, 이는 군사블럭의 해체와 침략적 군사
기지 철폐 및 외국군대의 철수, 비핵지대·평화지대 창설과 확대,
노동계급 및 피압박 인민들의 투쟁지원 등을 의미하며, 자본주의
의 전쟁지향적 속성과 달리 사회주의의 본성적 요구로 규정되었
다.[108] 이와 관련하여 북한은 1994년 들어와 미국과 평화협정 체
결을 주장하며, 정전(停戰)협정을 평화협정으로 대체할 것과 현
군사정전기구를 대신하는 새로운 평화보장체계 수립을 제의하였
으며, 현재의 정전협정의 사문화(死文化) 전략을 추진하였다. 외
교정책의 이념으로서 평화의 이념을 견지하는 것을 대외활동의
일관된 원칙으로 주장하고 있다. 즉 평화의 이념을 견지함으로써
북한이 침략과 전쟁이 없는 평화로운 새 세계를 건설하기 위한
공동위업에 적극 기여하고 있음을 강조하고 있다. 이에 북한은
'지구상에서 제국주의를 쓸어버리지 않고서는 진정한 평화에 대
하여 생각할 수 없다'고 천명하고 있으며, 평화의 이념하에 군사
블럭 해체, 한반도의 비핵화 지대, 평화지대 창설을 제시함으로써
남한 및 미국 등과 견주어 대외적으로 북한을 도덕적 우위에 두
고자 하고 있다.

셋째, 친선의 이념을 견지하는 것은 대외활동의 확고한 원칙으
로서, 이를 구현함으로써 국제 혁명역량과의 단결을 강화하고 세
계 진보적 인민들과의 연대성을 튼튼히 함으로써 '조선혁명과 세
계혁명 승리'를 힘 있게 다그쳐 나가고 있다고 주장한다. 북한은
친선의 이념하에 사회주의 국가들은 물론이며 제3세계 국가 및
우호적인 자본주의 국가들과의 정치, 경제, 문화적 교류 협력을

107) 리진규, 『21세기-김정일시대』(평양: 평양출판사, 1995), p.412.
108) 김성철 외, 『북한이해의 길잡이』(서울: 박영사, 2000), p.324.

통하여 체제발전 및 공산화 통일을 위한 여건을 조성하고자 한
다.[109] 특히 친선과 관련하여, 이는 국제 혁명역량과 단결 강화
를 의미하며, 대상국가의 성격에 따라 친선관계의 형성방법이 달
리 제시되었고, 특히 '블럭불가담운동 확대발전'이 강조되었다. 이
상에서 언급한 북한의 외교이념은 추상성이 높다고 할 수 있는
것으로, 국제적 환경과 국내 최고책임자의 근본적 변화에도 불구
하고 현실적 유용성이 크기 때문에 외교이념을 대외정책의 전개
방침 및 합리화의 수단으로 지속하고 있다.

  외교정책의 목표와 관련하여 첫째, 김정일정권에 대한 대내외
적 정통성의 확보를 들 수 있다. 주지하는 바와 같이 북한은
1970년대부터 김일성에서 김정일로 이어지는 부자간의 권력세습
화 작업을 전개해 왔으며, 1990년대 이후에는 보다 본격화되었다.
이러한 권력세습 작업은 다른 공산주의 국가에서는 그 유례를
찾아보기 힘든 현상으로 주변국들의 비판이 적지 않았다. 1994년
7월 김일성이 사망하고 1998년 김정일 체제가 출범하였으나 실
제 김정일정권은 김일성정권처럼 강력한 카리스마를 갖고 있다
고는 볼 수 없다. 물론 이 같은 카리스마의 약화로 인해 북한 내
부에서 권력 다툼을 위한 징후는 발견되지 않고 있지만 김정일
집권 이후 북한에서 벌어졌던 각종의 크고 작은 사건들은 김정
일정권의 대내적 정통성과 결코 무관하지 않다. 따라서 김정일정
권은 대내외적으로 정권에 대한 정통성을 인정받는 데 대외정책
의 역점을 두고 있다. 주로 정권에 대한 정통성 확보는 대내적으
로는 주체사상과 주요 통치담론(선군정치)을 활용하며, 대외적으

---

109) http://my dreamwiz.com/dew2000/htm/study/policy.html.

루는 북·미 간 또는 북·일 관계에서의 가시적인 외교적 성과
를 활용하고자 하는 측면이 강하다.

둘째, 경제난 극복이다. 김정일정권 출범 이후 북한 경제가 점
차 안정 국면을 회복하고 있다고는 하지만 북한은 여전히 '먹는
문제'에 대한 명확한 해결책을 찾지 못하고 있다. 남한과의 각종
회담이나 북·미 관계, 북·일 관계에서도 북한의 가장 중요한
화두는 단연 식량지원 및 경제지원이라는 사실에서도 북한의 경
제난 가운데서 식량난이 얼마나 심각한가를 짐작할 수 있다.[110]
북한이 탈냉전 이후 지금까지 지속적으로 체제이완 현상과 탈북
자 증가현상을 보이고 있는 것은 이 같은 경제난 때문이다. 북한
의 경제난은 이 같은 식량난의 문제에만 국한된 것은 아니다. 에
너지 부족으로 인한 산업생산력 저하도 큰 문제이다.

이처럼 북한경제는 총체적인 난국에 빠져 있다. 중국과 러시아
의 대외원조가 급감하고 여기에다 미국의 경제제재까지 지속되
면서 북한은 국제경제로부터 완전히 고립상태에 빠져 있는 상황
이기도 하다. 언급했던 심각한 에너지난은 북한의 산업가동률을
현저히 저하시키고 있다. 경수로사업 중단 및 제네바합의 파기
등에 따른 제반 외부지원 및 협력사업들이 차질을 빚으면서 북
한은 총체적인 경제난에 빠진 것이다. 이 같은 경제문제 해결은
자체적인 노력으로 거의 불가능한 상태이다. 외부 지원이나 협력
없이는 경제회복이 불가능한 것이다. 따라서 경제난을 극복하는

---

110) 북한은 2006년 8월 개최된 제19차 남북장관급회담에서도 남한에게 가장
    먼저 식량지원을 요구하였다. 당시 북한 자신들의 미사일 시험발사로 남
    북한관계를 비롯한 북·미 관계 및 북·일 관계가 최악의 상황에 처해 있
    었음에도 불구하고 무조건 식량지원을 요구했다. 이는 현재까지도 북한
    의 식량사정이 크게 호전되지 않았음을 시사하고 있는 것으로 볼 수 있다.

데 있어서 외부협력 및 지원은 절대적 중요성을 갖고 있다. 북한은 이처럼 경제난 해결의 돌파구를 대외정책에서 찾고자 한다.

셋째, 체제보전을 위한 안보환경 개선이다. 1980년대 후반부터 시작된 국제사회의 급격한 변화는 북한의 안보환경을 위협하고 있다. 독일의 통일, 소련의 해체 및 동구권의 붕괴, 그리고 미국의 걸프전에서의 승리, 최근 미·일 간의 안보동맹 강화, 중·러 간의 정치, 경제, 안보상 동반자적 관계선언 등 일련의 국제적 안보환경 변화는 북한에게 심각한 안보상의 위기의식을 가져다주었다. 더구나 미국이 예상을 뒤엎고 이라크를 선제공격하여 전쟁을 승리로 이끌면서 북한의 위기의식은 크게 가중되었다. 이라크의 예에서 보는 것처럼 미국이 북한을 선제공격하지 않는다는 보장이 없기 때문이다.

특히 중국이나 러시아의 태도가 과거와 같지 않다는 것은 제2차 핵위기를 계기로 개최된 6자회담 과정에서도 분명히 드러났다. 즉, 과거처럼 북한을 무조건 감싸고돌지 않는다는 것이다. 북한은 냉전시대에도 그러했지만 탈냉전시대에도 여전히 정치 및 군사·안보 환경 개선을 여타의 외교정책 목표보다도 최우선 순위에 두고 있다.111) 일면 이러한 특성은 이데올로기적 또는 정치·안보적으로 대립과 갈등을 지속하고 있는 남북한의 특수관계 구조에서 비롯될 수도 있고, 구소련 붕괴 이후 동북아는 물론 국제적으로도 초유의 군사적 패권을 행사하고 있는 미국에 대한

---

111) 북한의 대외정책 형태가 안보적 측면을 강조해 왔던 것은 한국전쟁에서 유래한 북한의 위기의식에서 비롯되었다고 볼 수 있다. 특히 미군의 남한 주둔과 한·미군사훈련 등은 북한으로 하여금 대외정책에서 안보적 측면을 강조하게 만들었고, 중·소 분쟁의 틈바구니 속에서도 북한은 어느 일국에 완전 유착하지 않고 안보적 실리를 추구하고자 했다.

북한의 안보상 위기 인식에서도 비롯될 수도 있다. 그러나 결과적으로 북한이 안보상의 위기의식을 느끼게 된 것은 바로 탈냉전시대의 도래로서, 무엇보다도 북한의 안보후견자 역할을 담당했던 소련이 해체되고 공산주의를 더이상 추구하지 않는 러시아와 관계 재설정과 동시에 냉전시대에 유지되어 왔던 북·중·소 삼각구도의 동맹균열이 결정적인 역할을 하였다. 여기에 더하여 중국과 러시아는 실용주의적 차원에서 역내의 안정과 한국과의 관계를 중요하게 인식하고 과거와 같이 맹목적으로 북한을 군사 안보적으로 지원할 수 없다는 태도를 분명히 하고 있다. 앞서 언급했던 미·일 동맹의 강화, 미국의 적대국에 대한 선제공격 가능성의 상존 등 최근 전개되고 있는 상황들은 북한 체제를 위협하기에 충분한 것이다.

탈냉전시대에 중국과 러시아의 북한에 대한 이러한 태도변화와 더불어 국제적으로 미국주도의 군사적 패권질서가 유지되고 있다는 점에서 북한의 안보환경은 결코 안정적이지 않다. 이제 북한은 새로운 차원에서 안보환경의 개선을 추구하지 않으면 안 되게 되었다. 이러한 점으로 미루어 볼 때 최근에 북한이 미국 및 일본에 대하여 밀접하게 접근하고 있는 점은 우선은 대외원조 등의 경제적 실리 추구가 그 주된 목적인 것처럼 보이지만 실은 이들 국가와의 관계개선을 통해서 이와 같은 군사·안보적 위기상황을 해결하고자 하는 것도 중요한 정책목표라고 할 수 있다. 결국 북한이 현 단계에서 외교정책 목표의 하나로 추구하고 있는 안보환경 개선은 경제문제의 해결과 함께 북한체제를 장기적이고 안정적으로 존속시키는 가장 중요한 정책목표라고 볼 수 있다.

북한은 이러한 외교목표를 달성하기 위해 유리한 국제환경 조성을 위한 '공세적 거점외교'[112] 전략을 구사하고 있다. 이는 북한이 단순히 과거처럼 사회주의권과 제3세계 비동맹권과의 우호관계를 통해 소극적인 외교를 하는 것이 아니라 서방권을 직접적으로 겨냥하여 새로운 우호관계를 조성해 나간다는 것이다.[113] 이러한 거점 중심의 공세외교는 외교전략과 외교활동 방식도 동시에 포함하고 있다. 박재규는 이러한 공세외교와 관련하여 북한의 공세외교는 서방권에 대해 우회하여 접근하는 것이나, 경제개방 외교 혹은 정당화 외교를 수행할 때 과거처럼 수동적이고 즉각적으로 추진하는 것이 아니라, 그와는 반대로 능동적이고 좀더 근본적인 방식으로 추진하는 것이며, 바로 이것이 북한의 외교전략 변화의 핵심임을 주장하고 있다. 한편, 이러한 공세외교는 그 추진 방식에 있어서 전 세계적으로 정치 경제적인 거점을 통해 다양한 외교채널을 가동하는 방식을 구사한다.

이상과 같은 외교정책 이념과 목표에 근거하여 북한 외교정책의 기본방향은 첫째, 자주성과 프롤레타리아 국제주의 원칙에 기

---

112) 공세적 거점 외교전략이라 함은 해당 지역을 중심으로 북한에 대한 정책에 영향을 미치는 각국 외교관, 경제인, 정치인들과 다각적으로 접촉할 수 있는 네트워크를 형성하는 것을 말한다. 따라서 특정한 지역의 성격자체가 중요한 것은 아니다. 특히 북한이 탈냉전기에 거점으로 삼고 있는 곳은 해당 지역이 국제정치적, 경제적으로 얼마나 커다란 비중을 차지하고 있으며, 정보와 교류의 중심지인가가 중요한 선택기준이 된다. 예를 들면, 미국의 워싱턴, 독일의 베를린, 스위스의 제네바, 일본의 동경 등은 대표적인 거점외교전략의 요충지가 된다. 박재규, 『북한의 신외교와 생존전략』 (서울: 나남출판, 1997), pp.178-179.
113) 박재규, 위의 책, p.163.

초한 사회주의 각국과의 단결강화 및 친선협조관계 발전 둘째, 비동맹, 제3세계 국가와의 관계발전 및 정치, 경제, 문화 등 모든 분야에서의 단결과 협조 강화 셋째, 미국, 일본, 서구권 등 자본수의 각국과의 우호관계 형성 및 경제를 비롯한 문화교류의 발전 넷째, 지리적으로 인접한 아시아 각국과의 선린관계 발전을 위한 왕래와 접촉의 강화 및 경제, 문화 교류의 발전 등을 기본방향으로 정하고 있다. 이를 보다 더 구체적으로 보면 다음과 같다.[114]

북한은 김정일 총비서 취임 이후에도 계속되는 경제난을 타개하기 위해 미국·일본을 비롯한 서방국가들과 관계개선에 노력하는 한편, 전통적인 우방이었던 중국·러시아와 관계복원에 힘쓰며, 대남관계는 남북정상회담 등을 통해 관계개선의 여지를 보여주고 있는 방향으로 추진하고 있다. 이러한 맥락에서 북한은 냉전기적 방식의 외교를 지양하고, 실리외교를 보다 강화해 나가고 있다. 북한은 체제결속을 위해, "남조선 혁명 및 전 세계의 공산화를 위한 국제 혁명역량과의 단결 강화"라는 수사(修辭)를 완전히 포기할 수는 없으나, 대외적 환경을 고려할 때 이를 강하게 지속하기도 어려운 상황에 처해 있다. 그리고 남한과 유엔 동시가입으로 인해 그동안 주장해 오던 '하나의 조선' 논리가 국제사회에서 더이상 유효하지 않게 되어, 북한으로서는 혁명적 이데올로기를 고수하기보다는 경제적 실리를 추구해 나가는 방향으로 선회하고 있다. 이에 북한은 제한적 대외경제개방 외교를 보다 강화함으로써 점차 자력갱생 경제발전전략에서 대외개방 경

---

114) http://www.unikorea.net/unikpds/writendata/polit003.htmL.: 『로동신문』, 1980. 11. 13.

제발전전략으로의 전환을 모색해 나가는 기미가 역력하다. 또한 북한은 '남조선 해방'을 위한 이른 바 '해방외교'에서 '북조선 사회주의' 체제유지를 위한 '수호외교'로 방향을 전환하고 있다.

냉전기 북한은 남한에 대한 절대적 정통성 우위를 주장하는 한편, '하나의 조선'정책 추진과 3대혁명역량의 강화를 통해 '남조선 해방'논리를 정당화하였다. 그러나 이제 '하나의 조선'정책의 포기와 '3대혁명역량'의 약화에 직면하여 북한은 남북한 평화공존을 추진할 수밖에 없는 상황이며, 동시에 대내적 정당화를 통한 체제결속을 위해 상대적 정통성 우위를 추구할 수밖에 없는 상황이다. 북한에게 있어서 전면적인 남북한 평화공존은 김정일 체제를 공고화하는 데 불리하나, 제한적인 남북한 평화공존은 유리하므로, 이를 위한 제반 정책들을 추진하고 있다. 이와 같은 태도는 2000년 6월 남북정상회담에 응한 북한의 태도에서도 잘 나타나고 있다. 북한은 진영외교를 단기적으로는 비동맹(블럭불가담) 외교로, 장기적으로는 체제유지를 위협하지 않는 범위 내에서 개방외교로 전환하고 있다. 주지하는 바와 같이 한·중 수교로 북방삼각관계가 근본적으로 동요되었고, 러시아에 자유민주주의 체제가 공고화되고 있으며, 중국 또한 시장경제를 지향하고 있으므로, 북한도 더이상 사회주의 진영외교만을 고집할 수 없는 상황이다. 따라서 북한은 체제유지, 경제난 해결, 대외적 고립 탈피 등을 위해 대미·일 수교교섭 강화, 대중 동맹관계 지속, 대남교류·협력 모색 등 3궤도정책(Three-Track Policy)을 적극 추진하고자 한다.[115]

---

115) http://www.unikorea.go.kr/data/old_data/B21/B214.htm.

Ⅲ. 외교정책의 결정과정과 그 구조

1. 외교정책 결정에 관한 일반론

한 국가의 외교정책은 여러 가지 대내외적 요인에 의해 결정되며 그 결정구조도 국가마다 상이한 차이를 보인다. 특히 로제나우(James, N. Rosenau)는 그의 예비이론에서 외교정책 결정과 관련된 다섯 가지 주요 변수를 들고 있다. 즉 개인(individual), 역할(role), 정부(government), 사회(social), 그리고 체계(system) 등이다.

우선 개인은 한 국가의 외교정책 결정과 관련하여 매우 중요한 영향을 미치는데, 그것은 정책결정자 자신이 가지고 있는 세계관에 기초하여 국제적 사건들을 인식하고 또 그러한 인식에 따라 결정하는 것이 보통이기 때문이다. 따라서 정책결정자 개인의 성격, 심리적 경향, 기존의 경험, 가치관, 대외관 등은 한 국가의 대외정책 결정과 밀접한 관련을 갖는다는 것이다.[116] 예를 들면, 특정국가의 외교정책에 어떤 수식어가 붙는 경우가 있는데, 이는 정책결정자의 개인적인 측면을 포함하고 있기 때문으로 볼 수 있다. 미국의 경우 어떤 대통령의 대외정책에 '독트린'이라는 수식어가 붙어 있는데 이는 각 내통령들마다 독특한 외교정책을 수행했다는 것을 의미한다. 이러한 점에서 정책결정권자 개인적인 측면은 대외정책 결정의 수준과 내용에 영향을 미치는 변수

---

116) James, N. Rosenau, "Pre-theories and Theories of Foreign Policy", in *The Scientific Study of Foreign Policy*(New York: Nochols Publishing Company, 1980), p.127.

74

라고 할 수 있다. 즉 정책결정권자 개인의 신념, 과거의 경험, 대
외정세 인식 등은 대외정책 결정과정에서 영향을 미치는 것이다.

대외정책결정과 역할(role)과의 관계를 보면, 역할은 앞서 설명
한 개인적 요소와는 다소 대치되는 개념이다. 특히 역할은 한 국가
의 외교정책의 지속성을 설명하는 데 유용성을 제공한다. 예를 들
면, 정책결정자들은 그들이 차지하고 있는 지위에 부여된 역할 또
는 그 지위와 관련되어 법적으로 인정되거나 사회적으로 받아들여
진 행동영역에 의해 크게 좌우되는데, 이러한 경우 정책결정자 개
인이 가지고 있는 특수한 성향, 가치관, 성격 등의 요소는 정책 결
정에 많은 영향을 미치지는 못한다. 오히려 조직에서 한 개인의 역
할이 더 많은 영향을 미친다. 이처럼 한 조직에서의 위치가 정책결
정자의 행위에 영향을 미치는 요소를 역할이라고 한다.117)

정부의 형태나 성격도 외교정책 결정변수로 간주된다. 말하자
면 해당 정부가 어떤 정치체제적 특성을 지니느냐에 따라 외교
정책도 서로 다른 양상을 보이게 되는데, 민주주의 정치시스템하
의 정부의 경우는 외교정책 결정의 권한 등이 성문화된 법에 규
정되어 있는 것이 보통이다. 또한 그 결정권한도 분산적이며, 역
할도 세분화되어 있다. 외교정책 결정에 있어서 행정부의 독자적
권한 행사가 용납되지 않는다. 이는 외교정책 수립 및 결정에 있
어서 여론의 영향도 무시할 수 없다는 것이다. 이와는 반대로 사
회주의체제의 경우 대개는 집권자 또는 집권당의 자의적 결정에
따라 외교정책이 결정되거나 집행된다. 여론을 전혀 무시할 수는

117) 유승익, "외교정책 결정과정과 구조", 구본학 외, 『세계외교정책론』(서울:
을유문화사, 1996), p.127.

없겠지만 구성원들의 여론이 외교정책을 결정하는 데 지대한 영향을 미치지는 않는다. 이는 전체주의 또는 사회주의의 경우 집권당이 방송이나 보도기관을 독점함으로써 국민들의 알권리를 사전에 차단하기 때문이다. 이는 결과적으로 여론 형성 기반을 취약하게 만드는 원인이 된다.

사회적 특성 또는 환경적 요인들은 대외정책에 직간접적인 영향을 미친다. 예를 들면, 한 사회가 지향하고 있는 가치나 이데올로기 등은 대외정책이 추구하고자 하는 이념 및 목표 등과 결부되어 있기 때문이다. 체제내적 또는 외적 환경도 대외정책의 결정요인 변수이다. 이는 정부관리들의 각종 정책선택에 영향을 줄 수 있다는 것이다. 특히 체제외적 환경과 관련하여 냉전시기 한국 외교정책이나 북한 외교정책을 생각하면 쉽게 이해가 되는 부분이다. 한국의 경우 냉전기 외교정책에서 군사안보는 최우선순위를 차지할 수밖에 없었는데, 이는 체제외부의 환경적 영향의 결과라고 말할 수 있다. 북한의 경우도 마찬가지였다. 탈냉전기 개별 국가들의 대외정책이 냉전기와 다른 방향에서 설정되고 있는데, 이는 전적으로 냉전종식이라는 국제환경 변화와 관련이 있다.

외교정책 결정에 있어서 또 하나의 결정모델은 합리적 선택에 관한 모델이다. 이는 현실주의 국제정치이론을 기반으로 하고 있다. 국제사회의 무정부성으로 인해 개별 국가들이 국제행위를 함에 있어서 자국의 이익을 극대화하려는 이기심이 외교정책 영역에서도 발현된다는 것이다. 따라서 개별 국가들은 선택 가능한 여러 대안들 중에서 하나를 선택하게 되는데, 이는 국가를 하나의 행위자로 간주하고 국가가 이러한 선택의 결정자 역할을 한다고 전제한다. 여기서 합리적이란 말의 의미는 외교정책을 결정하는 데 있어서 국가는 선택가능한 모든 대안들 중에서 자국의 이익을 가장 극대화시킬 수 있는 하나의 대안을 선택한다는 것이다. 그러나 실제에 있어서 합리적 결정을 내리는 것이 쉽지만은 않다.[118]

한편, 로제나우나 합리적 정책결정을 주장하는 현실주의자들과 달리 프랑켈(Joseph Frankel)이 주장하는 정책결정 모델은 개인과 정부차원, 대내외적 환경변수를 포괄하여 외교정책 결정을 설명하고 있다. 그에 의하면 우선 개인변수로서 정책결정자는 그들의 가치를 그들 환경의 이미지와 맞댐으로써 특정의 정책결정에 도달한다고 말하고 있다. 이것은 현실을 단순화하고 있지만 정책결정자와 그의 제도적인 배경과의 친밀한 관계뿐만 아니라 가치체계의 환경 영향력이라는 복잡한 문제도 이론의 틀 속에 받아들일 수 있기 때문이다. 특히 프랑켈의 모델에서는 외교정책에서 정책결정을 하는 권력에 법적으로 뒷받침되고 있는 권위의 조직과 주요한 부차적 기관이 있다. 부차적 기관으로서 군부[119], 정보기관, 사회과학자 등을 들 수 있다. 이 조직을 둘러싸고 있는

---

118) 유승익, "외교정책 결정과정과 구조", 구본학 외, 『세계외교정책론』, pp.130-131.
119) 군부는 외교정책 결정과정에서 기본적인 영향변수라고 볼 수 있다. 군부는 그 사회의 향배를 결정할 수 있는 강압적 수단을 소유하고 있는 집단이기 때문이다. 특히 국가안보가 보다 중요한 사안으로 등장하면 할수록 군부가 대외정책 결정에 많은 영향을 미친다. 그러나 모든 국가에서 군부의 역할이 많은 영향을 미치는 것은 아니다. 즉 정도의 차이는 있는데, 그 정도의 차이는 정부의 형태에 달려 있는 것이다. 군부독재국가, 전체주의국가, 민주주의국가들은 각자 군부가 외교정책 결정에 미치는 영향은 서로 다를 것이다.

것으로서 국가의 대내외적 환경이 있다. 특히 대내환경과 외교정책이 관계하는 것으로서 여론, 정당, 이익집단 등이 있다고 보고 있다.[120] 여기서 정당과 이익집단의 경우 이들은 비정부적 집단들로서 사회의 전반적 이익을 수렴하고 형성시키는 역할을 한다.

  그런데 이들의 실제 외교정책에의 영향력은 미미하다고도 볼 수 있다. 먼저 정당의 경우를 보면, 정당의 구조와 기능이 각 정당마다 모두 상이하다. 정당은 그 형태 여하에 따라 정책에 영향을 미칠 수도, 미치지 못할 수도 있다. 정당은 특히 일당중심체제로 되어 있는 경우 대외정책에서 중요한 역할을 할 것이다. 미국과 같이 다수정당이 포진하고 있는 국가의 외교정책에서는 정당이 분권화되어 있다고 하더라도 외교정책 결정에 미치는 영향은 제한적이다. 특히 미국과 같은 나라는 정당 간 외교정책 사안에 따른 양극화 현상이 존재하지 않기 때문에 의회에서 다수당이 바뀌더라도 외교정책이 극적으로 변화하지 않는다. 한편, 이익집단은 정당보다 더 미미한 영향을 미친다고 볼 수 있다. 이익집단은 행정부 및 의회에서 로비활동을 하거나 국민을 통한 캠페인에 치중함으로써 외교정책 결정과정에 영향을 미친다. 따라서 이익집단이 한 국가의 외교정책 결정에 있어서 절대적인 영향을 미친다고는 볼 수 없다. 그러나 이것은 절대적인 것이 아니다. 이익집단이 공통의 인종적 배경 혹은 이념적 배경을 가지는 외부 국가들과의 특별한 연계를 가지는 경우에는 영향을 미칠 수도 있는 것이다.

  마지막으로, 모델스키(George Modelski)의 주장을 보면 외교정

---

120) 김희오, 『현대국제관계학』(서울: 백산출판사, 1996), pp.179-180.

책 결정에 있어서 국가가 합리적 선택을 하게 되는 것은, 외국에
대한 행동을 통해 자국에 유리해지는 것을 극대화하고 불리한
것을 극소화하는 것이며, 따라서 외교란 주로 국가에 있어서 국
가 간의 상호적인 행동을 조정하는 문제로 파악하고 있다.121) 모
델스키는 외교정책 분석의 주요 대상을 정책결정자로 보고 있다.
이 점에서 로제나우와 별 차이가 없다. 정책결정자를 중요한 요
인으로 보고 있는 것은 정책결정에 영향을 미치는 특정의 행위
에 대한 흐름을 정책결정자가 좌우할 수 있다고 보기 때문이다.
이에 따라 모델스키는 외교정책 결정변수를 '힘의 압력, 힘의 출
력, 이익122), 목적'이라는 4가지로 간주하고 있다. 즉 외교정책결
정자는 이 4가지 변수를 조작하지 않으면 안 된다고 보았다.123)

2. 북한 외교정책의 결정과정과 그 구조

북한 사회주의헌법 제91조를 보면, 북한 대내외정책의 기본원
칙은 최고인민회의에서 수립하게 되어 있다. 그렇지만 사회주의
헌법 제11조에서도 나타나는 바와 같이 북한은 조선노동당이 국
가사회전반의 모든 활동을 지도·감독하는 당국가로서 외교정책
결정에 관한 사항도 당이 정책 결정의 중심이 되고 있다. 이에
따라 북한 외교정책 결정기구는 국가기구와 당기구로 구분되는
데, 1998년 9월 5일, 제8차 개정된 사회주의헌법 및 현행 당규약
에 따르면 외교정책 결정기구로는 국가기구로서 최고인민회의,

121) George Modelski, A *Theory of Foreign Policy*, 1961을 참조.
122) 여기서 이익이라고 하는 것은 다른 국가와 관련하여 공동체에서 생기는
것으로 정책결정자에게 돌아가는 요구, 소망, 희망 등을 말한다.
123) 김희오, 『현대제관계학』, pp.181-182.

최고인민회의상임위원회, 내각, 외무성 등이 있고, 당 기구로는 당대회, 당중앙위원회, 정치국, 비서국, 총비서국, 국제부 등이 있다.

1) 국가기구

북한이 대외정책의 기본원칙을 세우는 데 있어서 (1) 최고인 민회는 대외정책 결정에 관한 헌법상의 권한을 가지고 있다. 즉 최고인민회의의 중요한 권한 중의 하나는 '국가의 대내외정책의 기본원칙'을 수립하는 것으로 되어 있다.124) 그러나 이러한 권한 은 실제로 전혀 그 기능을 발휘하지 못하고 있다.125) 다시 말해 서 최고인민회의는 당에서 논의한 문제나 내각에서 제출한 문제 들을 만장일치로 통과시켜주는 형식적 역할에 불과하다는 것이 다. 또한 최고인민회의 상임위원회는 대외정책과 관련하여 조약 의 비준 및 폐기, 외교대표의 임명 및 소환의 권한을 갖고 있는 데,126) 이 또한 형식적인 권한에 불과하다. 무엇보다도 당우위체 제인 북한에서는 노동당의 당적 지도에 따르게 되며, 헌법 제11 조는 "조선민주주의 인민공화국은 조선로동당의 령도 밑에 모든 활동을 진행"한다고 이를 명시하고 있다.

---

124) 북한 사회주의 헌법 제91조 4항.
125) 북한은 정부수립 이후 1993년까지도 최고인민회의에서 대외관계와 관련된 안건을 취급한 것은 최고인민회의 1기에 5건, 2기에 2건, 3기에 2건 그리고 9기에 2건 등으로서 전체 138건의 8% 정도에 불과하다. 이로 미루어 보아 최고인민회의가 북한의 대외정책결정에 미치는 영향력은 아주 미미한 것임을 알 수 있다. 동아일보사 편, 『김정일 북한대백과』(서울: 동아일보사, 1995), p.301.
126) 조선민주주의인민공화국 사회주의헌법 제110조.

　외교정책 결정과 집행과정에 참여하는 당의 역할을 보다 구체적으로 살펴보면, 당대회에서 외교활동의 기본방향을 결정하고 이를 당중앙위원회에서 심의하고 결정하며, 비서국 국제부에서 사상적·이념적으로 통제·조정하는 역할을 담당한다. 당에서 중요한 사항이 결정되기 때문에 당 총비서인 김정일이 거의 독점적 정책결정권을 행사한다고 볼 수 있다. 노동당에서는 중앙위원회 정치국이 외교정책의 원칙과 방향을 결정하며, 이는 당중앙위원회 비서국 및 비서국 산하 국제부를 통해 구체화되고, 여기서 결정된 문제가 최고인민회의에 통고, 추인된다. 한편, 최고인민회의 상임위원회의 막강한 영향력을 감안할 때 최고인민회의 상임위원회를 국가최고 지도자인 김정일이 지도하고 있는 데에서 최고인민회의는 대외정책의 결정 및 집행에 있어서 형식적 권한만을 가지고 있는 것으로 볼 수 있다.

　(2) 내각은 최고주권기관의 행정적 집행기관이며 전반적인 국가관리기관이다.[127] 총리, 부총리, 상(相)들과 그 외에 필요한 성원들로 구성되는 내각은 대외관계와 관련하여 다른 나라와 조약을 맺으며 대외사업을 하는 것으로 규정되어 있다.[128]

　(3) 외무성은 10개의 지역 담당국과 함께 14개의 기능별 담당국이 있는 등 그 조직이 방대하다. 1992년 헌법개정 및 1998년

---

127) 북한의 내각은 27성, 2위원회, 1원, 1은행, 2국 체계를 갖추고 있다. 27개 성은 외무성, 인민안보성, 전기석탄공업성, 채취공업성, 전자공업성, 금속기계공업성, 건설건재공업성, 철도성, 육해운성, 농업성, 화학공업성, 경공업성, 무역성, 임업성, 수산성, 도시경영성, 국토환경보호성, 국가건설감독성, 상업성, 수매양정성, 교육성, 체신성, 문화성, 재정성, 노동성, 보건성, 국가검열성이며, 2위원회는 국가계획위원회, 체육지도위원회, 1원은 과학원, 1은행은 중앙은행, 2국은 중앙통계국, 사무국이다.
128) 조선민주주의인민공화국 사회주의헌법 제119조.

헌법개정 후 새로 조직된 외무성의 지역국과 기능국의 변화를 보면, 북한의 외교적 목표와 활동이 어떻게 변했는지 파악할 수 있다. 우선 지역국의 변화와 관련하여, 1992년에는 동북아국과 동서남아국이 있었으나 1998년에는 일본국, 중국국, 아시아국으로 보다 세분화되었다. 1992년의 소련·동구국은 러시아국과 독립국가연합국으로 분리되었으며, 미주국은 미국국, 중남미국으로 분리되었다. 1992년에는 동아프리카국과 서아프리카국으로 분리되었던 것이 1998년에는 아프리카국으로 통합되었다. 또한 서구국은 유럽국으로 변했고, 중동국만이 그대로 유지되었다. 1992년에는 지역국에 국제기구국과 비동맹국이 있었으나 1998년에는 기능국으로 이관되었다. 한편, 기능국도 일부 변했다. 1992년도에는 10국이 있었으나, 1998년에는 14국으로 증설되었다. 변화가 없는 국들은 문헌국, 경제국, 영사국, 조약법규국, 보도국, 의례국, 행사보장국 등이고, 파견국은 영접파견국으로, 국내대외사업국은 대외사업지도국으로, 외화국은 번역국으로 명칭이 변경되었다. 전체적으로 보면, 대미·대일외교의 비중이 높아지고 아프리카지역 등의 외교적 비중이 낮아짐에 따라 미국과 일본을 담당하는 기구를 신설·확대하고 아프리카 관련조직을 축소하는 등 관련 전문인력을 재배치했다.

외무성은 다른 나라와의 관계 또는 국제기구와의 관계에서 공식적인 활동부분을 관장한다. 북한 외무성의 특징은 김일성·김정일을 우상화하기 위한 방침 집행국과 대외선전국을 따로 두고 있다는 점이다.[129] 한편, 외무성은 당기구인 국제부, 당의 외곽기

---

129) 방침집행국은 김일성·김정일 교시의 이행여부를 최우선순위로 설정하는

구인 조선대외문화연락위원회와 함께 북한 외교정책 결정기구의
중추를 이루고 있으며, 국가외교, 당적 외교, 인민외교를 각각 담
당하고 있다. 그 밖에 외교와 관련한 국가기구로서 무역성은 원
조사업 및 무역 등 대외경제정책 사항을 담당하고 있으며, 인민
무력성은 대외군사정책 사항을 외무성과 합의한다. 또한 국가안
전보위부는 각국 공관에 안전대표를 파견해 정보 수집업무와 외
교관들의 감시업무를 담당한다. 이들 국가기구들의 대외정책 결
정과 관련된 사항을 종합해 보면, 최고인민회의에서 대외정책의
기본원칙을 마련하고 외무성이 내각의 관계 부서 및 당과 외곽
단체의 협조를 받아 대외정책을 기획 · 집행하는 것으로 규정되
어 있다. 특히 내각의 외무성은 과거 정무원 외교부에 비해 권한
이 강화되었으며, 특히 1990년대 이후 김정일이 직접 외무성을
관장 · 지시하는 경우가 늘어나면서 독자적인 외교정책을 수립 ·
집행하기도 한다. 더구나 동유럽과 구소련을 비롯한 사회주의권
이 몰락해 '당 대 당' 외교의 비중이 낮아지고, 개방정책을 추진
하면서 제도와 이념이 상이한 서방 자본주의국가들과의 관계가
빈번해짐에 따라 정상적 외교를 수행하는 외무성의 역할이 확대
되고 있다. 외무성은 외국과의 국교수립, 조약 및 협정체결, 재외
공관 운영 등과 같은 일상적인 외교업무 외에도 통상 및 친선교
류를 확대하는 업무를 수행하며 이를 위해 관련기관들과 긴밀한
협조관계를 유지한다.[130]

임무를 맡고 있으며, 대외선전국은 중앙당 선전선동부와 연결되어 주체사
상과 김일성 · 김정일을 소개 · 선전하는 일에 주력하고 있다.
130) 김창희, 『북한 정치사회의 이해』(서울: 법문사, 2006), pp.339-341.

2) 당기구

북한은 헌법상 국가에 대한 당의 영도를 천명하고 있다. 그래서 북한에서의 당은 국가보다 위에 서 있다고 할 수 있다. 당의 최고기관은 (1) 당대회로서 대외정책의 기본원칙과 방향을 결정하게 되어 있으나 실제는 형식적인 토론의 장에 불과하다. (2) 당중앙위원회 역시 실질적인 정책결정기구로서의 기능을 하지 못하고 있다. 또한 (3) 정치국도 당중앙위원회와 마찬가지이다. 이는 무엇보다도 북한에서 최고지도가 당중앙위원회 및 정치국보다 상위에 있는 국가적 특성을 지니고 있기 때문이다. 당중앙위원회 비서국으로 그 산하에 여러 전문부서들이 있다. 각 부문별 비서와 전문부서들은 내각의 해당기관들을 지도한다. 외교정책 결정 및 집행과 관련해서는 국제담당비서와 국제부가 당적지도를 책임지게 되어 있다. 또한 (4) 당 국제부는 외무성이 입안한 정책을 검토하는 일 외에 외국의 공산당, 사회당과의 당 대 당 교류, 미수교국가와의 사전 외교교섭을 담당하게 되어 있다. 당에서는 민간 개별접촉 및 대외선전활동을 위해 대외문화연락위원회, 아태평화위원회[131], 국가별 친선협회, 각종 연대성위원회 등을 당의 외곽조직으로 두고 있다. (5) 대외문화연락위원회는 비정부 간 관계를 총괄하는 부서로서 외국의 각종 친선단체 및 주체사상과 관련된 해외단체들과의 교류 및 민간외교 등 외교활동의 일부를 맡고 있다.

북한의 대외정책 결정기구와 구조는 이러하지만 모든 대외정

131) 아·태평화위원회는 1994년 5월 설립되어 과거 당 국제부가 담당하던 미국, 일본 등 서방권 미수교 국가들과의 교류 확대에 주도적 역할을 담당하고 있다.

책의 실질적인 권한은 김정일 1인에 속해 있다고 보아야 한다. 생전에 김일성은 북한정권 창립 이래 자신의 유일체제를 유지해 오며 대부분의 주요정책을 직접 관장했다는 점에서 그에 대한 분석은 북한 외교정책 연구에 주요한 부분을 차지하고 있다. 특히 테러리즘과 같은 북한의 도발성, 외교행태의 예측불허성 등의 근원을 김일성의 성격과 가치관, 항일 빨치산 시절의 경험 등에서 찾으려는 연구경향은 최고정책결정자에 대한 연구를 통해 외교정책 변화를 이해하려는 시도로 간주할 수 있다. 김일성은 외교정책의 주요 현안을 직접 관장했으며, 북한의 대표가 유엔에서 연설할 문안의 내용까지 직접 보고받아 수정했던 것으로 알려지고 있다. 김일성이 사망하기 수개월 전에 정무원 외교부 참사실장인 고성순에 의하여 쓰인 글은 이 같은 점을 상세하게 적고 있다. 김일성은 연설문을 직접 고치면서 논거와 구성방식까지 일일이 지적한 것으로 전해진다.[132] 이와 같이 실제 김일성 생존시에도 대외정책 결정은 대부분 김일성의 강령적 교시와 지시에 따라 이루어진 점을 미루어 보더라도, 수령중심의 1인지배체제를 유지하는 북한의 국가 특성상 정책결정 및 집행은 최고통치자 1인이 독점적으로 행사한다고 보아야 할 것이다.

---

132) 고성순, "미제를 쳐야 한다." 『인민들 속에서』 53 (평양: 조선로동당출판사, 1994), pp.71-80.

Ⅳ. 외교정책 노선의 변화 추이

북한의 외교정책은 북한정권 수립 이후 냉전기까지 국제공산주의 운동, 민족해방운동, 자주화운동 등을 내세우면서 국제혁명투쟁 및 국제 혁명역량과의 연대성 강화를 위한 외교활동을 전개해 왔다. 그러나 탈냉전의 국제정세 변화에 따라 그 형태와 내용을 달리하는 등 정책변화를 거듭하고 있다. 특히 북한외교는 국제환경에 민감하게 반응하는 특징을 보이고 있다. 이는 한반도 주변강대국들과 북한 간에 형성된 다양한 역학관계(갈등과 협력, 질서와 반목)에서 비롯된다. 한편, 북한 외교정책의 변화 추이는 다양한 시기적 구분이 가능하다. 즉 김일성 통치기(1948. 9~1994. 7), 김일성 유훈통치기 또는 김정일 통치기(1994. 7~현재) 등 크게 2시기로도 구분할 수 있으며, 민주건설시기, 조국해방전쟁시기, 사회주의 전면적 건설시기 등으로도 구분이 가능하다.[133] 이 책에서는 이를 보다 세분화하여 북한정권 수립 이후부터 현재에 이르기까지 국제체제와 북한의 내부 정치 변화 등에 주목한 가운데 살펴보고자 한다.

첫째, 동일진영외교 및 대중·소 의존외교가 북한외교의 시작이다. 이와 관련하여 북한은 1948년 정권수립 이후 1954년까지는 주로 사회주의 진영에 국한된 동일진영 외교에 치중하였다.[134] 즉 소련의 영향권하에 있던 동일진영 공산권국가들과의 관계가

---

133) 김강녕, 『남북한 정치외교론: 주요정책과 현안문제』(서울: 대왕사, 1997), p.49.
134) 여기서 진영(陣營) 외교라고 하는 것은 동서냉전의 상황에서 어느 한 축에 속해서 외교정책을 추진하는 것을 말한다.

북한외교의 전부였다고 볼 수 있다. 북한은 정권수립 직후부터 이러한 외교에 대외정책의 초점을 두고 소련중심의 국제민주진영에 가담하여 전세계의 사회주의화를 위해 국제단결과 협력을 주장하였다. 북한의 이러한 정책노선과 방향은 1948년 9월 10일 최고인민회의 제1기 제1차회의에서 발표된 정부강령을 통해서 표명되었다. 특히 동일진영외교의 주요 목표 가운데 하나는 북한정권에 대한 국제적 승인을 얻는 것이었다.[135]

주지하는 바와 같이 한반도는 제2차 세계대전이 끝나면서 북위 38도선을 경계로 북으로는 소련이, 남으로는 미국의 점령을 받았다. 이에 따라 한반도는 두 점령국의 의지대로 서로 다른 정부가 구축되었다. 즉 38도선 북한 지역은 해방 후 3년 동안의 통치 끝에 결국 소련식 공산정권이 들어서게 되었다.[136] 당시 이북지역은 박헌영을 중심으로 하는 토착 공산세력이 있었고, 중국공산당과 연합하여 활동하던 김두봉 중심의 연안파가 신민당을 조직하고 정치세력화하였으나, 소련 점령당국은 김일성을 선택해 공산정권을 수립했다. 정권수립에는 성공을 했으나 북한은 유엔으로부터 승인을 받지 못하는 정권으로 남게 되었다. 이러한 연유로 인해 북한은 정권수립 후 전적으로 소련에 의존하게 되었다. 그러나 한국전쟁을 경험하면서 북한의 대소의존적 경향은 친중국적 성향을 보이기 시작했다. 무엇보다도 3년간의 한국전쟁은 북한의 대외관계에서 소련-중국에 대한 동맹외교, 미국 등 서방

---

135) 정규섭,『김정일정권의 대외정책 변화전망』(서울: 민족통일연구원, 1995), p. 4. : 조선중앙통신사 편,『조선중앙연감 1949』(평양: 조선중앙통신사, 1949), p. 46.
136) 김계동,『북한의 외교정책』(서울: 백산서당, 2002), pp. 121-123.

구들에 대한 적대관계가 형성되는 데 영향을 미쳤다. 정권수립 직후부터 북한은 소련 및 중국과 공식적으로 동맹조약을 체결하지는 않았지만, 한국전쟁을 치르면서 이들과는 동맹 이상의 긴밀한 관계를 맺게 되었다.[137]

북한이 이 시기에 전개한 동일진영 외교의 첫 단추는 정권수립 후 김일성의 소련에 대한 국교수립 요구를 계기로 해서였다. 즉 스탈린이 북한의 국교제의를 받아들임에 따라 북한과 소련이 1948년 10월 12일 국교를 수립하였던 것이다. 소련과의 국교수립 후 한국전쟁이 있기 전까지는 대소련 중심외교 및 국가승인외교가 주를 이루었다면, 1950년 한국전쟁 이후 대외정책은 전후 복구를 위한 동맹국들로부터의 원조확보 등이 중요 목표가 되었다. 이때 당시 북한에 대하여 원조를 한 국가들은 폴란드를 포함한 다수의 동구 사회주의권 국가들이었다. 이 같은 원조에 대해 김일성은 동일진영 제국들의 형제애의 발로로서 북한의 정의에 대한 지지라고까지 극찬하였다.[138] 아울러 '프롤레타리아 국제주의의 고상한 모범'이라고도 칭송하였다. 이러한 점들로 미루어 볼 때 북한정권 수립 이후 한국전쟁을 거치면서 북한 외교정책은 프롤레타리아 국제주의가 정책 기반으로 작용하였던 것으로도 볼 수 있다.[139] 특히 이 시기에 북한은 소련의 영향권 안에 있던 공산국가들과 수교하였으며, 그 수는 소련을 비롯해 중국, 폴란드, 체코 등 12개국이었다. 북한은 이들 공산국가들과의 수교를

---

137) 김계동, 『북한의 외교정책』, (2002), pp.131-132.
138) 국토통일원 편, 『북한최고인민회의자료집』, 제1집 (서울: 국토통일원, 1988), p.618.
139) 정규섭, 『북한외교의 어제와 오늘』(서울: 일신사, 1997), p.37.

통하여 국제무대에 본격적으로 등장하게 되었다.

둘째, 북한은 한국전쟁 이후 외교정책의 다변화를 추구하였다. 주지하는 바와 같이 중·소 분쟁은 1955년 4월 아시아·아프리카지역의 신생독립국 29개국이 참가한 반둥회의에서 "평화 5원칙"(영토 주권의 상호 존중, 상호 불가침, 내정 불간섭, 평등 호혜, 평화적 공존)이 발표되고, 후르시초프가 1956년 2월 제20차 소련공산당 대회에서 스탈린 비하발언과 서방진영과의 평화공존 정책을 추진하면서부터 시작되었다. 북한은 중국·소련·동유럽 등 공산국가에 국한했던 진영 또는 동맹외교에서 탈피하여 다변화 외교로 그 방향을 전환했다. 이 같은 정책방향 선회는 북한 측 요인보다는 외적요인 즉, 중·소 갈등이 주된 요인이 되었다. 이에 따라 북한의 대외정책은 중국과 소련 일변도에서 탈피하여 다변화 방향으로 나아가게 되었다.[140]

북한의 이러한 정책노선은 1955년 2월 25일 발표된 '대일본관계에 관한 외무상의 성명'에서 공식적으로 천명되었다. 북한은 이 성명에서 서로 다른 사회제도를 가진 모든 국가들이 평화적으로 공존할 수 있다는 원칙을 주장하며 북한과 우호적 관계를 가지려 하는 일체의 국가들과 정상적인 국교관계를 수립할 용의가 있음을 밝혔고, 아울러 상호간의 이익에 부합되는 무역관계와 문화연계를 설정할 것을 희망하였다. 북한은 특히 일본과의 관계정상화를 공식적으로 표명하기도 하였다.[141] 대외관계에 있어서 북한의 이러한 태도는 1955년 3월의 최고인민회의 제1기 9차회의,

---

140) 외교정책 다변화라는 개념은 동일진영 외교의 관념에서 벗어나 서로 다른 정치체제를 가진 나라들과도 외교관계를 수립하는 것을 의미한다.
141) 조선중앙통신사 편, 『조선중앙연감 1956』(평양: 조선중앙통신사, 1956), p.16.

1956년 4월 제3차 당대회, 1957년 9월 최고인민회의 제2기 1차회의, 1961년 9월 제4차 당대회, 1962년 10월 최고인민회의 제3기 1차회의 등을 통해 계속 제기되었다. 특히 북한은 1955년에 개최된 최고인민회의 제1기 9차회의에서 외무상 남일이 '제4기 소비에트 2차회의에서 채택한 선언서'에 관한 토론을 진행함과 동시에 보고문[142]에서 "소련의 최고 소비에트 선언의 제 원칙은 국제관계분야에서 사회제도의 여하를 불문하고 모든 나라들의 평화적 공존을 보장하며 평화와 제 인민 간의 친선을 보장할 수 있는 명백한 길을 가르치고 있습니다."라고 지적하며, 사회주의 국가들의 평화애호 외교정책은 "제 인민 간의 공고한 평화와 친선 및 평등적 협조의 정신과 또한 각이(各異)한 사회제도를 가진 국가들이 평화적으로 공존할 수 있다는 원칙으로부터 출발하고 있다."[143]고 강조하였다.

이와 같이 북한은 그 외교행태에 있어서 다변화를 모색함과 동시에 대외적으로는 평화정책을 표방하는 한편 동일진영 국가들과의 연대도 강화하였다. 이러한 정책하에 북한은 1955년 12월까지 동유럽 각국들과 각종 협정 내지 의정서 등을 체결하였다. 특히 북한이 이 시기에 모색한 다변화 외교의 기본방향은 비사회주의 국가들에 대한 관심증대, 민족해방투쟁 노선지지, 세계 군사문제에 대한 관심 등에 초점이 모아졌다.[144] 외교정책에서의 다변화

142) 동 보고문의 주요 내용은 북한이 중국을 비롯한 여러 사회주의 국가들과 협조관계를 강화하며 북한과 정상적인 관계수립을 희망하는 모든 국가들과 문화교류를 포함한 경제교류를 희망하는 것이다. 국토통일원 편, 『북한최고인민회의자료집』제1집, p.726을 참조하여 필자가 재정리.
143) 국토통일원 편, 『북한최고인민회의자료집』 제1집, pp.719-726 참조.
144) 이에 관해서는 『김일성선집 4』(평양: 조선로동당출판사, 1966), pp.443-444

는 1961년 9월에 개최된 제4차 당대회에서 정책방향 등이 보다 구체적으로 나타나고 있다. 제4차 당대회에서 김일성은 모든 사회주의진영 국가들과 친선관계를 발전시키는 것을 대외정책의 확고부동한 목표라고 강조하였다. 특히 상이한 제도를 가진 국가들과 평화공존 원칙에 입각하여 상호간의 우호적 관계를 설정하는 것은 물론 북한과 우호적 관계를 맺기를 희망하는 자본주의국가들과도 비정치적 분야에서의 교류가 가능하다는 것을 피력하였다.145) 북한의 이러한 외교정책 노선에서 알 수 있는 것은 사회주의 진영의 통일강화, 신생독립국들과의 우호관계 설정, 발전 등을 지향하고 있었다는 것이다. 아울러, 북한이 아시아 및 아프리카 국가들에 대한 관심을 고조시키고 있었으며 동시에 자본주의국가들과의 관계개선에의 의지를 보이고 있음은 외교정책 다변화를 암시하는 구체적인 증거로 보인다.

다변화외교 확대 및 그 추진에 있어서 소련과는 1961년 7월 6일 양국 간 '우호 협조 및 호상원조에 관한 조약'을 체결하였고, 같은 해 7월 11일에는 중국과도 소련과 같은 내용의 조약을 체결하였다. 특히 북한은 신생독립국가들과 외교관계를 적극 추진하여 나름대로의 결실을 이루기도 하였다. 1965년 김일성은 제3세계 국가로는 처음으로 인도네시아를 공식방문하여 반둥회의(Bandung Conference)146) 10주년 경축행사에 참석하는 등 외교영역 다변화

를 참조.

145) 조선중앙통신사 편, 『조선중앙연감』(평양: 조선중앙통신사, 1962), pp.59-61.

146) 일명 아시아-아프리카 회의라고도 한다. 이 회의는 인도네시아 · 스리랑카 · 미얀마 · 인도 · 파키스탄 등 5개국의 발의에 의해서 소집되었고, 세계 인구의 과반수를 대표하는 29개국 대표단이 회의에 참석하였다. 주된 목적은 아시아 · 아프리카 국가들 간의 긴밀한 관계를 수립하고, 냉전의 상황

에 많은 누력을 기울였다. 이 시기 자본주의 국가들과의 관계에 있어서도 북한은 관계개선에 적극적인 입장을 보였지만 내용적으로는 그다지 큰 진전을 보지 못했다. 다만, 일본 개별기업과의 관계진전을 이룬 것은 외교정책의 추진성과라고 보인다. 한편, 한반도 통일정책에 있어서도 3대혁명역량 강화라는 새로운 전략이 등장한 것도 바로 이 시기이다.

  이 같은 다변화정책 추진배경을 보면, 우선 대외적으로는 소련의 평화공존 정책으로의 전환과 제3세계 국가들의 등장을 들 수 있고, 대내적으로는 김일성의 권력공고화와 전후 복구를 위한 경제개발계획 수행을 들 수 있다. 우선, 대외적 배경은 소련의 평화공존 대외정책 표방과 제3세계 국가의 등장인데, 전술한 바와 같이 소련이 대외정책에 있어서 평화공존론을 표방하기 시작하자 북한의 대외정책도 새로운 길을 모색하게 되었다. 소련에서는 1953년 스탈린이 사망하면서 개인숭배에 대한 비판이 일어나게 되고, 지도체제에 있어서도 스탈린 시대와는 다른 집단지도 체제로 전환하게 되었다. 1956년 2월에 개최된 소련공산당 제20차 당대회는 스탈린 개인숭배의 비판과 평화공존 정책 표방 등에 초점이 맞추어져 있었다. 후르시초프는 제20차 당대회에서 평화공존론적 외교정책이 소련 외교정책의 기본원칙임을 강조하였다. 특히 자본주의와의 대결에서 승리하는 것은 무력이 아니라 사회주의적 생산양식의 우월성에 의해 달성될 것이고, 평화공존의 원

속에서 아시아·아프리카의 중립을 선언하며, 식민주의의 종식을 촉진하는 것이었다. 몇 세기에 걸친 유럽 지배에 대한 아시아·아프리카의 반발로서 의의와 더불어 아시아·아프리카의 중립주의 및 협력이라는 회의 의의를 갖고 있다.

칙은 국제사회에서도 인정을 받고 있다고 강조하였다. 한편, 후르
시초프의 이러한 정책은 1961년 10월에 개최된 제22차 소련공산
당 대회에서도 변함없이 계속되었다. 이러한 상황에서 북한은 소
련의 이 같은 외교정책을 지지·표명할 수밖에 없었다.[147] 소련
의 이러한 변화는 북한으로 하여금 대외정책을 전환하게 만드는
데 영향을 미쳤던 것이다.[148] 소련의 대외정책 전환에 대한 북한
의 지지입장은 계속되었다. 북한은 1958년 9월 8일 정권수립 10
주년 기념대회에서 이를 확인시켰다. 즉, "조선민주주의 인민공화
국과 조선인민은 국제정세의 긴장상태를 완화하며 평화를 공고
히 하기 위한 소련정부의 모든 제의를 전적으로 지지합니다."[149]
라고 하였다. 또한 북한은 후르시초프의 1959년 미국 방문을 지
지하기도 하였고, 1961년 9월에 개최된 제4차 당대회에서 행한
사업총화 보고 등에서도 소련의 외교정책에 대한 적극 지지를
표명하였다. 이상을 통해서 볼 때 소련의 평화공존적 외교정책은
북한의 대외정책 다변화에 지대한 영향을 미쳤던 것으로 볼 수

---

147) 소련의 대외정책에 대한 김일성의 지지 표명은 1956년 4월에 개최된 제3
　　차 당대회의 보고문에서도 잘 나타나고 있다. 즉 김일성은 동 보고에서
　　"사회주의와 민주주의 진영국가들의 평화애호적 대외정책은 각이한 사회,
　　경제체계의 평화공존의 가능성으로부터 출발하고 있으며 평등과 내정불
　　간섭을 기초로 한 모든 나라들과의 친선과 정치, 경제, 문화적 협조를 강
　　화할 것을 지향하고 있는 것입니다."라고 지적하여 소련의 평화공존 정책
　　을 지지 표명하였다. 『김일성 선집 4』(1969), p.441을 참조.
148) 김일성 역시도 북한 외교정책 노선의 하나로서 서로 다른 사회제도를 가
　　진 나라들의 평화적 공존에 대한 레닌적 원칙을 견지하며, 자주권의 상호
　　존중과 평등권에 입각하여 세계의 모든 평화애호 국가들과 정치적 및 실
　　무적 연계를 맺기 위하여 노력한다는 점을 제시하였다. 『김일성 선집 4』
　　(1969), p.441.
149) 조선중앙통신사편, 『조선중앙년감 1959』(평양: 조선중앙통신사, 1959),
　　p.40.

있다. 한편, 이 시기 제3세계의 등장도 북한 외교정책 다변화 배
경을 이루고 있다. 특히 1955년 4월에 개최된 반둥회의 이후
1961년 9월 제1차 비동맹정상회의 개최 등 비동맹운동의 전개와
더불어 신생독립국가의 수가 급증하고 이들이 표방하는 반제국
주의, 반식민주의, 반서구적 입장이 북한의 성향과 일치하였던 것
이다. 따라서 북한으로서는 이들과의 관계 증진을 도모하는 데
있어서 아무런 문제가 없었다.

한편, '조선전사'를 보면 북한이 당시 제3세계 국가들에 대한
대외정책의 중요성이 나타나 있다. 즉, 대외관계를 획기적으로 발
전시키는 유일하고 정당한 방침은 사회주의 나라들과 친선협조
관계를 강화하는 것이며, 아울러 아시아, 아프리카 등 신생독립국
들과의 친선관계를 강화하는 것도 중요하다는 것이다.[150] 한편,
제1차 비동맹 정상회의는 같은 해 6월의 카이로에서 개최되었으
며 동 회의를 계기로 제3세계 국가들은 국제사회에서 또 하나의
주요 행위자로 그 세력을 형성하게 되었다. 1960년대 국제정치의
주요 변화양상은 바로 위와 같은 비동맹 세력의 등장과 이들의
세력결집 및 유엔가입 등과 관련이 깊다.[151] 특히 제3세계의 등
장과 북한의 대외정책 다변화와의 상관성은 제3차 당대회, 최고
인민회의 제2기 1차회의, 국가수립 10주년 경축 기념대회, 제4차
당대회 등에서 행한 김일성의 연설에서도 잘 드러나고 있다.

대내적 배경은 김일성 중심의 권력공고화 및 전후 경제복구이

---

150) 사회과학원 역사연구소 편, 『조선전사 30』(평양: 사회과학출판사, 1981),
    p.430.
151) 1960년부터 1971년까지 유엔에 새로 가입한 56개국 중 50개국이 신생독립
    국이었다.

다. 외교정책 다변화를 모색하던 시기는 김일성 중심으로 내부권
력이 집중되던 시기였다. 또한 국내 경제적으로는 전후 복구 3개
년 계획과 제1차 5개년 계획(1957~1961년)을 추진하면서 상당한
경제적 효과를 거두었는데, 이러한 경제력을 바탕으로 대외적으
로 다변화 외교를 전개하였던 것이다.[152]

  김일성 중심의 권력 공고화와 관련해서 보면, 북한은 해방직후
남한과 마찬가지로 내부 정치에서 다양한 정치적 파벌이 형성되
고 있었다. 즉 김일성 중심의 '갑산파(빨치산파)'[153], 허가이 중
심의 '소련파'[154], 김두봉 및 무정 중심의 '연안파'[155], '국내파'로
서 이승엽 및 박헌영 중심의 남조선 노동당(이하 남로당) 계
열[156] 등이 있었다. 이러한 파벌들의 존재는 김일성이 1인 지배

152) 북한은 경제력을 바탕으로 제3세계 국가들에게 원조를 제공하고 자신의
    경제발전 모델을 신생독립국가들에게 부각시키면서 대외정책 다변화를
    추진할 수 있었다. Byung Chul Koh, *The Foreign Policy of North Korea*
    (New York: Frederick A. Praeger, 1969), p.167.
153) 빨치산파는 김일성을 우두머리로 하는 항일 빨치산운동 참가자들이 속해
    있었다. 이들 대부분은 1930년대 말 일제의 빨치산에 대한 대대적인 토벌
    로 인해 소련으로 넘어갔다가 해방과 동시에 북한으로 들어왔다.
154) 소련파는 소련군 사령부가 북한에서의 정책추진에 활용하기 위하여 1945
    년 가을 북한에 파견한 다수의 소련국적 한인(한국계 러시아인)들이 속
    해 있었다. 초기에 이들은 소련군정 기구에서 활동하였으나 1946년부터는
    수립 중에 있던 북한의 정부 기구들로 배치되기 시작하였다.
155) 1920~30년대 조국을 떠나 중국에서 활동하던 공산주의자들로 구성되었
    다. 중국에서도 일제의 탄압이 심화됨에 따라 이들은 당시 중국공산당의
    근거지였던 연안에 모이게 되었다. 이곳 연안에서 해외에 존재하던 조선
    공산주의 조직들 중 가장 큰 조직인 독립동맹이 1940년 구성되었다. 독립
    동맹 및 연안파의 지도자는 국어학자인 김두봉이었다.
156) 국내파는 일본식민지 통치기간 중 한반도에서 비합법적인 활동을 전개했
    던 공산주의자들로 구성되었다. 한반도 해방직후인 1945년 8월 이들은 서
    울에 모여 조선공산당의 재건을 선포하고 당의 임시지도부를 선출하였다.
    1925년 당시 조선공산당 창건자의 한 사람으로 한국공산주의운동의 베테
    랑 중의 한 사람인 박헌영이 재건된 조선공산당의 지도자로 선출되었다.

체제를 확고하게 하는 데 있어서 큰 걸림돌이 되었다. 위 4개 정
파 간의 갈등은 1940년대 말까지는 크게 표면화되지 않았다. 이
는 소련군정이 개입한 결과였다. 즉, 소련은 파벌 간의 갈등을 우
려하여 김일성의 입장과 소련파를 중시하면서도 파벌 간의 균형
을 유지하고자 했다. 이와 같은 균형관계는 1948년 3월에 선출된
조선노동당 제2기 중앙위원회의 인적구성에서 평형을 이루었다.
그럼에도 불구하고 4개 파벌들 간의 관계는 처음부터 평온한 것
은 아니었다. 항일운동이라는 과거의 공통적 경험을 제외하고 각
정파의 대표들은 아무런 연관을 맺고 있지 않았으며, 각 정파는
나름의 비공식적인 교제대상 및 자신들이 인정 혹은 비공식적으
로 인정하는 지도자들을 갖고 있었다. 각 정파들 사이의 상호 경
계심은 첫 대면부터 시작되었다. 국내파는 연안파와 소련파를 자
신들이 전개했던 지하조직투쟁과는 아무런 연관도 없는 망명자
에 불과한 것으로 의심하였다. 빨치산파는 소련파를 사이비 조선
인으로 간주하여 싫어했으며, 소련파는 그들대로 빨치산파를 아
무런 교육도 받지 못했을 뿐만 아니라 정치 행정에 전혀 경험이
없는 자들이라 무시했다.157) 이렇게 각 정파 간의 상호 불신감은
북한 정권 수립 초부터 이미 주기적으로 깊어갔던 것이다. 이러
한 상황에서 김일성은 이들 파벌 중 제일 먼저 한국전쟁 중에
연안파의 무정과 소련파의 허가이를 제거하였다. 허가이의 제거
로 소련파의 입지는 약화되고, 김일성은 다음의 숙청 대상을 박

1945년 당시 박헌영은 자타가 공인하는 조선공산주의 운동의 지도자로
부상하였다. 안드레이 란코프 저, 김광린 역, 『북한 현대정치사』(서울: 도
서출판 오름, 1995), p.106.
157) 안드레이 란코프, 『북한 현대정치사』, p.110.

96

헌영의 남로당파로 결정했다. 1952년에는 당중앙위원회 전원회의 이후에 있었던 한국전쟁 정전협정 조인 1주일 후인 1953년 8월 3일 정치재판이 열렸고, 여기에서 박헌영, 이승엽 등 남로당 계열을 간첩도당파로 규정짓고 숙청한 후 당을 재편성하였다. 특히 국내파의 가장 막강한 세력이었던 박헌영에 대한 숙청계획은 1953년 여름부터 시작되었다. 그에 대한 재판은 1955년 12월 15일에 열려 처형되었고, 이로써 국내파는 완전히 제거되었다. 김일성은 그 후 1955년 4월 당중앙위원회 전원회의에서 당 내에서의 '종파주의적' 요소를 척결할 것을 주장하였다. 김일성은 1958년 3월에 개최된 제1차 당대표자 회에서 '종파주의, 지방주의, 가족주의'를 비난하고 그 이전에 숙청된 정치지도자들을 비판하였다. 이 대회를 계기로 김일성은 1인지배체제의 기틀을 마련하였으며, 이후 북한의 정치권력의 핵심은 김일성 중심의 항일빨치산(갑산파 계열)으로 집중되었다. 그러나 김일성 단독의 권력체계를 1차적으로 마무리지은 것은 1961년 9월 11일부터 개최된 제4차 조선노동당 대회였다. 이 대회에서 김일성은 "종파주의를 척결하고 당 노선의 완전한 통일을 획득했다."고 보고했다.158)

제4차 당대회의 가장 중요한 특징은 권력구조상의 변화이다. 제3차 당대회까지만 해도 당 중앙위원회 내에서 일정하게 지분을 확보하고 있던 연안계와 소련계가 완전히 몰락했던 것이다. 제4차 대회에서는 85명의 중앙위원회 위원이 선출되었는데, 이 가운데 연안계는 3명, 소련계는 1명뿐이었다.159) 대부분 김일성 중심의 항일 빨치산 출신들이 권력의 핵심부를 장악했다. 이와

158) 서대숙, 『북한의 지도자 김일성』(서울: 청계연구소, 1989), pp.146-147.
159) 조선노동당 중앙위원회 제4기 정파별 구성(1961년)

같이 김일성 중심의 세력이 권력 전면에 부상하면서 김일성 단
일지도체제가 확립되면서 당 내에는 다른 견해를 가진 반대세력
이 완전히 소멸한 것이다. 이것은 북한 정치에서 다양한 견해가
공존·병립하면서 벌이는 노선투쟁이 사실상 불가능해졌음을 의
미하는 것이라 할 수 있다.160) 이후 김일성은 항일빨치산의 지원
에 힘입어 대내적으로 정치적 안정을 이룰 수 있었음과 동시에
다른 세력의 견제를 받지 않고 자유롭게 대외정책을 추진할 수
있었다.

한편, 전후복구 3개년 계획과 제1차 5개년 계획과 관련해서 살
펴보면, 먼저 전후 복구 3개년 계획의 기본은 한국전쟁으로 파괴
된 인민경제를 복구하는 것이고, 이 계획은 사회주의 국가로부터
경제, 기술원조 등을 바탕으로 추진되었는데, 이 가운데 중국과
소련의 원조는 동 계획의 추진에 많은 도움을 주었다. 3개년 계
획 이후 추진된 제1차 5개년 인민경제발전계획(1957~61년)의 핵
심은 사회주의의 경제적 기초를 다지고 주민들의 의식주문제를
기본적으로 해결하는 데 있었다.161) 이를 위해 중공업 발전을 보
장함과 동시에 경공업을 발전시키고자 하였다. 이 시기 김일성은
1958년 9월 8일 국가수립 10주년 경축사에서도 북한 경제가 고조

	소련파	연안파	국내파	빨치산파	기타(무파별)
중앙위원회	2(2)	1(2)	2(1)	6(5)	0(1)
상임위원회 중앙위원회 전체	2(10)	3(18)	12(24)	37(11)	31(8)

* ( )안의 숫자는 제3차 대회(1956년)에서 선출된 제3기 중앙위원회 정파별
  구성. 이상 출처: 안드레이 란코프, 앞의 책, p.128.
160) 임영태, 『북한 50년사 2』(서울: 들녘, 1999), pp.18-23.
161) 국토통일원, 『북한최고인민회의자료집, 제2집』, p.233: 서남원, 『북한의 경제
    정책과 생산관리』(서울: 고려대학교 아세아문제연구소, 1966), pp.117-168
    등을 참조.

98

기에 들어섰다고 언급한 바 있다.[162] 김일성은 1961년 9월 개최
된 제4차 당대회의 사업총화 보고에서 전후 복구 3개년 계획과
제1차 5개년 계획에 대한 총화보고에서 국민소득 성장률이 연평
균 26.0%에 달하는 성과를 거두었음을 밝혔다. 이러한 경제력을
근간으로 북한은 제3세계 국가들에게 제한된 규모나마 원조를
제공하며, 북한의 경제모델을 이들 피원조국가에 부각시킬 수 있
었다.[163] 즉 북한은 이 기간 내에 이와 같은 경제력을 바탕으로
하여 다변화 외교를 효율적으로 추진할 수 있었다. 북한이 전후
복구 3개년 계획과 제1차 5개년 계획을 추진하면서 많은 관심을
가진 분야가 대외무역 분야였는데, 이런 것들이 결국은 외교정책
다변화와 밀접한 관련을 갖고 있었다. 이와 관련하여 김일성은
국가 간 친선관계 수립에 있어서 정치적 접근보다는 비정치적
접근(무역관계 형성)을 통해 대외관계를 발전시켜 나가야 한다
고 하였다.[164] 즉 다변화외교 전개과정에서 북한은 대외 관계를
확장시키는 한 수단으로 무역관계 형성을 기반으로 하여 이를
정치적 분야로까지 발전시킨다는 전략을 갖고 있었다.

셋째, 1960년대 북한외교정책 방향은 외교정책 다변화와 함께
동일진영 국가들과의 관계에서도 평등과 자주, 상호 존중과 내정
불간섭을 핵심으로 하였다. 이는 외교정책의 자주노선으로서 북
한이 이러한 자주노선을 공식적으로 표방하기 이전인 1962년 10
월 23일에 개최된 최고인민회의 제3기 제1차회의에서 행한 "조

---

162) 조선중앙통신사 편, 『조선중앙연감 1959』, p.30.
163) Byung Chul Koh, *The Foreign Policy of North Korea*, p.167.
164) 사회과학연구원 경제연구소 편, 『경제사전 I』(평양: 사회과학출판사, 1970), p.542.

선민주주의 인민공화국 정부의 당면과업에 대하여"라는 김일성의 연설에서, 북한은 이미 자주외교의 기초로서 사회주의 국가 간의 평등과 사주, 상호존중, 내성불간섭을 수장한 바 있다. 즉 김일성은 동 연설에서 "제국주의 국가들 간의 관계는 큰 나라가 작은 나라의 내정을 간섭하며 그 나라들에 자기의 의사를 강요하며 일방적인 존중과 복종을 요구하는 지배와 예속의 관계입니다. 그러나 사회주의 국가들은 큰 나라와 작은 나라나 할 것 없이 모두다 완전히 평등하고 자주적이며 호상 간에 서로 존중하며 지지합니다. 이 나라들 사이에서는 한 나라가 다른 나라의 내정에 간섭하거나 그 나라에 자기의 의사를 강요하는 일이란 있을 수 없습니다."[165]라고 하였다. 북한이 이러한 입장을 공식적으로 선언한 것은 1966년 10월에 개최된 당대표자회에서인데, 북한은 여기서 대외관계에 있어서의 완전한 자주권 행사와 평등이라는 입장을 공식적으로 선언한 것이다.[166] 이것을 이른바 '자주노선'으로 규정짓고 이때부터 외교정책의 기본으로서 '자주'를 표방했다. 그리고 1967년 12월에 발표된 정부정강 발표 이후 자주노선은 그 내용이 보다 체계적으로 정리되었다.

우선 자주노선의 정의와 관련하여 '자주'라고 하는 것은 혁명과 건설에서 나라의 자주권을 견지하며 마르크스-레닌주의의 원칙과 나라의 구체적 실정에 기초하여 자신의 주관과 판단에 따라 독자적으로 노선과 정책을 세우고 그것을 주체적으로 관철해

---

165) 조선중앙통신사 편, 『조선중앙연감 1963』(평양: 조선중앙통신사, 1963), pp.38-39.

166) 조선중앙통신사 편, 『조선중앙연감 1966~1967』(평양: 조선중앙통신사, 1967), pp.100-130.

나가는 당의 노선으로 정의하고 있다.[167] 특히 김일성은 위와 같은 '자주'를 주체사상이 대외 정치분야에서 철저히 구현된 것으로 보았고, 자주노선의 견지야말로 민족자결의 신성한 권리의 행사며 민족의 번영을 이루는 지름길이라고 강조하였다. 아울러 국제관계에서도 이와 같은 민족자결의 원칙이 고수되어야 함을 강조하고 국제공산주의 분열상황에서 이러한 자주노선 견지의 필요성을 강조하였다.

김일성의 자주노선은 북한이 발행한 사전에서도 이를 명확히 규정하고 있는데, 이는 국가의 제반 대내외 정책분야에 적용되고 있다. 그 내용을 간추려 보면, 대내정치에 있어서 자주노선의 핵심은 모든 정책을 북한의 현실에 맞게 규정하고 이를 풀어나가야 한다는 것이다. 또한 모든 문제를 해결하는 데 있어서도 외부의 간섭이나 지시에 의해서가 아닌 북한 자체의 역량으로 해결해야 한다는 것이며, 대외정책 분야에서도 타국이 자주권을 유린하거나 모독하는 것을 용납하지 않는다는 것이다.[168]

한편, 북한은 정치에서의 '자주'에 관한 사항을 주체사상을 통해 구체화시키고 있다. 즉, 대내외 정치에서의 자주를, 주체사상을 구현하는 원칙으로 간주하고 있다. 특히 정치적 자주성은 주체사상이 대내외 정치분야에서 구현된 것으로, 이를 독립국가의 징표로 간주하고 있다.[169] 정치에서 이와 같은 자주성 요구는 대외관계에서 완전한 평등권과 자주권을 행사하는 것으로 간주하고 있으며, 이 같은 관점에 입각하여 북한은 동일진영 대열 안에

---

167) 『정치용어사전』(평양: 사회과학출판사, 1970), p.430.
168) 『정치용어사전』(1970), p.430.
169) 『정치용어사전』(평양: 사회과학출판사, 1973), p.764.

서도, 그 누구도 특권적 지위를 누릴 수 없으며 또 누릴 권한을
강요할 수 없고, 아울러 국가 간 상하관계도 있을 수 없다고 강
조하였다. 따라서 개별 국가의 평등권과 자주권은 그 누구도 침
해할 수 없는 신성한 권리라고 주장한 것이다.[170] 또한 정치에서
자주를 떠나서는 어떠한 자주성에 대하여도 말할 수 없다고 하
며 대내외 정책추진 등에 있어서도 '자주'를 최상위에 두었다. 특
히 정치에서 자주성이 담보되는 경우는 무엇보다도 주체적인 정
치적 역량을 만들어야 하며, 동시에 김일성 자신의 결정에 따른
노선과 정책을 관철하여야 하며, 그럴 때 비로소 대외관계에서도
완전한 자주권과 평등권을 행사할 수 있는 것으로 보았다. 이처
럼 '자주노선'은 외교정책의 이념적 기반이 되고 있는 주체사상과
밀접한 관련을 갖고 있다. 무엇보다도 대외정책에 있어서 자주노
선이 구체화되어 정책으로 반영된 것은 주체사상의 정형화와 밀
접한 연관을 갖고 있다. 정치적 자주의 핵심은 한마디로 대외관
계에서 자주성의 확보인 것이다. 이러한 자주노선의 수립경과를
보면, 북한이 자주성을 모색한 것은 실질적으로 1962년부터라고
할 수 있다. 즉 북한이 대내외적으로 자주노선을 공식 선포한 것
은 1966년이지만 그 이전에도 대외정책에 있어서 자주성을 수시
로 언급해 왔다.[171] 앞에서도 언급한 바와 같이 1962년 10월 23
일 최고인민회의 제3기 제1차 회의에서 행한 김일성의 연설에는
개별 국가 간의 평등과 자주, 상호존중 및 내정불간섭에 관한 언
급들이 있는데, 이것들은 북한이 대외정책에서 자주성을 중시하

---

170) 『정치용어사전』, (1973), p.765.
171) 1955년 12월 28일 당 선전선동 대회에서도 언급되었고, 1962년 10월 23일
    의 최고인민회의 제3기 제1차 회의에서도 자주성이 강하게 언급되었다.

고 있다는 증거이기도 하다.

또한 북한은 1963년 1월 30일자 및 10월 28일자 노동신문 사설 등을 통해서도 자주성을 표명하였으며, 이러한 연장선상에서 1966년 10월 대외관계에서 자주성을 공식적으로 선언하기에 이르렀고, 1967년 최고인민회의 제4기 1차회의에서 채택된 정부의 정강에 대외정책에서의 자주노선이 명시되었다. 이와 같은 일련의 과정을 통해 수립된 북한의 자주노선은 1966년 10월 5일의 당대표자대회에서 행한 김일성의 보고문에 잘 요약되어 있다. 동보고문에서 제시된 북한 외교정책의 기본노선은 신생독립국가들과의 친선과 협조관계 발전, 아시아·아프리카·라틴아메리카 인민들의 투쟁지지, 자본주의국가 노동계급과 근로인민의 혁명투쟁지지, 사회주의 국가들과 평등과 자주성에 기초하여 단결·협조하며 국제적 연대성 강화와 자주성을 견지해 나가는 것 등이었다. 특히 국제활동 분야에서도 자신의 신념에 기초하여 자주적입장을 견지해 나갈 것을 주장하였다.

한편, 북한은 자주노선 견지와 함께 미제국주의에 대한 비난의 강도를 점점 높이면서, 외교정책 분야에서 미국을 평화와 민주주의의 적으로 규정하고 사회주의 국가들과 아시아·아프리카 제 국가들이 단결하여 반제국주의 및 반미투쟁의 입장을 천명하기도 하였다.

1970년대에 들어와서 북한의 입장은 외교정책의 첫째 과업으로 반제 반미의 입장을 강조하며, 자주성에 입각한 사회주의 국가들간의 협조, 친선, 신생독립국가들과 우호협조관계 강화발전, 민족해방투쟁 지지성원, 자본주의 국가의 노동계급에 대한 연대, 상이

한 사회제도의 국가들과 관계수립, 교류실현 등을 외교정책의 기본방향으로 하였다.[172] 이러한 외교정책의 방향은 1970년 11월 "조선로동당 제5차대회에서 한 중앙위원회 사업총화보고"에서도 잘 나타나고 있는데, 무엇보다도 북한은 대외정책에 있어서 자주적 입장을 강조하며 그렇게 함으로써 북한의 국제적 지위를 더욱 공고히 할 수 있다고 하였다.[173] 아울러 동 보고문에서 김일성은 북한의 모든 대내외 정책노선은 주체사상이 근간이 되고 있음을 밝혔다. 즉 주체사상과 자주노선과의 관계를 명백히 하였다.

북한이 자주외교 노선을 추구하면서 드러낸 대외정책 전개 양상과 그 특징은 남한에 대한 강경정책과 반미투쟁 강화라고 할 수 있다.[174] 또한 사회주의 국가들과의 관계는 각종의 대표단 방문을 통해서 지속하였으며, 중국과 소련의 관계에 있어서 북한은 1960년대 말까지는 친소련적이었고, 중국과의 관계는 그리 원만하지 못했으나 1970년에 들어와서야 관계가 정상화되었다. 한편, 이 시기에는 반제국주의 반미투쟁이 강화되던 시기였다. 아울러 북한은 민족해방운동에 대한 지지정책을 더욱 강화시켜 나갔다. 이러한 정책 위에 북한은 북베트남을 비롯한 라오스, 캄보디아 등과 경제원조의 무상제공에 관한 협정을 체결하였으며, 미국과 일본, 그리고 서독 등이 주된 공격대상이 되었다. 이 기간 동안 북한의 이들

---

172) 『정치용어사전』, (1970), p.531.

173) 김일성, "조선로동당 제5차 대회 중앙위원회 사업총화보고", 조선중앙통신사 편, 『조선중앙연감 1971』(평양: 조선중앙통신사, 1971), p.36.

174) 1968년 1월에 발생한 푸에블로(Pueblo) 호 나포 사건과 1969년 4월의 E-C 121기 격추사건이 대표적인 경우라고 할 수 있다. B. C. Koh, "The Pueblo Incident in Perspective", *Asian Survey*, vol.Ⅸ, no.4(April 1969), pp.264-280.

국가들에 대한 외교 추진방식으로 초청 및 방문외교를 적극 추진
하였으며, 아울러 김일성 자신을 제3세계 국가의 지도자로서의 이
미지를 부각시키고자 하는 대외선전에도 주력하였다.[175]

이상과 같이 자주외교노선으로의 정책전환은 무엇보다도 당시
분열된 공산진영 내의 갈등상황에서 나름대로 현실적인 대응책
에서 나온 외교정책이었던 것으로 평가될 수 있으며, 이 시기에
표방했던 자주노선은 오늘날까지도 북한의 중요한 대외정책 노
선의 근간이 되고 있다.

그러면 북한은 왜 이러한 정책을 추진하게 되었는가. 이러한
정책추진의 대내외적 배경은 무엇보다도 중·소 간 분쟁에 있다.
아울러, 북한정권 수립 직후부터 계속되어 온 중국과 소련의 북
한에 대한 내정간섭, 그리고 체제내적으로 김일성 1인 중심의 유
일체제 확립의 필요성 등이 이유라고 할 수 있다. 이를 차례대로
살펴보면 다음과 같다.

우선 대외적 배경은 사회주의 진영 내의 분열양상이라고 할
수 있다. 주지하는 바와 같이 중·소 분쟁은 1960대에 들어와 가
시화되었다. 1950년대 후반에 시작되어 1960년대 내내 격렬하게
전개되었던 중소분쟁은 공산주의 세계를 크게 양분시켰을 뿐만
아니라 북한에게도 즉각적인 영향을 미쳤다. 무엇보다도 중·소
분쟁으로 인해 북한은 심각한 안보 위기에 직면하게 되었다. 동
시에 정치체제를 비롯한 경제구조, 국방정책, 기타 외교노선에도
지대한 영향을 미쳤다. 북한은 이러한 상황에서 중·소 어느 편

---

175) Joungwon Alexander kim, "Divided Korea 1969: Consolidating for Transition", *Asian Survey*, vol. X. no.1 (January 1970), p.40.

에도 서지 않는 중립을 고수하려고 노력하였다. 동시에 자신들의
독자적인 외교노선을 견지하면서 사회주의 진영의 단결을 강조
했다. 그러나 소련과 중국은 북한을 그대로 두지 않았다. 즉,
중·소는 북한에게 서로 자신들을 지지해 줄 것을 직·간접적으
로 요구했다. 이에 북한이 중립을 지키자 두 강대국은 북한에 압
력을 행사하려 들었다. 이로 인해 북한은 소련 및 중국과의 갈등
을 피할 수 없었다. 한편, 북한은 이 시기에 이러한 동일진영 내
의 갈등이 수정주의자들(여기서는 소련을 지칭함)에 의해 야기
되었다는 점을 지적하였고, 이러한 연장선상에서 1963년 10월 28
일자 '로동신문' 논설을 통해 국제공산주의 분열원인을 '현대수정
주의' 탓으로 돌렸다.[176] 그러나 1966년 10월에 개최된 당대표자
회에서 행한 김일성의 보고문에서는 소련과 중국 두 나라 모두
에게 공산주의 분열에 대한 비난의 화살을 돌렸다. 즉, 국제공산
주의 운동의 분열을 일으킨 근본원인은 '현대수정주의(소련을 지
칭)'와 '교조주의(중국을 지칭함)'에 있다고 지적하면서, 북한이
대외정책에 있어서 자주노선을 견지할 수밖에 없다고 하였다.[177]
이 같은 노선을 견지함으로써 중·소 틈바구니를 벗어날 수 있
을 것으로 판단한 것이다.[178] 결국 해방 이후 북한이 중·소 양
국으로부터 받아 온 내정간섭의 경험은 자주노선을 선포하게 된
역사적 경험이라 할 수 있나. 내성간섭의 배제가 곧 외교에 있어

---

176) 『로동신문』, 1963. 10. 28..
177) 『김일성저작선집 4』(평양: 조선로동당출판사, 1968),p.351.
178) 북한은 이미 1950년대 중반에 소련과 중국의 정치적 간섭을 경험한 바 있
    다. 1950년대 중후반 전후 복구건설 노선과 농업집단화 문제, 8월의 종파
    사건 등을 통해 북한의 내정에 직·간접적으로 영향력을 행사하려 했던
    것이다. 그 과정에서 김일성은 커다란 정치적 영향력에 부딪히기도 했다.

서 자주노선 수립으로 표출된 것이다. 북한은 정권 수립 시부터 계속해서 중·소 양국 간의 각종 내정간섭에 시달려 온 것이 사실이며, 이러한 현실들에서 벗어날 수 있는 가장 효과적인 방안은 자주노선 표방이었을 것이다.

다음으로, 대내적 배경은 김일성 1인의 유일지배체제 수립 및 주체사상과 관련이 깊다. 주지하는 바와 같이 '주체' 혹은 '자주'의 확립은 북한의 대내정치적으로 보면, 권력투쟁의 산물이라고도 볼 수 있다. 이 같은 대내적 권력투쟁과정과 관련하여 김일성은 1961년 9월 제4차 당대회부터 자신의 권력을 확고히 하였으며, 이에 김일성 중심의 '빨치산파'가 정부의 주요 직책을 맡았다. 바로 이 무렵부터 김일성의 유일지배체제가 어느 정도 윤곽을 드러내게 되었다.

이상과 같이 북한은 대외정책에서 자주노선을 표방함으로써 중·소 관계에서 외교적 돌파구를 찾고자 하였으며, 한편으로는 자주노선을 '내정불간섭과 호상평등'으로 표방하며 비동맹 외교의 지침으로 삼기도 했다.

넷째, 1970년대 들어와 북한의 대외정책은 그 활동영역이 크게 확대되었다. 즉, 국제기구에의 가입확대, 남북대화 추진, 미국에 대한 접촉제의 등 이전과 달리 외교영역의 폭을 확대하는 실리외교에 치중하였다. 한마디로, 외교정책의 세계화를 통해 실리를 추구하는 데 목표를 둔 것이다. 이에 따라 외교의 대상을 동일진영 국가 또는 비동맹 그룹 국가에만 한정하지 않았으며, 교류영역 역시 정치·경제를 비롯한 다양한 영역에서의 정책추진을 목표로 하였다.[179] 이러한 정책은 이미 1960년대부터 시작되고 있었다. 즉 다변화외교 노선의 연장선상에서 이러한 정책이 표출된 것이다. 이와 관련하여 김일성은 1970년대 초 외국기자들과 가진 일련의 내담에서 외교정책의 세계화를 표명하기도 하였고, 1972년 12월에 개최된 최고인민회의 제5기 1차회의에서 행한 "우리나라 사회주의제도를 더욱 강화하자"라는 연설에서는 보다 체계화하였다.[180] 김일성은 대외정책 분야에서 북한에 대해 우호적으로 대하는 모든 나라들과 평등과 호혜의 원칙에 친선과 협조관계를 발전시켜 나간다는 것을 강조했다. 특히 이 과정에서 남북한에 대해 침략 의사가 없는 자본주의 국가들과도 평화공존의 원칙에 입각해 정치를 비롯한 경제, 문화적 관계를 맺기를 원한다고 하였다.[181] 북한의 이 같은 정책노선은 1972년 12월 27일 제정된 '조선민주주의 인민공화국 사회주의헌법' 제16조에서도 규정하고 있다.[182] 이러한 정책추진 결과 북한은 제5차 당대회까지 66개국과 외교관계를 수립하는 결실을 얻었다.

한편, 외교의 추진방향에 있어서 대사회주의권과는 자주성에 기초한 대외관계를 유지하였다고 볼 수 있으며, 중·소 관계 역

179) 1970년대 북한 외교정책의 특징을 '외교정책의 세계화'로 규정짓는 견해로 Samul S. Kim, "Pyongyang, the Third World, and Global Politics", Korea & World Politics, vol.3. no.4(Winter 1979), pp.439-462를 참조.
180) 조선중앙통신사 편, 『조선중앙연감 1972』(평양: 조신중잉통신사, 1972), pp.279-231.
181) 김일성, "우리나라 사회주의제도를 더욱 강화하자", 조선중앙통신사 편, 『조선중앙연감 1973』(평양: 조선중앙통신사, 1973), pp.28-29.
182) 헌법 제16조의 규정은 북한의 외교정책을 규정하는 것으로서 "조선민주주의 인민공화국은 대외관계에서 완전한 평등권과 자주권을 행사한다. 국가는 우리나라를 우호적으로 대하는 모든 나라들과 완전한 평등과 자주성, 호상 존중과 내정불간섭, 호혜의 원칙에서 국가적 및 정치, 경제, 문화적 관계를 맺는다."라는 내용으로 규정되어 있다.

시도 1970년대를 통해 큰 변화는 없었다. 동유럽 국가들과의 관계에서는 고위지도층의 상호방문이 계속되는 방문외교가 눈에 띄게 많아졌다. 또 신생독립국가들과의 친선협조관계 발전에 이어 북한이 1975년 8월 비동맹회의의 정식회원이 되면서 비동맹 국가들과의 관계를 더욱 발전시켜 나갔다. 특히 북한은 외교부 성명 등을 통해 중동 및 아프리카, 라틴아메리카의 민족해방운동의 지지를 표명했다. 이 시기 대유엔 및 서방국가와 관계에서는 대유엔 외교를 강화하는 한편, 자본주의 국가들에 대해서도 접근을 시도하였다. 대(對)유엔 외교와 관련하여 북한은 1973년에 유엔 주재 상주대표부의 개설과 함께 유엔 산하 각종 기구에의 가입을 추진하였다.[183] 또한 자본주의 국가들에 대한 접근 시도는 전술한 바와 같이 경제활성화를 위한 전략적 측면의 일환으로서 선진기술 및 장비도입을 주된 목적으로 하고 있었다. 실제 이 같은 외교적 노력이 어느 정도 성과를 거두기도 했는데, 이러한 정책추진 과정에서 북한의 무역량도 급속히 늘어났던 것이다.

또 다른 특징은 그동안 줄곧 적대적 양상을 보여 온 미국에 대한 접근을 시도하였다는 것이다. 북한은 미국과의 관계개선 여부는 북한 측의 문제가 아니라 미국 측의 태도 여하에 달려있음을 주장하며 지금까지의 적대적 태도로 일관해 온 대미정책의 변화가능성을 암시하기도 하였다. 이러한 연장선상에서 북한은 1974년 3월 25일 최고인민회의 제5기 3차회의에서 미국과 평화협정 체결을 위한 강한 의지를 표명하며 "미국 국회에 보내는 편

---

183) 이때 당시 북한이 가입한 유엔 산하기구 현황을 보면, UNCTAD, WHO, UNESCO, WIPO, UPO, WMO, ITU, ICAO, FAO 등을 들 수 있다. 국토통일원 편, 『북한개요』(서울: 국토통일원, 1980), p.250.

지"를 채택하기도 하였다. 이는 북한이 남한을 배제한 채 현재의 휴전상태를 평화협정으로 대체하고자 하는 최초의 제안이기도 하였나. 이러한 세안은 1975년 10월 9일 당창건 30주년 기념대회 보고문에서도 다시 한번 나타났다.

이 시기 남북한 관계를 살펴보면, 북한이 적극적으로 남북대화에 임한 시기이기도 하였다. 아울러 남북한 통일문제에 대해서도 적극적인 입장을 표명했다. 즉 통일문제와 관련하여 북한은 1971년 4월 12일 최고인민회의 제4기 5차회의에서 평화통일방안 '8개 조항'을 제의했다.[184] 1972년 7월에는 남북공동성명이 발표되었는데, 여기서 남북한은 '조국통일 3대원칙'[185]을 대내외에 천명하였다. 같은 해 11월에 남북조절위원회가 설치되어 남북한 간의 관계개선과 평화적인 통일문제를 논의했으나 진전을 보지 못했다. 1973년 6월 23일에는 조국통일 5대강령을 발표하였다.[186] 이와 같은 시기 남한에서도 북한과의 관계개선을 위한 또 하나의 선언이 있었는데, 바로 1973년 6·23 선언이 그것이다.[187] 그러

---

184) 8개 조항을 보면 미군철수, 쌍방군대의 감축, 남한이 체결한 미국 및 일본과의 조약, 협정폐기 또는 무효선포, 남북한 총선거 실시, 통일중앙정부 수립, 정치활동 보장, 정치범 석방, 남북한 연방제, 상호교류 및 협조실현, 편지 및 인사내왕 등이다.

185) 남북공동성명에서 채택한 '조국통일 3대원칙'은 '자주, 평화통일, 민족대단결'을 내용으로 하고 있다.

186) 조국통일 5대강령은 (1) 남북사이의 군사적 대치상태 해소 (2) 남북 사이의 정치, 경제, 군사, 외교, 문화 등 다방면에 걸친 합작과 교류실시 (3) 남북한의 광범한 각계각층의 인사들이 조국통일을 위한 거족적인 애국사업에 참여할 수 있도록 할 것 (4) 단일국호에 의한 남북연방제 실시 (5) 두 개의 조선으로 갈라지는 것을 막아야 하며 대외관계 분야에서도 남북이 공동으로 나아가야 할 것 등이다. B. C. Koh, " North Korea: Old Goals and New Realities", *Asian Survey*, vol.XIV, no.1(January 1974), p.38.

나 북한은 6·23 선언을 부정적으로 생각하였고 이에 남북대화
는 중단되었다. 따라서 1970년대 중반 이후 남북한 관계는 급속
도로 냉각되어 갔던 것이다.

북한이 이와 같은 대외정책을 추진하게 된 배경은 우선 대내
적으로 경제성장 촉진 욕구를 들 수 있다. 즉 이 시기에 들어와
북한은 군사력 강화보다는 경제성장을 촉진해야 하는 필요성이
증가하게 되었다. 동시에 기술관료의 등장이라는 정치구조의 변
화가 있었다. 특히 이와 같은 경제발전을 위해서는 무엇보다도
대외경제를 활성화시킬 필요가 있었을 것이다. 이러한 논리는 결
국 대외정책의 세계화 논리를 이끌어 내게 했던 것이다. 한편, 대
외적 배경은 미국과 소련 간의 데탕트로 인한 긴장완화 추세라
고 볼 수 있다. 말하자면, 1969년부터 시작된 이러한 데탕트의 국
제환경은 북한의 대외정책 전개에 유리한 기반을 제공했다.[188]
즉 북한은 미국과 중국의 데탕트를 자신의 이익을 증진시키기
위한 기회로 이용하여 주한미군 철수의 실현, 대외적으로 국가
위신 증진, 서방 자본주의 국가들의 기술과 상품의 도입 등을 도

---

187) 1973년 6월 23일 박정희 대통령이 발표한 평화통일외교정책에 관한 특별
　　성명인데, 이는 총 7개항으로 구성되어 있다. 주요 내용은 남북한 간에
　　서로가 내정에 간섭하지 않으며, 남북한의 유엔동시가입 및 북한의 국제
　　기구 참여에 반대하지 않고, 호혜평등의 원칙 아래 모든 국가에게 문호를
　　개방한다는 것이다. 6·23선언은 기존의 '할슈타인원칙'에 따른 적대적이
　　고 폐쇄적인 통일정책을 탈피한다는 한국정부의 적극적인 평화통일의지
　　를 표방하였다는 점에서 긍정성을 가진다. 그러나 북한에서는 6·23선언
　　을 한반도에 2개의 정부를 인정함으로써 분단을 영구화시키는 것이라고
　　비난하고 모든 남북대화 중단의 구실로 삼아 이후 남북대화는 다시 교착
　　상태에 빠지게 되었다.
188) 이 시기의 국제환경은 1971년 9월 중국의 유엔가입과 1972년 닉슨 미국
　　대통령의 중국방문을 계기로 미국과 중국 간의 관계개선, 일본과 중국의
　　국교정상화 등 화해분위기가 조성되었다.

모하였던 것이다. 그러나 이 같은 정책은 크게 성과를 거두지 못했다. 호전적인 대남정책과 외채상환 불능문제, 외교관 밀수사건 등으로 국제석 위신이 크게 손상되었기 때문이다. 이에 북한은 1980년대 들어와 경제활성화를 위한 대외경제 개방정책을 취하게 된다.

다섯째, 1980년대 들어와 북한의 대외정책은 대외 개방외교 및 대서방외교 관계 강화에 초점을 두는 가운데 이를 위한 정책이념의 체계화가 이루어졌다. 우선 대외정책의 이념을 대외개방 외교에 맞게 체계화시켰다. 이는 1980년 10월 10일 제6차 당대회에서 표명되었는데, 북한은 여기서 대외정책의 기본원칙을 '자주·친선·평화'라고 공표하였다.[189] 제6차 당대회 보고문에서 김일성은 반제 자주역량의 단결 강화, 비동맹 운동의 확대발전 방안, 국제공산주의 운동의 통일단결, 국제 혁명역량의 강화와 연대성 제고를 지적함과 동시에 외교정책의 기본방향으로 "대외활동에서 자주성을 확고히 견지하고, 세계 여러 나라들과 친선·협조관계를 발전시키며 세계의 평화와 안전을 보장하기 위하여 적극 노력할 것이며, 자주, 친선, 평화 이것이 우리 당 대외정책의 기본리념이다."고 주장했다.[190] 이와 같이 오늘날처럼 북한 외교정책이 하나의 이념적 체계를 분명하게 갖추게 된 것은 바로 이 무렵이다. 한마디로, 북한 정권 수립 이후 북한이 전개해 온 외교정책 노선을 하나로 체계화시킨 것이다. 동시에 북한은 통일방안

---

189) 정동욱, "자주·친선·평화는 우리 당 대외정책의 기본리념", 『근로자』, 제526호 (1986년 2월), pp.88-92.
190) 조선중앙통신사 편, 『조선중앙년감 1981』(평양: 조선중앙통신사, 1981)을 참조.

112

도 구체화시켰는데 '고려민주연방공화국'의 창립이 그것이다.[191]

이 같은 대외정책 이념의 추진 방향과 관련하여 '자주'는 외교정책의 독자적인 결정, 자신의 판단과 주관에 따른 외교활동의 전개, 완전평등과 상호존중 원칙에 의한 대외관계 발전, 자신의 혁명 이익으로부터 국제관계 문제 해결, 외부로부터 민족이익 침해와 내정간섭 및 타국에 대한 맹목적 추종 배제 타국의 민족적 존엄 및 자주권의 존중 등을 내용으로 하고 있다. '친선'과 관련하여 이는 모든 국가들과의 외교관계 확대를 의미하지만, 1980년 제6차 당대회 이후 북한의 대외관계는 사회주의 국가[192] 및 제3세계 국가들에 국한되는 한계를 보였다. 이 기간에 자본주의국가들과의 관계에 있어서 특이한 점은 프랑스와 1984년에 통상대표부를 일반대표부로 승격시켰고, 미국에 대해서 평화협정 체결을 제의하였던 것이다.

'평화'와 관련해서 북한은 남북한의 통일방안에 초점을 두고 이와 같은 정책 이념을 실현하고자 하였다. 아울러 미국에 대해서는 대미평화협정 체결을 제의하였다. 특히 1984년에 남한에 대규모 홍수피해가 발생했을 때 남한의 수재민에게 구호물자를 제

---

191) 북한이 제시한 통일방안으로서 '고려민주연방공화국' 창립방안의 주요 골자를 보면, 남과 북이 서로 상대방의 사상과 제도를 그대로 인정하고 용납하는 가운데 남북이 동등하게 참가하는 민족통일정부를 수립하고 그 아래에서 남북이 동등한 권한과 의무를 지니고 각각 지역자치제를 실시하자는 것이다. 특히 연방형식이 통일국가에서는 남북이 같은 수의 대표들과 적당한 수의 해외동포들로 구성된 최고민족연방회의를 구성하고 거기에서 연방상설위원회를 조직하여 남북한이 각기의 지역정부를 지도하며 연방국가의 전반적인 사업을 관할하도록 하자는 것이었다.
192) 사회주의 국가들과의 관계는 주로 고위대표단의 상호방문과 경제를 비롯한 문화, 군사분야에서 교류를 지속하였다.

공하겠다고 하여 남한이 이를 수락한 바 있으며, 1984년 11월 15일에는 분단 이후 최초로 남북한 간에 경제분야의 회담이 개최되기도 하였다. 1985년에는 남북한 이산가족 상호교환 방문이 이루어지는 등 남북한 간의 대화가 비교적 활발히 진행되기도 했다. 그러나 북한이 1986년도 한·미 합동군사훈련(팀스피리트훈련)을 이유로 1986년 1월 20일 모든 남북대화를 전면 거부함으로써 남북관계가 경색의 국면에 빠지게 되었다. 북한은 1987년에는 남북한 병력감축안에 대한 제의를 하며 평화공세를 전개하였다. 이와 같이 평화라는 외교정책의 이념과 관련하여 북한은 주로 한반도의 평화를 실현하기 위해서는 미군 무력의 단계적 감축 철수, 남북한 간의 상호 군축, 주한미군철수 등 남한 및 미국과의 관계에 초점을 두고 이를 실현하고자 하였다.

한편, 대외무역 확대 및 개방정책과 관련하여 김일성은 제6차 당대회에서 대외정책의 이념을 체계화함과 동시에 대외무역의 확대발전을 강조하였다. 이후 1984년 1월의 최고인민회의 제7기 3차회의에서는 '남남협조와 대외경제사업을 강화하며 무역사업을 더욱 발전시킬 데 대하여'라는 최고인민회의 결정을 채택하여 대외무역의 확대방안을 공식적으로 결정하였다.193) 이에 따라 북한은 경제합작과 기술협조의 발전이라는 방침을 세우고 1984년 9월 8일 최고인민회의 상설회의에서 외국인의 직접투자, 합작투자를 유치하기 위한 '조선민주주의 인민공화국합영법'을 제정 공포하였다.194) 특히 합영법195)은 북한이 대외개방정책을 적극적으

---

193) 조선중앙통신사 편, 『조선중앙연감 1985』(평양: 조선중앙통신사, 1985), p.124.

194) Young Whan Kihl, "North Korea's New Pragmatism", *Current History*,

로 추진하겠다는 의지로서 북한은 이를 실제 정책에 반영하였다.
이에 북한은 1985년 3월 합영법 시행세칙, 외국인소득세법, 합영
회사소득법을 5월에는 합영회사 소득세법세칙, 외국인 소득세법
세칙 등을 각각 제정하여 대외개방에 대한 제도적 장치를 마련
했다.[196] 김일성은 1985년 6월 9일 합영법의 제정의 의의와 앞으
로의 경제합작과 교류의 방향에 대해 사회주의 각국을 포함한
대북 우호적 자본주의 나라들과도 경제기술 교류 및 협력을 발
전시켜 나가며 이를 위해 합영법을 채택하고, 이를 기반으로 공
업과 건설, 운수, 과학기술, 관광업 등 제반 산업분야에서 다른
나라들과 합영을 강조하였다. 특히 체제와 이념에 상관없이 언제
나 합영을 환영한다는 것이었다.[197] 이와 같은 김일성의 언급에
서도 알 수 있듯이 당시 북한은 합영법 제정을 매우 중시했었으
며, 이는 상징적인 의미보다는 실천적 성격을 띤 것으로서 실제
대외경제교류 및 합작을 추진하는 데 활용하고자 하였다. 이러한
정책실천 의지에 따라 북한은 1987년 4월에 채택된 제3차 7개년
계획에서 대외무역의 확대와 경제합작, 합영을 구체적으로 명시

vol.85, no.510(April 1986), pp.164-165.

195) 외국인투자를 기초하기 위한 북한의 법제이다. 정식명칭은 '합영법'이다.
북한은 이미 1984년에 외국인의 북한투자를 활성화하게 할 법제로서 '합
영법'을 제정하였는데, 합영법제는 (구)합영법뿐만 아니라 1985년의 합영
법시행세칙, 합영회사소득세법, 외국인소득세법 및 이들 법규의 세칙으로
구성되었지만 재일본조선인총연합회(조총련)를 주축으로 한 해외동포의
대북투자를 제외하고는 서방국가의 투자를 끌어 오는 데는 실패하였다.
두산세계대백과 EnCyber 참조.

196) Hy-Sang Lee, North Korea's Closed Economy: The Hidden Opening",
Asian Survey, vol.XXXVII, no.12(December 1988), pp.1272-1273.

197) 조선중앙통신사 편, 『조선중앙연감 1986』(평양: 조선중앙통신사, 1986),
p.18.

하였다. 이후 김일성은 1988년 9월 8일 국가수립 40주년 기념식
에서의 보고에서 "대외경제부분에서는 다른 나라들과의 무역을
적극적으로 확대해 나가며 합영, 합작을 비롯한 여러 가지 형태
의 경제기술적 협조와 교류를 널리 발전시켜야 하겠습니다."[198]
라고 말하며 대외무역의 확대, 합영, 합작사업의 확장에 지대한
관심을 표명하였다. 이처럼 북한은 대외경제관계의 확대로 나타
나는 대외개방의 논리를 이미 구축했고 이를 정책에 반영하고
있다. 그러나 대외개방을 과감히 추진할 수 없는 여러 대내적인
제약요인으로 인해 북한이 대외무역을 확대하고 합영사업을 추
진해 온 실질적인 성과는 미약하다고 볼 수 있다.

  북한이 대외개방을 모색하게 된 근본원인은 계획경제, 자력갱
생 정책의 한계에서 비롯된 것이다. 북한이 제2차 7개년계획과
제3차 7개년 계획을 추진하면서 기본과업으로 제시한 인민경제
의 '주체화, 현대화, 과학화'를 달성하기 위해서는 대외경제관계의
확대가 필연적으로 수반되어야만 했다.

  한편, 정치구조적 측면에서 제6차 당대회를 계기로 형성된 북
한의 권력구조는 김정일 후계체제의 구축, 세대교체의 가속화, 엘
리트의 역할 분화, 기술관료의 부상이라는 특징을 보였다. 특히
기술관료의 대거 부상은 북한이 경제발전에 지대한 관심을 갖고
있음을 나타낸다. 김정일의 후계체제가 공식화된 후 경제발전이
라는 업적을 통해 후계체제를 공고화할 필요성도 있었다. 경제발
전을 성취하는 것은 북한 정책결정자의 의지였으며, 이를 위해서

---

198) 조선중앙통신사 편, 『조선중앙연감 1989』(평양: 조선중앙통신사, 1989),
    p.24.

대외개방의 모색이 수반되는 것은 당연한 것이었다. 결국 북한이 대외개방을 모색하게 된 대내적 배경은 북한의 경제상황 즉 자립경제의 한계와 김정일 후계체제의 구축 및 기술관료의 부상이라고 볼 수 있다. 이 시기 이 같은 대외정책 추진의 대외적 배경은 1978년부터 추진된 중국의 개방정책으로부터 많은 영향을 받았다고도 볼 수 있다.

여섯째, 1989년 12월 몰타에서 개최된 미·소 정상회담은 반세기 동안 지속되어 왔던 동서 냉전체제를 종식시키고 탈냉전이라는 새로운 국제정세를 도래시켰다. 새로운 국제질서 아래에서 국제 관계를 규정짓던 냉전기적 사고는 더이상 그 중요성을 지니지 못하게 되었다. 새로운 국제질서하에서는 체제나 이념을 초월한 비군사적인 쟁점들, 다시 말해서 '국가이익'을 중심으로 하는 요인들이 국제관계를 규정짓는 중요한 요인으로 부상하게 되었다. 특히 국가 간의 상호의존성이 증대하고 경제이익을 중심으로 하는 지역화가 가속화되었다. 또한 유엔과 같은 국제기구가 분쟁 해결의 중요한 수단으로 보편화되는 등 1989년 이후 국제정세는 전에 볼 수 없었던 전혀 새로운 양상을 띠며 전개되었다. 이 같은 국제환경 변화를 반영하듯 한국은 소련 및 중국과의 관계를 개선함과 동시에 공산권 국가들과의 관계개선199)에도 뚜렷한 성

---

199) 한국의 공산권 국가들과의 관계개선 정책을 '북방정책'이라고도 한다. 한국이 이들에게 문호개방 의사를 공식적으로 처음 밝힌 것은 1973년 6월 23일 박정희 대통령이 발표한 '평화통일외교정책에 관한 특별성명'이었다. 이 성명 이후 한국은 소련, 중국 및 동유럽 국가들과 비정치적인 분야에서 접촉을 확대해 왔다. 그러나 한국정부가 '북방정책'이라는 용어를 사용하여 이를 공식적으로 선언한 것은 1988년 7월 7일 노태우 대통령의 '7·7선언'에서이다.

과를 보였다.

한국과의 관계를 개선한 중국 및 소련은 그동안 일방적으로 감싸고만 돌았던 북한에 대해 다소 변화된 태도를 보이기 시작했다. 아울러 동구공산권의 붕괴 및 민주화 등 새로이 도래된 국제질서는 북한으로 하여금 대내외적으로 여러 가지 어려움에 직면하게 만들었다. 냉전기 동안 북한에게 일방적인 지지를 보냈던 동맹국들의 한국과의 유대관계 강화, 북한의 개방압력 및 핵사찰에 대한 압력 가중, 무엇보다도 그동안 주된 적으로 여겨왔던 미국이 세계 유일의 초 군사 강대국으로서의 위치를 확고히 굳히게 되는 등 국제체제는 엄청난 변화를 보이게 된 것이다. 이와 같은 국제질서의 변화와 동북아지역에서의 많은 변화는 체제와 이념을 근간으로 김일성 유일체제를 고수하는 북한에게는 커다란 충격이었다. 이에 따라 북한은 그 어떤 돌파구를 마련하지 않으면 안 되는 상황에서 대외정책의 변화 양상을 보이기 시작하였다. 무엇보다도 남한과의 공존을 모색하는 것과 동시에 미국 및 일본과의 관계개선을 시도, 새로운 단계의 대외개방 추진 등 다양한 측면에서 변화의 양태를 보였다. 이러한 정책추진은 1994년 7월 김일성 사망 시까지 계속 추진되어 왔다.

우선, 남한과의 관계에서는 남북한 간의 공존 및 평화를 강조하였다. 특히 김일성은 1989년 9월 8일 국가수립 40주년 경축보고대회에서 행한 연설을 통해 남북한 간 '공존의 원칙'을 내세웠다. 동 연설에서 김일성은 사상과 제도의 현실적인 차이를 인정하는 가운데 '한 국가 두 자치정부' 방식의 통일방안을 강조했다.[200] 북한이 1990년 9월에 남한 정부가 제안한 총리회담에 응함으로써 '남북한간 정치, 군사적 대결상태 해소와 다각적인 교류 협력 실시문제'를 협의하기 위한 제1차 남북고위급회담이 개최되었다. 남북고위급회담 개최 이후 북한은 '하나의 조선' 논리를 고수하면서도 흡수통일을 우려하여 '남북공존'을 계속 주장하였다. 또한 북한은 1991년 9월 남북한 동시 유엔가입, 1992년 2월 '남북기본합의서'의 채택 및 발효 등에 응하면서 남북관계를 조정하였다. 북한은 1993년 4월 7일 최고인민회의 제9기 제5차 회의를 개최하여 김일성이 작성한 "조국통일을 위한 전민족대단결 10대 강령"을 채택하였다. 또한 동 10대 강령을 채택하면서 북한은 남한에 대해 외세의존정책을 포기할 것이며, 미군철수의 의지와 외국군대와의 합동군사훈련의 영구 중지 그리고 미국의 핵우산으로부터 벗어날 것을 요구하였다.[201] 이러한 미군철수 및 한·미 군사훈련 중지 등 한·미동맹에 대한 북한의 노골적인 불만 표출 등은 북한의 대남인식 및 전략이 일정부분 냉전기적 인식과 전략을 그대로 가지고 있음을 보여주고 있다.

　다음으로, 북한은 미국과 일본에 대한 접근을 시도하였다. 이는 냉전 종식 이후 북한의 대외정책에서 매우 중요한 비중을 차지하게 되었다. 북한이 이들에 대해 접근했던 것은 1990년대에 동유럽 사회주의체제 붕괴 등 급격한 대외환경 변화에 적응하고 중국, 소련의 한국과의 수교로 인한 국제고립에서 탈피하며, 심각한 경제난을 타개하기 위해 미국·일본을 비롯한 서방 자본주의 국가들의 도움이 필요했던 것이다. 실제 북한은 1994년 7월 8일

200)　조선중앙통신사 편, 『조선중앙연감 1989』(평양: 조선중앙통신사, 1989), p.29.
201)　『로동신문』, 1993. 4. 8.

김일성 주석이 사망하자 군부중심의의 비상 위기관리체제를 통해 체제안정을 도모하는 한편, 대외적으로는 외교적 고립탈피와 경제난 해결을 위한 이들의 경제지원 확보에 노력했다.[202] 한편, 북한은 대서방권 외교에도 초점을 두게 되었다. 이에 따라 1998년 12월과 1999년 11월 EU와 두 차례에 걸친 정치대회를 개최했으며, 1999년 9월에는 제54차 유엔총회를 계기로 백남순 외무상이 유럽국가 등 20여 개국과 외무장관회담을 가짐으로써 국제무대를 활용해 경제지원 확보 등 북한체제 생존을 위한 전방위 외교에 적극 나섰다. 이러한 외교적 노력의 성과로, 1990년대 들어 지속적인 마이너스 성장을 해 오던 북한 경제는 1999년 처음으로 6% 이상의 플러스 성장률을 기록했다.

마지막으로 대외개방 정책의 추구와 관련하여 북한은 1991년 7월 UNDP 국제회의에서 나진과 선봉을 경제무역지대로 개발한다는 구상안을 처음으로 표명하였다. 그 후 북한은 같은 해 12월 28일 위 지역을 자유무역지대로 결정하고 새로운 단계의 대외개방정책을 추진하기 시작하였다.[203] 동시에 대외개방과 관련한 각종 법률을 정비하였다. 이후 북한은 1992년 4월 9일 개최된 최고인민회의 제9기 3차회의에서 헌법 일부를 수정하여 대외개방의 법적인 근거를 헌법에 명시하고, 같은 해 10월 5일에는 최고인민회의 상설회의 결정으로 '외국인투자법', '외국인기업법', '합작법' 등을 채택·발표함으로써 대외개방을 위한 법·제도적 장치를 보완하였다. 1993년에 들어서는 외국기업의 투자를 법적으로 뒷

202) 김계동, "북한의 군사화와 한국의 안보·평화정책", 한국정치학회 편, 『21세기 남북관계론』(서울: 법문사, 2000), pp.201-208.
203) 『내외통신』제777호, 1992. 1. 1.

받침하기 위해 외국인 세금법, 외화관리법, 자유경제무역지대법, 토지임대법, 외국투자은행법, 외국투자기업 노동규정 등 여러 가지 법령을 제정함과 동시에 일본 및 동남아를 비롯한 유럽 각국에서 해외투자 설명회를 개최하는 등 외자유치에 노력하였다.

북한이 탈냉전기 들어와 이와 같은 정책을 표방하게 된 주요 배경은 우선, 국제적으로는 사회주의 국가들의 와해 및 자유민주주의에로의 체제변동의 급격화, 미·소 간의 화해에 따른 탈냉전의 도래, 한국의 북방정책 성공에 따라 북한을 지지하던 동맹국들의 태도변화라는 외부환경을 들 수 있다. 다음으로, 급격한 국제환경 변화와 더불어 북한이 심각한 국제고립에 처하게 되었다. 따라서 북한이 이와 같은 국제사회에서의 고립을 탈피하기 위해서는 무엇보다도 미국 및 일본과의 관계개선이 필요하다는 점을 인식하였다. 아울러 탈냉전기에 들어와 중국 및 소련으로부터의 특혜성 경제지원이 격감하면서 북한은 심각한 경제난을 겪을 수밖에 없었는데, 이를 타개하기 위한 방안으로 경제개방이 필요하였던 것이다. 특히 북한의 경제침체가 지속되면서 체제 자체가 잠재적인 불안정성을 내포하고 있었고, 이는 체제의 안정과 김일성·김정일로 이어지는 후계체제 완성에 커다란 장애요인으로 간주되었으므로 미국 및 일본과의 관계개선을 통한 경제원조의 확보로 경제를 활성화시키고, 아울러 이들 국가들과의 관계를 개선함으로서 국제고립 탈피를 면하고자 외교정책변화를 시도했던 것이다.

일곱째, 1994년 김일성 사후 북한의 대외정책은 김일성시대와는 달리 여러 가지 면에서 많은 변화를 보이고 있다. 무엇보다도 대외정책 목표 자체가 체제 생존을 위한 실리외교 위주로 바뀌었다는 점이다. 즉 과거 김일성시대에 보여주었던 명분 위주의 외교보다는 실리 위주의 생존전략 차원에서 대외정책이 전개되고 있다. 우선 대남한 관계에 있어서도 호전적인 태도를 자제하고 우호적인 자세를 견지하고 있으며, 미국을 비롯한 서방권과의 외교관계도 과거 김일성시대보다는 양적으로나 질적으로도 한 차원 높은 단계로 끌어 올려 추진하고 있다. 또 중국을 비롯한 러시아와의 관계에 있어서도 그 관계가 과거의 정상적인 관계를 되찾아가고 있다.

한편, 탈냉전 초기 북한 체제가 직면한 여러 가지 문제를 해결하는 유일한 수단으로 미국 및 일본 등과의 관계개선에 초점을 두고 대화 창구를 단일화했었지만, 1998년 김정일이 북한의 실질적인 최고통치자로 권력승계를 마무리함으로써 점차 대외활동 영역을 넓혀 나가는 등 외교활동의 중흥기를 맞고 있다. 특히 서유럽 지역국가들과의 외교관계 수립은 북한 외교정책이 그 어느 때보다도 실리위주로 전환되고 있음을 보여주고 있다. 한편, 대외정책 목표는 김일성 사후 현안문제의 대응차원에서 국가이익을 중시하는 방향으로 수정하게 되었다. 무엇보다도 경제문제의 해결, 안보환경의 개선에 외교정책의 역점을 두게 된 것이다. 우선 경제문제는 대외협력 및 지원을 통하여 그 돌파구를 찾고자 하였다. 이 같은 북한의 의도는 1998년 이후 현재까지 전개되고 있는 북·미 관계, 남북한 관계, 6자회담 등을 통해서 여실히 증명되고 있다. 경제문제 해결은 주로 남북한 관계개선과 북·미 관계 개선을 통해 그 활로를 모색하고자 하며, 안보문제는 미국과

122

의 평화협정 또는 불가침조약을 통해 해결하고자 하고 있다. 1998년 대포동 미사일 시험발사 사건을 비롯하여 2002년 재발된 북핵문제는 북한이 처한 이 같은 문제와 무관하지 않는 사건들 이다. 북한은 미사일 시험발사 이후 개최된 베를린 협상에서도 시험발사 유예조건으로 미국에게 경제문제 해결 및 체제안전을 보장하라는 조건을 제시했던 것이다. 제2차 핵 위기를 계기로 가 동되고 있는 6자회담에서도 북한의 요구조건은 위 두 가지에 초 점이 맞추어져 있다.

V. 소결론

외교정책변화 추이와 관련하여, 냉전기에 추진된 북한 외교정책 의 특징을 요약하면 첫째, 북한은 진영외교를 추진하였다. 북한은 현존체제의 유지 및 발전을 위하여 '반혁명세력'으로부터의 안전을 확보하려는 외교정책을 추구해 왔다. 북한은 한·미 방위조약체결 (1953. 10. 1)과 미·일상호협력 및 안전보장조약(1960. 1. 19), 한·일 기본조약체결(1965. 6. 22)에 따라 남한과 '미제국주의와 일 본 군국주의' 간의 남방삼각관계가 형성된 것으로 인식하였다. 이 에 대응하여 북한은 '중·소 우호동맹 및 상호원조 조약'(1950. 2. 14)을 토대로 '조·소 우호 협조 및 호상원조 조약'(1961. 7. 6)과 '조·중 우호협조 및 호상원조조약' 체결을 통하여 북방삼각관계를 강화하였던 것이다. 그리고 북한은 진영론에 근거하여 자주성과 프 롤레타리아 국제주의 원칙에 기초한 사회주의 나라들과의 단결 강 화, 비동맹 제3세계 나라들과의 국가관계 발전 및 정치·경제 ·문

화의 모든 분야에서의 단결과 협조의 강화, 우호적으로 대하는 자
본주의 나라들과의 선린관계 발전을 위한 내왕과 접촉의 강화 및
경제 · 문화교류와 협조의 발전 등을 주장하였던 것이다.

둘째, 북한은 자주외교를 추진하였다. 북한은 중 · 소 분쟁의
상황하에서 '지배주의' 및 '패권주의'로부터 자율성을 확보하려는
자주외교를 내세움으로써 김일성 정권의 공고화를 추구해 왔다.
중 · 소 분쟁과 이에 따른 중 · 소 간의 대북 견인경쟁의 심화는
북한의 상대적 자율성을 심화시켰고, 북한은 중국과 소련의 대한
반도 정책이 북한의 입장과 어긋날 경우 국가목표와 이해관계에
따라 적극 대응할 수 있었다.

셋째, 북한은 혁명외교를 추진하였다. 북한은 제국주의를 반대
하며 사회주의 혁명을 일국 차원에서뿐만 아니라 세계적 차원에
서 완수할 것임을 지속적으로 천명하였다. 이를 위하여 북한은
대내적으로는 자력갱생 경제발전 전략을 추진하는 한편, 대외적
으로는 사회주의 국가들과의 반제 연대 및 아프리카 아시아 신
생국가들과의 반식민지 연대를 통한 국제혁명 역량과의 단결강
화를 추구해 왔던 것이다.

넷째, 북한은 해방외교를 추진하였다. 북한은 '하나의 조선정책'
을 내세워 정통성 있는 정부인 북한이 '미제국주의의 식민지'인
남한을 해방해야 함을 주장하는 한편, '조국통일을 위하여 선(先)
주한미군 철수, 국가보안법 철폐, 애국정권 수립 등의 제 조건 이
행, 후 고려민주연방공화국 창설을 통한 대외 및 대남 선전적 외
교를 강화해 왔던 것이다. 결국 냉전기 북한은 남조선 해방과 공
산혁명을 위하여 진영론에 입각한 시계추 외교정책을 추구해 온

것으로 볼 수 있다.

한편, 탈냉전기 정책변화 추이와 관련하여, 1990년 이후 북한의
외교정책의 특징으로 국제환경 변화에 적응하고자 하는 측면에
서 냉전기와는 구분되는 점들이 발견되고 있다. 가장 눈에 띄는
것은 동구공산권의 붕괴로 대외정책의 영역이 크게 축소되자 대
외정책 영역을 동일진영에 국한시키지 않았다는 것이다. 즉, 외교
활동 영역을 크게 확장시키고자 하였다. 이러한 외교영역 확장은
북한의 전방위 외교활동으로 나타났다. 그 결과 탈냉전 초기와는
달리 외교영역 확장이 이루어졌고, 2000년 이후 유럽연합의 대부
분 국가들과 수교를 하였다. 당시의 유럽연합 수교국 대부분이
서유럽 자본주의 국가들인 점을 감안하면 북한은 체제와 이념만
을 중시하던 냉전기의 대외관에서 완전히 벗어났다고도 볼 수
있다.204) 이는 1998년에 개정된 북한의 사회주의 헌법에서도 어
느 정도 변화된 대외관을 읽을 수 있다. 개정된 헌법 제17조는
북한을 우호적으로 대하는 그 어떤 나라들과도 완전한 평등과
자주성, 상호존중, 내정불간섭, 호혜원칙에서 국가적 또는 정치,
경제, 문화적 관계를 맺는다고 밝히고 있다. 한편, 북한은 외교정
책의 사상적 기조라고 할 수 있는 주체사상을 대외환경 변화에
맞게 유동적으로 적용하고 있었다. 그러나 이 같은 사상적 기조
는 대외정책 전반에 걸쳐 걸림돌이 되고 있다. 또한 대외정책의
내용에 있어서도 지극히 실리위주의 성향을 보이고 있다. 명분이

---

204) 여기서 북한이 완전히 체제와 이념을 초월한다고 해서 이념적 동질성을
    갖고 있는 국가들과의 관계를 전적으로 소홀히 한다는 의미는 아니다. 북
    한은 이념적 동질성을 공유하고 있는 사회주의권 국가와는 여전히 변함
    없는 유대관계 지속을 강조하였다.

나 체면보다는 실리 여부가 대외정책을 결정짓는 주요 변수가 되고 있는 것이다. 북한이 철천지원수로 여기고 있던 미국과의 대화에 집착하고 있는 것이나 남북한 관계에 크게 신경을 쓰고 있는 것은 모두 탈냉전기에 북한이 추구하고 있는 이 같은 실리 위주 대외정책과 무관하지 않다.

그런데 북한이 이처럼 명분보다는 실리위주의 대외정책에 역 점을 두고 있다고 해서 유일지배체제의 특성을 완전히 버린 것 은 아니다. 북한은 여전히 김일성시대와 다를 바 없는 유일지배 체제의 중요성을 강조하고 있으며, 이를 대내외 정책에 반영하고 있다. 특히 실리위주 대외정책 추진과정에서 수반되는 대외개방 으로 인해 발생할 수 있는 체제 내 외부사조의 유입을 차단할 수 있는 대외, 대남정책 추진을 강구하고 있다. 즉, 대외경제개방 정책 추진과정에서 수반될 수 있는 자본주의 인식의 확대, 서구 식 민주주의 개념의 확산 등으로 인해 체제안정성이 흔들릴 수 도 있다는 우려를 하고 있는 것이다. 따라서 북한은 사회주의의 훼손을 초래하지 않는 범위 내에서 대외개방정책을 추진하는 전 략을 원칙으로 하고 있다. 현재 북한의 '신의주 행정특별구'만을 놓고 보더라도 북한의 외부사조 유입에 대한 우려를 알 수 있다. 즉, 현재 북한에 있는 개방특구 등은 통제된 개방전략 구도하에 추진되고 있다. 전면 개방이 아닌 부분적 개방을 통해 외부사조 유입에 따른 체제불안 및 동요를 최소화하려고 하는 것이다.

불안정한 안보환경에서 비롯되는 체제수호와 관련하여, 북한은 체제수호 방편으로 동맹관계의 재설정이나 강화보다는 오히려 적대국과의 담판을 시도하고 있다.205) 북·미 관계 개선의 시도

126

는 이러한 측면에서 이해될 수 있을 것이다. 현재 개최되고 있는 6자회담과 제반 현안문제로 얽혀 있는 북·미 관계는 체제불안을 해소하기 위한 북한의 협상 지렛대가 되고 있기 때문이다. 외교정책 결정과정에서도 변화가 나타났다. 여전히 최고정책결정권자인 김정일의 의견이 절대적 중요성을 차지하고 있지만 점차 각 분야에서 전문성을 갖춘 테크노크라트들의 역할이 중시되고 있다. 이러한 목표달성 과정에서 드러나는 외교전략은 첫째, 군을 앞세운 이른 바 '선군전략'이다.206) 북한은 김정일정권의 외교전략을 '선군외교전법' 또는 '선군외교전략'이라는 용어로 규정하며 대외정책에서도 군을 활용하고자 한다.207) 북한이 대내외정치에서 군을 우선시하고 있다는 증거는 1998년 개정된 헌법에서도 찾아볼 수 있다. 즉 북한은 헌법개정을 통해 국가기구를 정비하고 김정일을 국방위원장에 추대하는 한편, 국방위원장의 권한을 크게 확대시켜 실질적인 국가수반으로 격상시켰다. 실제로 북한은 선군정치를 "제국주의와 대결에서 련전련승하는 불패의 정치"와 "강성부흥의 새 시대를 펼치는 현명한 정치"라는 두 측면에

205) 동맹관계 재설정이나 강화 등에 역점을 두지 않고 있는 것은 중국과 러시아의 입장이 이전과는 다소 다르다는 점을 북한이 인식했기 때문일 것이다. 주지하는 바와 같이 동북아에서 미국과 중국이 잠재적인 갈등관계에 있으나 최근 양국은 상호 협조체제를 통하여 공동 이익을 추구하는 경향이 빈번해지고 있다. 제2차 핵 위기 이후 개최된 6자회담에서의 양국 간 협조체제 구축에서도 이 같은 경향을 파악할 수 있으며, 2006년 7월 5일 발사된 북한의 미사일 문제와 관련해서도 중국과 미국이 입장을 같이 하고 있음을 볼 수 있다. 러시아에게 북한이 기대할 것은 크게 없다는 것이다. 러시아와의 동맹조약 폐기, 러시아의 실리위주의 대외정책 추구 경향, 그리고 미국 및 한국과의 관계를 중시하는 러시아의 태도 때문이다.
206) '선군정치'와 북한의 대외정책과의 관련성은 이창헌, "김정일시대 선군정치의 대외정책적 함의", 『정치·정보연구』 제9권 1호(2006)를 참고할 것.
207) 박영규, 『김정일정권의 외교전략』(서울: 통일연구원, 2002), p.58.

서 설명하는 가운데, 특히 전자를 대외차원의 전략으로 간주하고 있다.208) 북한은 이와 관련하여 선군정치를 제국주의와의 정치외교적 대결에서 승리할 수 있는 동력으로 설명하고 있으며, 특히 북한의 외교의 배경에 군사적 힘이 있다는 점을 강조하는 가운데, 선군정치를 외교전 승리를 담보하는 기제로 간주하고 있다. 한편, 북한은 이러한 선군정치의 성과로 1994년 제네바 핵합의가 채택되었다고 주장한다.209)

둘째, 불안정한 안보환경 개선을 위해 강대국의 압박에 대응하여 체제생존을 도모하기 위해 다른 동맹국과의 대응전략적 공조체제를 구축하고자 한다. 김정일정권의 이 같은 전략은 주변강대국 외교 및 2000년대 유럽 각국들과의 외교관계를 통해서도 드러나고 있다. 아울러, 북한은 냉전기 중·소 갈등을 이용하였듯이 현재 동북아지역에서 전개되고 있는 4강 상호간의 역학관계를 체제보전 및 도약 수단으로 활용하고자 한다. 또한 북한은 의도적으로 국제갈등을 유발하여 이를 협상의 지렛대로 하여 강대국과의 관계개선을 도모하고자 한다. 1994년 북핵문제, 1998년 대포동 미사일 사건, 2002년 10월의 북핵문제 재현 등은 이 같은 전략의 일환으로 볼 수 있다.

마지막으로 경제난 극복을 위해 개방전략을 모색하고 있다. 그러나 전면적인 개방보다는 통제된 개방전략을 구사하고 있다. 이는 무엇보다도 전면적인 개방정책 시행 시 외부사조의 유입에 따른 체제붕괴 위험성 때문이다. 한편, 북한은 경제개방을 장기적 측면에서 고려하고 있는 것은 아닌 것 같다. 즉 자력갱생 기반을

---

208) 박영규, 『김정일정권의 외교전략』(2002), p..59.
209) 『로동신문』, 2001. 10. 9.

만들기 위한 일시적인 것으로 간주하고 있는 것이다. 이러한 점
들 때문에 북한의 경제개방 정책은 일정한 한계를 지닐 수밖에
없는 것이다.

참고문헌

1. 국내문헌

■단행본 및 논문

경남대학교 북한대학원 엮음,『북한연구 방법론』, 서울: 한울아카
데미, 2003.

고성준 "주체사상의 김일성주의화에 관한 연구",『주체사상연구
』, 서울: 도서출판 태백, 1989.

고성순 "미제를 쳐야 한다",『인민들 속에서』, 53. 평양: 조선로
동당출판사, 1994.

구본학 외 『세계외교정책론』, 서울: 을유문화사, 1996.

국토통일원 편 『북한개요』, 서울: 국토통일원, 1980.

국토통일원 편 『북한최고인민회의자료집』, 제1집. 서울: 국토통
일원, 1988.

국토통일원 편 『북한 최고인민회의 자료집』, 제4집. 서울: 국토
통일원, 1989.

김강녕 『남북한 정치외교론: 주요정책과 현안문제』, 서울: 대왕
사, 1997.

김계동 『북한의 외교정책』, 서울: 백산서당, 2002.

_____ "북한의 군사화와 한국의 안보·평화정책", 한국정치학
회 편,『21세기 남북관계론』, 서울: 법문사, 2000.

김일성 "북조선로동당 제2차회에서 한 중앙위원회사업총화보고 (1948. 3. 28)",

『김일성선집 4』 평양: 조선로동당출판사, 1966.

『김일성 선집 7』 평양: 조선로동당출판사, 1993.

김성철 외 『북한이해의 길잡이』, 서울: 박영사, 2000.

김정일 "주체사상에 대하여", (1982. 3. 31).

김창희 『북한 정치사회의 이해』, 서울: 법문사, 2006.

김태운 "주체사상의 기능이 북한의 대외정책에 미친 영향", 조선대학교 지역발전연구소 편. 『지역발전 연구』(1997).

_____ "주체사상의 자주적 입장과 북한의 대외정책: 주체사상 형성기 북한의 대외정책을 중심으로", 『호남정치학회보』, 제13권(2001).

_____ "최고정책결정권자의 대외인식과 북한 외교정책", 『한국동북아논총』 제34집(2005).

김희오 『현대제관계학』, 서울: 백산출판사, 1996.

동아일보사 편 『김정일 북한대백과』, 서울: 동아일보사, 1995.

두산세계대백과 EnCyber.

로이드 젠슨 저, 김기정 역 『외교정책의 이해』, 서울: 평민사, 1994.

리진규 『21세기-김정일시대』, 평양: 평양출판사, 1995.

박영규 『김정일정권의 외교전략』, 서울: 통일연구원, 2002.

박재규 『북한의 신외교와 생존전략』, 서울: 나남출판, 1997.

박종철 외 『동북아협력의 인프라 실태: 국가 및 지역차원』, 서울: 통일연구원, 2005.

백두연구소 편 『주체상의 형성과정』, 서울: 백두, 1988.

사회과학원 력사연구소 편 『조선전사 30』, 평양: 사회과학출판사, 1981.

사회과학연구원 경제연구소 편 『경제사전 I』, 평양: 사회과학출판사, 1970.

서남원 『북한의 경제정책과 생산관리』, 서울: 고려대학교 아세아문제연구소, 1966.

서대숙 『북한의 지도자 김일성』, 서울: 청계연구소, 1989.

서재진 "김정일시대 통치이념의 변화: 주체사상에서 강성대국론으로",『북한체제의 현주소』, 서울: 통일연구원, 2002.

신정현 『정치학』, 서울: 법문사, 1995.

송두율 『역사는 끝났는가』, 서울: 당대, 1995.

송영우 『현대외교론』, 서울: 평민사, 1998.

안드레이 란코프 저, 김광린 역 『북한 현대정치사』, 서울: 도서출판 오름, 1995.

유승익 "외교정책 결정과정과 구조", 구본학 외.『세계외교정책론』, 서울: 을유문화사, 1996.

이상우 『국제관계 이론: 국가 간의 갈등원인과 질서유지』, 서울: 박영사, 2001.

이주철 "북한연구를 위한 문헌자료의 활용", 경남대학교 북한대학원 편.『북한연구방법론』, 서울: 경남대학교 북한대학원, 2003.

이호재 『약소국 외교정책론』, 서울: 법문사, 1987.

임영태 『북한 50년사 2』, 서울: 들녘, 1999.

이창헌 "김정일시대 선군정치의 대외정책적 함의", 『정치·정보 연구』, 제9권 1호(2006).

정규섭 『북한외교의 어제와 오늘』, 서울: 일신사, 1997.

정규섭 『김정일정권의 대외정책변화전망』, 서울: 민족통일연구 원, 1995.

정동욱 "자주·친선·평화는 우리 당 대외정책의 기본리념", 『근로자』, 제526호 (1986년 2월).

정성장 "주체사상의 형성 발전과정과 성격", 용인대학교 인문사 회과학연구소 편, 『21세기 북한의 변화와 전망』, (1999).

『정치용어사전』, 평양: 사회과학출판사, 1970.

조선중앙통신사 편, 『조선중앙연감 1949』(평양: 조선중앙통신사, 1949)/『조선중앙연감 1956』/『조선중앙년감 1959』/『조선중 앙년감 1962』/『조선중앙연감 1963』/『조선중앙연감 1966~1967』/『조선중앙연감 1971』/『조선중앙연감 1972』/『조선중앙연감 1973』/『조선중앙연감 1981』/『조선중앙연감 1985』/『조선중앙연감 1986』/『조선중앙년감 1992』.

철학연구소 『사회주의 강성대국 건설사상』, 평양: 사회과학출판 사, 2000.

최동희 『탈냉전시대의 한국 외교정책』, 서울: 사회문화연구소, 1998.

최명 편 『북한개론』, 서울: 을유문화사, 1996.

허문영 "북한의 대외정책 이념: 형성과 적응", 『통일연구논총』, 제5권 1호. 서울: 민족통일연구원, 1996.

_____ 『북한외교의 특징과 변화가능성』, 서울: 통일연구원, 2001.

■ 신문 및 인터넷 자료

『내외통신』 제777호(1992. 1. 1).

로동신문. 1963. 10. 28/1980. 11. 13/1993. 4. 8/1995. 6. 16/2001.
     10. 9

http://www.unikorea.net/uninkpds/writen data/polit 015.html.

http://my dreamwiz com/dew2002/htm/Study/npolicy.html.

http://my dreamwiz.com/dew2000/htm/study/policy.htm].

http://my.dreamwiz.com/dew2000/htm/study/npolicy.html.

http://www.unikorea.net/unikpds/writendata/polit003.html.

http://www.unikorea.go.kr/data/old__data/B21/B214.html.

2. 외국문헌

Barry Donald D. and Carol Barner-Barry. *Contemporary Sov iet
    Politics*, 2nd ed., Englewood Cliffs, Prentice-Hall, Inc., 1982.

Byung Chul Koh. *The Foreign Policy of North Korea*. New York:
    Frederick A. Praeger, 1969.

_____ "The Pueblo Incident in Perspective". *Asian Survey*,
    vol.IX, no.4(April 1969).

_____ "North Korea: Old Goals and New Realities". *Asian
    Survey*, vol.XIV, no.1(January 1974).

_____ "Ideology and North Korean Foreign Policy", in Robert A.

Sclapino and Hongku Lee(eds), *North Korea in a Reg ional and Global Context*. Berkely: University of Califo rnia Press, 1986.

Camilleri Joseph. *Chinese Foreign Policy*. Seattle: University of Washington Press, 1980.

Christenson, Reo M. et al., *Ideologies and Modern Politics*. New York: Dodd. Mead & Co., 1975.

Charles O. Lerche. Jr., *Foreign Policy of American People*. 2nd ed. Englewood Cliffs: Printice Hall, Inc., 1961.

Eilts, Horman F. "Diplomacy-Contemporary Practic". in Elmer Plischke(ed.), *Modern Diplomacy*. Washington, D. C.: Ameri can Enterprise Institute, 1981.

Gross Feliks. *Foreign Policy Analysis*. N. Y.: Philosophical Libe rary, 1954.

Holsti, K. J., "National Role Conceptions in The Study of Foreign Policy", *International Studies Quarterly* 14(1970).

_____ "The Study of International Politics Makes Strange Bed fellows: Theories of the Radical Right and the Radical Left". *APSR*, Vol.68(1974).

_____ *International Politics*. N. Y.: Prentice-Hall, INC, 1983.

Handel, Michael. *Weak States in the International System*. Lon don: Frank Cass and Company, Ltd, 1981.

Hy-Sang Lee. North Korea's Closed Economy: The Hidden Ope ning". *Asian Survey*, vol.XXXVII, no.12(December 1988).

Joungwon Alexander kim. "Divided Korea 1969: Consolidating
     for Transition". *Asian Survey*, vol.X. no.1(January 1970).

Kenneth W. Thompson and Roy E. Macridis, "The Compara tive
     Study of Foreign Policy". In *Foreign Policy in World
     Politics*, 5th ed. Roy E. Macridis, ed. Englewood Cliffs:
     Prentice-Hall, 1976.

Keohane, Robert O. "Lilliputians Dilemmas: Small States in
     International Politics". *Internationl Organization*, 23, 1969

Kim, Samul S. "Pyongyang, the Third World, and Global
     Politics". *Korea & World Politics*, vol.3. no.4(Winter
     1979).

Kissinger, Henly A. *Nuclear Weapons and Foreign Policy*. N. Y.:
     Harper and Row, 1957.

Knorr, Klaus. *The Power of National.* New York: Basic Books,
     Inc., 1975.

Lqnger, Paul F. "Changing Japanese Security Perspectives". in
     Richard H. Solomon(ed.), *Asian Security in the 1980s.*
     Cambridge, Massachusetts: Oelgeschlager, Gunn & Hain,
     Publishers, Inc., 1980.

Lesage. Michael. *Le system politique de l'URSS.* Paris: P.U.F..
     1987.

Liska, George. *International Equilibrium: A Theoretical Essay on
     the Politics and Organization of Security.* Cambridge,
     Mass.: Harvard University Press, 1957.

Nicolson Harold. *Diplomacy*, 3rd ed. London: Oxford University Press, 1969.

Plano, Jack C. and Roy Olton. *The International Relations Dictionary*, 3rd ed. CA: ABC-Clio, 1982.

Reja, Mostsfa. "Political Idelogy: Theoretical and Comparative Perspectives". in Mostafa Reja, ed., *Decline of Ideology*. Chicago: Aldine Atherton, 1971.

Rosenau, J. N., "The Study of Foreign Policy". Rosenau(eds.) *World Politics*. N. Y.: The Free Press, 1974.

_____ James N. "Pre-theories and Theories of Foreign Policy". in *The Scientific Study of Foreign Polic*. New York: Nochols Publishing Company, 1980.

Snyder, Glenn H. "The Security Dilemma in Alliance Politics". *World Politics*, Vol.36, No.4, July 1984.

Wolfers, Arnold. *Discord and Collaboration*. Baltimore: Johns Hopkins University Press, 1965.

Young Whan Kihl. "North Korea's New Pragmatism". *Current History*, vol.85, no.510(April 1986).

제2부 북한의 주변 대4강 외교정책

제4장 냉전기 대4강 외교정책

Ⅰ. 대중·소 정책

1. 대중·소 관계 개요

우선 북한과 중국은 정권수립 이후 냉전기 내내 지리적 인접성과 이념적 동질성 등을 토대로 매우 긴밀한 관계를 유지해 왔다. 냉전기 두 나라 사이를 '일의대수(一衣帶水)'[210]의 관계, 순치(脣齒)·혈맹(血盟)관계라고도 불렀는데, 이는 냉전기 두 나라의 관계를 짐작하게 해 주는 것으로서 양국 간 긴밀한 관계를 말해주고 있다. 그러나 양국관계가 언제나 유대와 친선으로만 이어져 온 것은 아니었다. 양국은 시대적 상황과 안팎의 정세변화에 따라 반목·질시와 전략적 제휴 등 관계부침을 거듭하였다.

양국은 1949년 12월 22일 국교를 수립하였고, 국교수립 이후 얼마 되지 않아 한국전쟁이 발발하였다. 한국전쟁 초기 북한의 일방적 공세가 있었으나 유엔군의 참전으로 전세가 역전되자 중국은 '항미원조 보가위국'(抗美援朝 保家衛國)의 기치 아래 57개 사단, 약 85만 여명의 병력을 투입해 북한을 지원했다. 한국전쟁

---

210) 이 의미는 옷의 띠만큼 좁은 강이라는 뜻으로, 강폭이 좁음. 즉, 양국관계의 긴밀함을 비유한 것이다.

138

의 발발로 중국이 전쟁에 개입함으로써 두 나라는 혈맹의 관계로 진입하게 되었다. 양국은 그 이전에도 우호관계를 형성할 수 있는 기반을 갖고 있었다. 즉 일본 식민지 치하에서 다수의 한국 공산주의자들이 중국공산당원으로 가담하여 국민당211) 및 일본과의 투쟁에 참여했던 역사를 가지고 있었던 것이다.

제2차 대전 이후 미·소 간의 갈등이 격화되면서 동북아까지 확대된 동서 진영 간의 냉전기적 대립과 경쟁은 북·중 양국 간 안전을 위해 서로 상대방과 협력하게 만들었다. 이처럼 한국전쟁과 국제체제의 냉전적 상황은 북·중 관계 형성에 결정적인 영향을 미쳤던 것으로 볼 수 있다.212) 이후부터 중국은 북한에 대해 일정한 영향력을 행사하게 되었다. 특히 중국은 1953년 7월 27일 한반도 정전협정 체결 시 팽덕회 중국인민지원군 사령원이 클라크 유엔군 사령관, 김일성 조선인민군 최고사령관과 함께 협정당사자의 일원으로 참가하는 등 북한 문제에 대해 적극 개입하기 시작하였다.

한국전쟁 이후 북·중 관계에서도 중국의 대북한 원조가 두드러졌다. 즉, 1954년 4월에는 비밀 경제협정을 체결해 중국은 북한이 자립할 수 있을 때까지 경제·기술 원조를 제공하기로 결정했다. 또한 북한은 1950년대 후반 중국에서 시행된 자력갱생과 '대약진 운동'213)의 전략을 원용하여 '자립 경제'와 '천리마 운동'

---

211) 국민당은 쑨원을 지도자로 하여 성립된 정당으로서 19세기 후반, 열강에 의하여 중국이 반식민지화되고 청조(淸朝)의 지배가 동요되기 시작했을 때, '멸만흥한(滅滿興漢)'을 기치로 하는 정치세력을 기반으로 구성되었다.
212) 김재철, "북한-중국 간 외교관계," 윤정석 편, 『통일환경론』(서울: 오름, 1996), pp.175-176.
213) 대약진(大躍進) 운동은 중국정부가 추진한 경제의 고도성장정책이다. 중

을 채택하기도 하는 등 중국의 경제방식을 모방하기도 하였다.

북·중 관계에 있어서 한국전쟁 이후 1960년 이전까지는 흔히 볼 수 있는 강대국과 약소국 간 힘의 차이에서 비롯되는 갈등들이 크게 노정되지 않았다. 두 나라는 사회주의 국가건설시기와 경제발전단계는 비슷했고, 일방이 지시하고 타방이 복종하는 상하관계라기보다는 어느 정도 협조적인 연대관계를 유지해 왔다. 그러나 1960년대 들어오면서 북·중 관계는 새로운 전기를 맞았다. 그것은 다름 아닌 중·소 분쟁을 계기로 해서였다. 1960년 4월부터 표면화되기 시작한 중·소 분쟁의 와중에서 1962년 10월의 '쿠바사태'와 같은 해 11월 중국·인도 간 국경분쟁 시 보여준 소련의 투항주의적 자세와 소극적 태도를 계기로 북·소 관계는 소원해진 반면, 북·중 관계는 밀착되기 시작하였다. 급기야 양국은 1961년 7월 11일 '조·중 우호협조 및 호상원조에 관한 조약'을 체결해 군사동맹관계를 체결하게 되었다. 특히 이 조약은 체약 일방이 무력침공을 하거나 전쟁상태에 놓이게 되면, 체약 상대국이 지체 없이 군사 및 기타 원조를 제공하도록 규정하고 있는 사실상의 군사동맹조약으로서 성격을 지녔다.

1970년대에 접어들면서 북·중 관계는 미·중 관계 회복에 다소 영향을 받았다. 이 같은 국제정세 완화의 분위기하에 1970년 4월 5일부터 7일까지 이루어진 저우언라이(周恩來) 중국 총리의 평양방문으로 양국관계 상당히 가까워지게 되었다. 특히 양국 간 관계회복의 중요성을 중시한 것은 중국보다는 북한이었다. 특히

국은 제2차 5개년계획이 시작된 1958년 마오쩌둥에 의하여 제기된 '사회주의 건설의 총노선' 주도하에 경제의 대약진과 인민공사를 설립하는 전국적인 대중운동을 전개하였다.

140

북한이 중국과의 관계 회복을 추구한 것은 1970년대의 국제적
화해무드에 적응하기 위해서였다. 무엇보다도 중국과의 긴밀한
연대가 필요했던 것은 북한이었다. 즉, 실리차원의 대외정책에서
중국은 상당히 중요한 역할을 할 것으로 간주되었기 때문이
다.214) 이처럼 양국 간 관계는 1970년대 미·중 간의 화해와 이
에 따른 국제적 데탕트로 인해 다소간의 부침이 있었지만 1991
년까지 그리 큰 변화는 없었다. 하지만 1992년 한국과 중국이 수
교를 하면서 양국 간의 관계에 균열이 생기기 시작하였다. 이는
무엇보다도 중국의 개혁 개방정책과 탈냉전이 맞물리면서 중국
의 대외정책이 실용주의로 전환한 데에 있었다. 즉 냉전기와 같
이 일방적으로 북한을 지원할 수 없게 대내외 환경이 바뀐 것이
다. 무엇보다도 변화된 국제환경과 중국 자신들의 실용주의적 대
외정책에 입각하여 볼 때 북한은 득보다는 실이 많다는 인식을
하고 점차 부담스럽게 여겼던 것이다.

　다음으로, 냉전기 북·소 관계의 형성기반을 보면 소련은 북한
정권 수립에 결정적인 역할을 하였다. 주지하는 바와 같이 북한
은 전적으로 소련의 지원하에 설립된 정권이다. 오늘날 북한 정
치, 경제를 비롯한 이데올로기는 소련의 영향을 크게 받았다. 소
련이 북한정권을 수립하게 된 데에는 여러 가지 배경이 있지만
제2차 세계대전 중 전후 세계질서에 대한 스탈린의 구상과 관련
이 있다. 즉 소련은 독일과 일본으로부터 안보위협을 방지하고
자신들에게 유리한 지역에서는 공산혁명을 지속적으로 추진한다
는 계획을 가지고 있었다.215) 스탈린은 자신의 이러한 구상에 따

214) http://nk.chosun.com/glossary.html.
215) Egbert Jahan, Sowjetische Weltpolitik", in Manfred and Gert Krell(eds.),

라 제2차 세계대전 종료직전 대일전에 참전하여 극동으로의 팽창정책을 추진함으로써 비교적 적은 희생으로 안보를 확보하고 한반도에서 공산혁명을 지원하기 위한 정책들을 추진하고자 하였다. 결국, 1948년 남북한에 각기 다른 정부가 수립된 이후, 스탈린은 한반도에 친소 공산정권을 수립하는 데 성공을 하였고, 미국의 '에치슨 선언'216)을 계기로 북한의 남침 계획을 승인하였던 것이다. 소련이 김일성의 이 같은 남침을 배후 지원하였던 것은 무엇보다도 동북아 및 한반도에서의 소련의 전략적 이익과 관련이 깊다고 볼 수 있다. 즉, 소련은 한반도에서 자신의 영향력을 확대시킴으로써 북한을 통하여 중국을 견제하고, 아시아 대륙에 대한 미국의 영향력 침투 및 개입을 방지하며 일본에 대한 영향력을 행사하고, 부동항을 획득하는 등 소련의 군사안보는 물론 경제발전에 필요한 인적자원과 천연자원 확보 등의 목표를 갖고 있었던 것이다.217) 한편, 냉전기 북한과 소련 간의 관계가 여러 가지 측면에서 갈등을 노출키도 하였으나 1961년에 체결된 '조·소 우호협력 및 상호원조조약'을 기초로 양국관계는 그런대로 원만한 관계를 유지해 왔다. 1961년 이전 양국관계에서 소련은 한국전쟁 이후, 중국과 북한 간의 관계 긴밀화를 견제하고 북한의 전쟁복구 및 군사력 증강을 적극 지원하였다. 그러나 정치

Einfuehrung in die International Politik(Muechen: R. Oldenbourg Verlage, 1990), pp.121-122.

216) 1950년 1월 12일 미국이 극동방위선에서 한국 등을 제외시킨 선언이다.

217) Basil Dmytryshyn, "Soviet Perceptuons of South Korea", in Jae Kyu Park and Joseph M. Ha(eds), *The Soviet Union and East Asia in the 1980s*(Seoul: The Institute for Eastern Studies, Kyungnam University Press, 1983), p.4.

적 측면에서 양국관계는 다소 불편한 관계를 노정하기도 했다.
이는 한국 전쟁에서 보여준 소련의 태도와 이후 북한에 대한 소
련의 소원한 정책 때문이었다. 특히, 김일성은 소련의 유럽중심주
의 외교정책 및 북한에 대한 인색한 경제원조 등에 불만을 갖고
있었다.

1964년 들어 후르시초프의 실각에 이어 코시긴의 평양 방문
그리고 중국의 문화혁명 시기에 중국과 북한 간 관계 악화 등으
로 북한과 소련 간의 관계는 개선되었다. 그러나 1970년대 중반
에 이르러 양국관계는 다시 새로운 긴장을 맞게 되었다. 긴장의
원인은 김일성의 독자적인 외교노선 추구와 함께 비동맹 가입을
위한 움직임, 그리고 스탈린 사후 북한에서 일어나고 있던 개인
숭배 정책에 대한 소련의 비난 및 북한의 친중 정책에 대한 소
련의 견제, 김일성의 호전적인 통일정책[218]과 관련된 소련의 반
감 등이 주요 원인이 되었다.

1970년대 후반 미·소 간의 새로운 대결국면이 조성되고 중·
일 간 국교가 정상화되자 북·소 관계는 다시 밀착 현상을 보였
다. 이에 따라 1980년대 중반을 넘어서면서 양국관계는 여러 분
야에서 협력이 증대되었다. 양국 간 고위인사들의 상호방문도 활
발하게 이루어졌다. 특히 고르바초프는 1986년 7월 '블라디보스토
크 선언'에서 한반도 핵무기 자유지대 창설에 관한 북한 제안의
실현을 국제사회에 촉구하는 등 1980년대 중반까지만 해도 북·

---

218) 소련은 북한의 호전적인 통일정책과 관련하여 한반도에서 전쟁이 재발되
는 경우 미국과 소련이 남북한 한쪽에 자동 개입될 수밖에 없는 점을 감
안하여, 전쟁이 발생할 경우 미국과의 관계악화 등 소련의 안보에 부정적
인 영향을 미칠 것으로 판단하였다. 때문에 소련은 이 시기 김일성의 호
전적인 통일정책을 적극 지지하지 않았던 것이다.

소간이 관계는 큰 변화를 보이지 않았다.[219] 이처럼 냉전기 북한과 소련 간 관계는 중·소 갈등 등으로 인해 관계 부침도 있었지만 양국관계에 커다란 변화는 없었다.

2. 대중·소 정책의 변화 추이

첫째, 정권수립과 동시에 추구했던 대중·소 정책을 보면, 정권수립 이후 1956년까지 북한의 대중·소 정책은 주로 이들의 후원하에 북한정권에 대한 국제적 승인을 받는 것이었고, 동시에 전후복구를 위한 정치, 경제적 지원을 극대화하는 데 역점을 두었다. 북한정권이 수립되던 이 시기는 미국과 소련을 중심으로 한 동서 간의 냉전이 본격적으로 가시화되는 그런 시기였다. 북한은 이 기간을 민주공화국건설, 조국해방 전쟁시기, 사회주의 기초건설 시기로 구분하고, 이를 다시 3기로 구분하면서 제1기에는 민주주의 자주독립국가 건설과 '국제민주진영나라와의 친선협조관계 발전 및 미제의 도발책동 분쇄를 위한 대외활동을 전개하였고, 제2기에는 '미제고립 및 세계진보적 인민과의 련대강화'에 주력하고, 제3기에는 '정전승리 및 사회주의 나라들과의 친선협조관계' 공고화를 위한 대외활동에 전념했던 것으로 주장하고 있다.[220] 그러나 이 같은 주장과는 달리 실제 북한은 소련의 영향력하에 있었으며, 대외관계 역시도 소련의 영향력하에 있던 국가들과의 관계가 전부였다. 실제 정권 수립 후 1950년까지 북한에

219) Rede von *Michail Gorbatschow in Wladiwostok 28. Juli 1986*(Moskau: APN-Verlage, 1986), p.42.
220) 박태호, 『조선민주주의인민공화국 대외관계사(1)』(평양: 사회과학출판사, 1985)를 참조.

대한 해외경제원조의 100%가 소련에 의해서 제공되었으며, 소련
의 군사·경제적 원조는 남침준비의 근원이 되었던 점에서도 한
국전쟁 이전까지 소련의 북한에 대한 영향력은 절대적이었다. 이
에 따라 김일성은 소련을 종주국으로 삼아 소련체제를 인류발전
의 모델로 상정하고 대외관계에 있어서 소련에 대한 일체의 충
성과 복종을 하고 있었다.

  주지하는 바와 같이 북한 정권은 정권태동에서나 그 수립에서
부터 북한 내부에서 자생력을 키운 정치체제가 아니다. 정치체제
를 비롯해 경제체제, 심지어는 이데올로기까지도 소련의 영향을
많이 받았다. 이러한 점들로 미루어 볼 때 당시 소련에 대한 북
한의 절대 복종과 충성은 당연한 것이었는지도 모른다.221) 또한
북한은 소련의 지원하에 폴란드를 비롯한 동유럽 공산국들 11개
국과 외교관계를 수립하게 되었다.222) 당시 북한이 이들 국가와
의 관계를 통해서 얻고자 하였던 것은 북한정권의 정통성을 국
제적으로 승인받는 것이었다. 그리하여 북한과 동구권 공산주의
국가들과의 관계는 물론 북한의 중국과의 관계까지도 소련을 중
계로 혹은 소련의 조종내지 통제하에 이루어졌던 것이다. 무엇보
다도 북한의 경제건설은 주로 소련의 경제원조와 기술지도에 의
해 추진되었고, 그 결과 무역에 있어서도 대소련 일변도의 대외
경제정책이 전개되었다.223) 대외 군사관계에 있어서도 1949년 김
일성의 모스크바 방문 후 대량의 무기를 소련으로부터 공급받았

---

221) 이상두, 『마르크스 레닌주의의 제 문제』(서울: 범우사, 1983), p.349.
222) Byung Chul Koh, *The Foreign Policy of North Korea*(New York: Frederick A. Praeger, 1969), p.168.
223) 이 시기 북한의 대소련 무역관계 및 대외경제협력에 대해서는 박춘삼, "북한의 대외경제협력", 『북한의 대외관계』(서울: 대왕사, 1987), p.307.

다. 김일성은 1950년에 들어선 후 무력남침계획을 준비하게 된다. 그래서 2월부터 소련에게 본격적인 군사지원을 요청했고, 이에 김일성은 4월에 모스크바를 방문하여 스탈린으로부터 북한의 "통일과업"개시(전쟁개시)에 대한 동의를 얻어 냈다.[224]

　1950년 6월 한국 전쟁 이후 중국의 한국전 개입 이전까지 북한에 대한 중국의 영향력은 거의 전무하였기 때문에 북한 외교정책은 이 시기 완전히 소련에 의해 조종되고, 소련만을 추종하게 되었던 것으로 볼 수 있다. 따라서 북한은 한국전쟁 이전까지는 소련에 철저히 편중된 외교정책을 전개했던 것이다. 그러나 중국의 한국전 개입으로 북한의 대중 · 소 관계는 변화의 조짐을 보이기 시작했다. 북한은 소련만을 일방적으로 지지하던 과거의 태도를 바꾸어 새로이 경쟁적인 후견세력으로 대두한 중 · 소 양자 사이의 균형을 맞추는 정책에 역점을 두었다. 그렇지만 북한은 실제 중국과의 관계를 보다 강화해 나갔다. 언급한 바와 같이 중국은 한국전쟁 당시 패망의 위기에 처해 있던 북한을 적극 지원하였다. 휴전 이후에도 1958년까지 중국군대를 북한에 주둔시킴으로써 북한에 대한 영향력을 확대해 나갔다. 반면에 소련은 한국전쟁 후 스탈린의 사망과 소련 지도층 내의 내분 및 후르시초프에 의한 스탈린 격하 운동이 전개되고 서방과의 평화공존을 주창함으로써 북한으로 하여금 대소련에 대한 신뢰감을 약화시키게 만들었다. 이와 같은 상황에서 김일성은 1955년 12월 '주체'를 표방하며 대내외적으로 소련의 영향력을 줄이려는 노력들을 기울이게 된다.[225] 동시에 중국의 대서방 강경 노선을 지지하고

---

224) 『동아일보』, 1994. 7. 22.
225) 소련의 영향력을 줄이려는 북한의 노력은 무엇보다도 내부 정치적으로 나

나선다. 다른 한편, '주체사상'은 1953년 스탈린 사망과 한국전 휴전을 계기로 노정된 국내파, 연안파, 소련파와의 치열한 당내 권력투쟁에서 김일성 자신의 당지도권을 옹호하는 통치수단의 이념으로도 등장시켰다. 그리고 북한은 후르시초프의 스탈린 비판과 국제공산주의 운동의 지도권 투쟁으로 발전된 중국과 소련 간의 분쟁에서 독자적인 정치노선을 전개했다. 특히 김일성은 주체사상의 기치로서 과거와 같이 소련에 맹종할 필요가 없다는 점과 국내적으로 연안파와 소련파 제휴의 반대세력을 제거하고자 하였다. 이처럼 소련에 대한 비판적인 자세를 보이며 이를 주체성 확립이란 용어로 정당화한 김일성은 점차 중국의 경제정책을 모방해 나가면서 후르시초프의 평화공존 정책에 반대하는 마오쩌둥의 대서방 강경노선을 지지하기 시작하였다.

이 시기 북한을 둘러싼 중국과 소련의 경쟁은 북한에 대한 전쟁 후의 복구를 위한 경제원조에서도 나타났다. 휴전 후 1953년 9월 소련은 원조협정 체결에 의해 약 2억 5천만 달러를 북한의 전후 복구에 원조하기로 결정하였다.[226] 같은 해 11월에는 중국이 북한에 대해 '10개년 경제제문화협정'에 입각한 약 3억 2천만 달러의 원조를 결정함으로써 일종의 원조 경쟁의 양상을 보여주었다. 북한은 이러한 중국과 소련의 경제원조로 전쟁 후의 복구사업을 실시하였으나 1956년을 분기점으로 김일성 자신의 1인 지배체제에 타격을 주는 스탈린 격하 운동에 편승할 수 없었고,

___

타나게 되는데, 김일성과 대립관계에 있던 소련파를 제거하여 내부적으로 김일성 중심의 권력중심체제를 확고히 하고 대외적으로는 소련의 내정간섭을 최소화하려는 노력들이 바로 그것이다.

226) 극동문제연구소 편, 『세계공산권 총람』(서울: 극동문제연구소, 1972), p.905.

대남한 관계에 있어서도 무력도발을 구상하던 참에 소련의 평화공손본과 전쟁회피론을 그대로 받아들이기 힘들었다. 아울러 1958년부터 북한은 중국의 대약진운동(大躍進運動)에 영향을 받아 천리마운동을 시작하며 서방측, 특히 미국에 대한 꾸준한 투쟁을 주장하는 중국의 호전적인 정책에 더 동조했던 것이다.[227]

한편, 북한은 대외 경제관계에 있어서 소련으로부터 많은 무상의 경제지원을 받았는데, 액수로 환산하면 약 1억 6200만 루블을 받아 북한의 경제재건에 소련의 역할은 절대적이었다. 중국의 경우 한국전쟁을 계기로 북한의 전후 복구사업을 도왔으나 중국 내 경제사정 악화로 점차 북한과의 무역이 감소추세로 돌아섰다. 그러나 북한의 대외무역 대상국에서 중국의 상대적 비중은 절대액의 감소에도 불구하고 증가하였다. 대외군사관계에 있어 북한의 대소밀착 및 종주관계는 소련의 지속적 지원으로 큰 변화가 없었다. 한국 전쟁 후 1958년까지 중국도 북한에 군대를 주둔시킴으로서 중국의 영향력이 확대되는 시기이기도 했다. 결국 이 시기의 북한의 대중국 및 소련정책은 소련의 일방적 지원에 의해 북한정권이 수립되고 그 여파로 1950년까지 소련의 대북한 영향력이 침투되어 소련 독점적이라고 할 수 있었으나, 한국전쟁의 참전을 계기로 중국의 대북한 영향력이 증대됨으로써[228], 1958년에 이르러 북한에 대한 숭국과 소련의 영향력은 거의 균형을 이루었다고 볼 수 있다.[229] 한편, 국가수립 이후 한국전쟁

---

227) 극동문제연구소 편, 『세계공산권 총람』, (1972), p.905.
228) 중국군의 한국전쟁 참전 후 8년에 걸친 북한주둔에 따라 북한은 일정부문에 걸친 중국의 영향력하에서 대중국 정책을 전개하게 되었다.
229) 정진위, "북한의 대중공관계", 박재규 편, 『북한의 대외정책』(경남대학교 극동문제연구소, 1986), pp.217-218.

이전까지 소련은 북한의 대내외 정책을 통제하였고 북한 역시도 소련과의 일방적인 관계로 일관했었다. 중국은 한국전쟁 참전을 계기로 북한에 대한 영향력을 확보할 수 있었으며 북한과의 관계도 한국전쟁 이후부터 본격화 되었다.

둘째, 중·소 분쟁기 대중·소 정책은 중국과 소련에 대한 중립정책을 추구하였다. 그러나 1962년 쿠바 미사일 사건 이후 후르시초프의 실각 이전까지 북한은 중국에 편중되어 있었으나, 1964~68년 브레즈네프 등장 이후 소련에 편중되었던 것으로 보인다. 중·소 분쟁은 1950년대 후반에 시작되어 1960년대 내내 격렬하게 전개되었다.[230] 중·소 분쟁은 공산주의 세계를 크게 양분화시켰을 뿐만 아니라 북한에게도 심각한 영향을 미쳤다. 이같은 두 나라 간의 분쟁은 스탈린 사망 후 1956년 2월 제20차 소련공산당 전당대회에서부터 조짐이 보이기 시작했다. 즉 스탈린 사망 후 후르시초프의 스탈린 격하운동은 스탈린의 지배방식과 유사했던 마오쩌둥을 자극하게 되었다.[231] 후르시초프의 스탈린 격하운동과 함께 소련이 약속했던 중국에 대한 원자력 기술이전 거부와 중국의 기대에 미치지 못하는 중·소 협력관계는 양국 간 긴장관계로 전환되었고, 급기야 공산주의 블록의 협력관계는 붕

---

230) 중·소 관계는 공산주의 진영의 체제이익(system interest)과 각국의 특수한 개별이익(national interests)이 조화와 상극을 이루어 나가는 과정에서 생겨난 것이라고 할 수 있다. 즉 프롤레타리아 국제주의라고 하는 보편주의가 우위를 점하게 되고 이에 대해 중·소가 합의에 달하게 될 때는 체제이익이 존중되었으나, 중국의 국가이익이 이것을 부정하고 소련 중심의 국제공산주의운동 단결을 하위개념으로 종속시키게 되었을 때는 중국의 개별이익이 우선됨으로써 분열이 야기되었던 것이다.

231) G. F. Hudson, Richard Lowinthal, and Rodrick MacFarquhur, *The Sino-Soviet Dispute*(New York: Praeger, 1961), p.2.

괴되기 시작하였다. 이러한 두 나라 간의 분쟁으로 북한은 무엇보다도 안보적 측면에서 심각한 위기의식을 갖게 되었다. 이에 따라 북한의 정치체제와 경제구조를 비롯한 국방정책 및 외교노선에도 지대한 영향을 미쳤다. 중·소 분쟁상황에서 난처해진 것은 북한만이 아니었다. 공산권 국가들 대부분이 중국과 소련 중 어느 한쪽을 택해야만 하는 상황에 이르렀던 것이다. 그러나 중·소는 중립적 입장을 취하는 동일진영 국가에 대해서는 원조할 의향이 없음을 분명히 했다. 따라서 북한도 중국의 교조주의와 혁명노선, 소련의 수정주의와 평화공존 가운데 어느 일방을 선택하지 않으면 안 되는 상황에 처했던 것이다. 그러나 북한은 이들 강대국의 사이에서 어느 편에도 기울지 않는 중립을 고수하려 노력하였다. 그 일환으로 자신들의 독자적인 외교노선을 내세우면서 사회주의 진영의 단결을 강조했다.

북한의 이 같은 입장에도 불구하고 소련과 중국은 북한에게 서로 자신들의 입장을 지지할 것을 요구했다. 북한이 이에 대해 계속 중립적 입장을 표방하자 중국과 소련은 북한에 대하여 압력을 행사하려 들었고, 이로 인해 북한·중국·소련 3자 간의 갈등은 피할 수 없게 되었다. 한편, 북한은 1950년대 중반에 이미 소련과 중국의 정치적인 간섭을 경험한 바 있었다. 1950년대 중후반 전후복구 건설 노선과 농업집단화 문제, '8월 종파사건'[232] 등을 통해 이들 양국은 북한의 내정에 영향력을 행사하려 하였

---

232) 1956년 8월 전원회의에서 최창익, 박창옥, 윤공흠, 김강, 이필규, 서휘 등이 김일성 비판의 선봉에 섰다가 모두 중국으로 망명하거나 제거된 바 있는데, 이들 반대파를 김일성이 '종파', '종파분자', 또는 '종파주의자'라고 규정하면서 맹공하였다. 북한연구자들은 이 시기 권력투쟁을 일컬어 '8월 종파사건'이라 부른다.

던 것이다. 이 과정에서 김일성은 정치적 위기에 부딪히기도 하였다. 그러나 헝가리 문제와 중·소 분쟁이 터지면서 북한은 소련과 중국의 간섭으로부터 벗어날 수 있었다. 이러한 계기를 이용해 김일성은 '주체'확립이란 명분을 통해 자신의 권력기반을 더욱 공고히 하였던 것이다.[233] 1955년 12월에는 '사상 사업에서 교조주의와 형식주의를 퇴치하고 주체를 확립할 데 대하여'라는 연설을 통해 김일성은 '주체'를 확립할 것을 강조했다. 여기서 김일성은 소련이나 중국을 모방한 것이 아닌 북한식 혁명을 해야한다고 강조했다. 동시에 소련과 중국의 지원을 얻고 자신의 권위에 도전하던 소련파와 연안파에 대한 반종파 투쟁을 계속해 나갔다. 그렇지만 이러한 방법만으로 소련과 중국의 영향력을 벗어날 수 없었다. 북한의 전후 복구건설에 대한 소련과 중국의 경제적 지원, 그리고 한국전쟁에 참전했던 중국군 등의 주둔으로 인해 북한은 이들에게 많은 부분을 의존하지 않으면 안 되게 되었던 것이다.

1960년대 들어 중·소 분쟁이 더욱 격화되자 북한은 더이상 중립적인 입장만을 고수할 수 없었다. 그래서 북한은 사회주의 진영의 단결을 강조하면서 다른 한편으로는 조심스럽게 자신들의 견해를 표명하기 시작했는데, 그 과정에서 1960년대 초반은 소련과, 후반에는 중국과 심각한 정치·외교적 갈등을 겪어야만 했다. 1956년 제20차 소련공산당대회를 계기로 하여 스탈린 격하운동과 평화공존이 대두되었고, 동시에 중소분쟁이 심화됨으로써 북한은 난처한 입장에 처하게 되었다. 그래서 김일성은 중립적인 입장을

---

233) 임영태, 『북한 50년사』(1999), p.35.

취하지 않을 수 없었다. 그래도 1958년부터 중국의 대약진운동(大躍進運動)을 본받아 천리마운동을 전개하였고, 소련이 쿠바에서 후퇴하고 중국과 인도 간의 분쟁에서 중립을 지키자 북한은 소련을 비방하게 되었다. 이에 소련은 북한에 모든 군사원조와 경제원조를 중단하여 북한은 1962년부터 1964년까지 소련과는 매우 불편한 관계에 있었다. 그러나 1965년부터 중국의 문화대혁명의 소용돌이 속에 빠져 북한과 중국은 마찰을 겪게 되었다.

한편, 한·미군사관계가 강화되자 북한은 소련과의 관계개선을 추구하게 되었다. 특히 북한은 1961년부터 시작된 7개년 계획이 소련 및 동구제국의 원조 중단으로 목표를 달성하기 어렵게 되었음을 알게 되었으며, 또한 베트남전이 심화되자 미국에 대항하기 위해서는 소련의 군사적 지원이 필수적임을 인식하게 되었다. 이러한 상황에서 소련에서의 후루시초프의 실각과 브레즈네프와 코시긴 간의 집단지도체제 수립은 북한에게 대소련 접근의 기회를 마련해 주었다. 북한은 후르시초프가 실각된 직후인 1964년 11월 4일 모스크바에서 개최된 볼세비키 혁명 47주년 기념식에 제1부수상 김일을 단장으로 하는 고위 정부 대표단을 파견하였고, 1965년 2월 11일부터 14일까지 코시긴 수상이 평양을 방문함으로써 북한과 소련 간의 관계는 급진전되었다. 1965년 5월에는 '조·소 군사원조협정'이 체결되고, 1966년 6월 20일에는 기술 및 경제협조에 관한 협정이 체결되어 소련의 대북한 경제·군사원조가 재개되었다. 이에 소련은 1965년 후반기부터 1967년 말까지 경제 기술원조 및 대량의 무기를 북한에 지원하였다.[234]

---

234) 강신창, 『북한학 원론』(서울: 을유문화사, 1998), p.343.

북한의 대소접근이 이와 같이 활기를 띠자 상대적으로 북한과 중국 간의 관계는 냉각되었고, 북한에 대한 중국의 불만은 문화 대혁명 와중에서 노골화되었다. 중국은 북한이 중국과 소련 사이에서 양자택일 할 것을 강요하였으나, 북한으로서는 실리를 위해서는 소련과의 유대강화가 필요한 동시에 이념적인 면에서는 중국과의 관계유지가 필요했다. 따라서 북한은 중·소의 압력으로부터 스스로를 방어하는 한편, 실리적 차원에서 양국 사이에서 어느 한쪽으로 치우치지 않은 정책추구 필요성을 절감하게 되었다. 이러한 상황에서 북한은 자주노선을 표방하면서 중국과 소련 사이에서 어느 쪽도 자극하지 않는 정책을 취하려 했던 것이다. 1969년에 이르러 중·소 분쟁이 무력충돌 사태로까지 비화되자 북한은 이를 자주노선을 정착시키는 계기로 활용하였다. 북한은 중국의 문화대혁명이 1969년에 진정되자 국경분쟁을 종식시키는 한편, 제3세계에 대한 중국의 증대된 역할을 북한의 대남혁명전략의 수행에 이용하려고 중국과의 관계개선에 노력하였다. 또한 경제개발 6개년 계획(1971~76)을 추진하기 위해 소련의 경제 기술원조를 획득하고자 노력하는 한편, 어느 일방의 정책노선을 추종함으로써 오는 국제외교상의 손실을 방지하고 대내적으로 중·소 분쟁에 따른 이념적 동요를 방지하기 위해 주체사상에 입각한 자주외교노선을 표방하였다.

북한은 1962년 말부터 1964년 10월 흐루시초프가 실각할 때까지 중·소 분쟁의 모든 쟁점들에 대해서 중국의 입장을 지지하였다. 1962년 중국과 인도 간의 국경분쟁에서도 소련의 중립적인 입장과 달리 북한은 중국을 적극 지지했다. 중국과 인도 간의 국경분쟁이 야기되었을 때 소련은 그들의 우방이었던 중국을 지원하지 않고 인도에 무기를 지원함으로써 중국은 소련의 태도에 배신감을 느끼게 되었다.[235] 또한 소련 중국 국경선 부근에서 소련군의 증강은 중국으로 하여금 위기감을 느끼게 했으며 급기야 1969년에는 국경지역에서 무력충돌 사태가 발생하기도 하였다. 이러한 과정에서 북한은 소련의 노선을 공공연하게 1963년부터 비판했다.[236] 북한의 소련에 대한 비판이 절정에 이른 것은 1964년 평양에서 개최된 제2회 아시아 경제세미나에서 채택한 '자력갱생에 의한 민족경제 건설에 대하여'라는 평양선언에서였다. 이처럼 소련을 사이에 두고 북한과 중국이 밀착된 것은 김일성과 마오쩌둥이 공히 혁명 제1세대를 대표하는 인물들로서 대미국 적개심을 공유하고 있었을 뿐만 아니라 개인우상화와 신격화를 추진하고 있었기 때문에 후르시초프의 평화공존노선과 스탈린 격하운동에 반감을 공유하고 있었고, 북한과 중국은 문화적 동질성뿐 아니라 중공업 건설을 최우선 정책으로 추진하고 있었기 때문이다.[237]

1960년대 중반 Alexei Kosygin을 단장으로 한 소련대표단이 평양을 방문하고, 중국은 문화대혁명으로 정치적 갈등이 고조되자 북한과 중국과의 관계는 악화되었다. 후르시초프의 대북한 군사원조 중단조치로 제트연료와 예비부속품이 부족하여 MIG를

235) Neville Maxwell, *India's China War*(Harmonds-worth, England: Penguin Book, 1972), pp.492-493.
236) 1963년 9월 20일자 노동신문은 소련의 과학아카데미가 조선역사를 왜곡했다는 비난 기사를 처음 실었다. 동년 10월 28일에는 '사회주의진영을 옹호하자'라는 장문의 논문을 실어 소련을 수정주의자로 비판했다.
237) 정진위, "북한의 대중공관계",(1986), pp.220-224.

154

운용하지 못할 지경에 처한 북한은 소련의 군사원조가 절실히 요청되었을 뿐만 아니라 한국과 일본의 국교정상화와 미국의 월맹폭격에 대한 위협을 느껴 한반도에서 전쟁을 억제하기 위해서는 소련의 핵 보호가 필수적이라고 확신하여 소련과 밀착하였다.[238] 이처럼 소련과 북한 간의 관계가 정상화되면서 중국과 북한의 관계는 나빠지기 시작했다. 북한은 노동신문 사설에 중국의 교조주의(敎條主義)를 비판하기도 하였다. 상황이 이렇게 되자 중국과 북한은 갈등을 겪게 되고, 양국은 백두산 주변에서 국경 분쟁을 일으키기도 하였다. 또한 북한은 중국의 문화대혁명을 좌파 기회주의로 비판하기도 하여 북·중 간의 갈등이 표면화되었다. 1969년 중국의 '문화대혁명'도 마무리 단계에 접어들고, 닉슨 독트린과 미·일 안보조약의 자동연장으로 아시아의 안보유지에 있어서 일본의 적극적인 역할이 예상되자 중국과 북한은 다시 우호적인 관계를 회복하게 되었다. 그 결정적인 계기는 1970년 4월 저우언라이(周恩來)가 북한을 방문하여 북한과 중국 간의 관계를 '이와 입술의 사이'로 강조한 데서 비롯되었다.

중·소 분쟁의 초기 단계에서 북한은 두 강대국 사이에서 상대적인 자율성과 경제적 지원을 확보할 수 있는 기회를 가질 수 있었다. 1960년대에 접어들면서 중·소 분쟁이 점차 격화되는 사이에 북한은 쿠바 미사일 위기와 중·소 국경분쟁에서 소련에 대한 직접적 공격은 삼가면서 중국에 대해 조심스러운 지지 입장을 표명했다. 특히 1963년 이후 북한은 사회주의 전체인구의

238) Thomas An, "New Winds in Pyongyang?" *Problems of Communism*, vol.xv, No.4(July August 1966), p.70.

2/3를 차지하는 중국을 배제하고는 사회주의 진영의 통일과 강화가 불가능함을 주장하고, "어느 하나의 중앙으로부터의 단일지도는 가능하지도 않으며 또 필요 없게 되었다."고 선언하여 그동안의 소련의 특권적 지위를 강력하게 비판하였다.[239] 한편, 1963년에 들어 북한은 자력갱생 구호를 외치며 '자립경제'를 선호했는데, 이는 소련원조에의 일방적 의존에서의 탈피를 알리면서 중국의 호의를 얻어내는 효과를 노렸다.

그러나 1965년부터 북한은 중국에 대해 냉정한 태도를 취하면서 소련과 재접근을 시도한다. 특히 1965년 2월 코시긴을 단장으로 한 소련대표단의 북한친선 방문을 계기로 이러한 경향은 노골화되었다. 이처럼 북한이 중국에 대하여 거리를 두기 시작한 것은 고도의 외교적 전략으로 보인다. 먼저, 북한은 자력갱생 구호를 내세운 지난 '7개년 계획'이 실패로 돌아감에 따라 새로운 발전모델을 필요로 했고, 경제건설과 국방건설을 병행시키기 위해 소련의 지원이 시급했다. 다음으로, 중국의 내정과 관련된 것으로, 중국에서 문화혁명의 소용돌이가 극심해 지면서 중국 내 극좌노선이 김일성에 대한 비판을 전개했던 사실과 관계가 있다. 결국 김일성의 1960년대 후반의 친소련적 전략은 중국에서의 문화혁명의 소요가 정리되는 시점에 이르러 대중국 정책에 있어서 효과를 보게 되는데, 앞서 언급한 바와 같이 1970년 4월 중국의 저우언라이(周恩來)가 평양을 방문하면서 양국관계는 매우 밀접하게 되었다. 1970년대 초반부터 시작된 미국과 중국의 화해 무드는 북한의 대외관계를 안정시켜 주었으며, 이에 따라 북한은

239) 『로동신문』, 1963. 1. 30.

자주노선에 근거하여 소련, 중국과 협조적인 관계를 회복했다.

셋째, 미·소 간의 데탕트기 대중·소 정책(1969~78)은 자주노선이 정착된 시기라고 할 수 있다. 1969년 미국의 닉슨독트린 선언 및 대소련 긴장완화 정책 시도와 동북아에서의 일본의 정치적 역할을 중시하는 닉슨-사토 공동성명 등으로 인해 동서 간에는 데탕트 시대에 들어선 반면 중국과 소련 간에는 국경분쟁이 심화되어 북한은 어느 편에도 편향되지 않는 자주노선을 표방하기 시작하였다. 그러나 북한은 다소 중국 측에 기우는 양상을 보였다. 북한이 이러한 태도를 보이게 된 것은 무엇보다도 동서화해로 표출되는 소련의 평화노선과 이에 적응할 수 없는 북한의 혁명노선과의 갈등, 문화혁명을 마무리짓고 정상적인 외교활동을 다시 강화하는 중국의 대북한 접근정책, 마오쩌둥과 김일성의 유사한 세계관과 개인적 유대감, 1975년 4월 베트남의 공산화에 따른 국제 혁명역량 강화 등이 주된 요인으로 작용을 했다. 아울러 소련은 북한의 한국 청와대 기습(1968. 1. 21), 푸에블르호 나포(1968. 1. 23), EC-21기 격추(1969. 4. 15) 등 대남, 대미 도발행위 자행에 충격을 받아 MIG 23, 25기와 SA-6 미사일을 이집트, 리비아, 이라크, 시리아 등에는 대량 공급하면서도 북한에 대해서는 고성능 무기지원을 기피해 왔다. 따라서 북한의 대소련 정책은 당연히 멀어지게 되었고, 대신 중국에 더욱 밀착하게 되었던 것이다.

이에 따라 북한은 1973년부터 외견상 친중국적인 자세를 애써 드러내 보이면서 국제사무와 통일정책 추진에 있어서 중국의 지원을 얻어내려는 노력을 지속했다. 북한의 언론은 소련의 공산당

회의와 소련 수뇌부의 서방방문 등에 대해서는 침묵을 지키면서
도 중국의 건설과 혁명과업에 대해서는 큰 관심을 보이기도 했
다. 북한이 중국으로부터 지원을 얻어 내려 한 가장 큰 외교영역
은 한반도 통일전략과 관련된 부분이었다. 그러나 북·중 간에는
한반도 통일문제와 국제정세 접근방법에 있어서 일정한 거리가
있었다. 베트남 전쟁에서 미국이 패하게 된 1975년에 북한은 무
력통일을 위한 절호의 기회로 삼고자 하였음이 분명하다. 그러나
중국의 입장은 냉정했다. 즉 북한의 호전적인 대남자세에 대해서
동조하지 않았다. 그러나 1978년 미국과 중국의 관계가 정상화되
자 북·중 관계는 새로운 긴장의 징후가 나타나는 반면, 북한과
소련 간의 관계는 상대적으로 개선되는 양상을 보였다. 무엇보다
도 마오쩌둥 사망 후 덩샤오핑은 실용주의 경제정책 노선을 채
택하고 마오쩌둥 격하운동을 전개했을 뿐만 아니라 미국과 국교
를 정상화시키고 일본과도 평화우호조약[240]을 체결함으로써 북
한과 중국 간에는 긴장의 징후가 나타나기 시작했다. 특히 중국
이 남한과의 간접무역을 본격적으로 개시하는 등 일련의 상황변
화들은 북·중 관계변화의 변수로 등장하였다. 반면에 소련은 북
한에 대해 적극적인 친선정책을 전개함으로써 북한은 1981년까
지 소련에 편향되어 있었다. 1981년 12월에 중국의 자오쯔양(趙
紫陽)수상이 북한을 방문하고, 1982년 4월에 덩샤오핑과 후야오
방(胡燿邦)이 북한을 방문하자 김일성은 이에 대한 답방으로
1982년 9월 중국을 방문하고 1983년 6월 김정일이 중국을 방문함

---

240) 일·중 평화우호조약은 1978년 8월 12일 베이징에서 체결되었다. 이 우호
조약의 주된 목적은 국교정상화에 관한 공동성명이었다.

으로써 북·중 관계는 다시 밀착되게 되었다.

넷째, 1970년대 말에 이르러 북한과 중·소 간의 관계를 둘러싼 동북아 국제정세는 매우 불안정한 양상을 보였다. 무엇보다도 1980년대 초 한·미 양국은 대공산권 강경정책을 견지하는 새로운 정부가 출범하였다. 특히 레이건 행정부는 주한미군의 전략 증강을 공언하기도 하였다. 1977년 카터에 의한 주한미지상군 철수계획을 5년 만에 다시 철회시킨 것은 북한에게는 상당히 충격적이었다. 한편, 소련에서는 브레즈네프-안드로포프-체르넨코-고르바초프로 이어지는 당서기장의 교체가 있었다.

1984년 5월 김일성의 소련방문을 계기로 북한-소련 간의 긴밀한 우호협력관계가 성립된 반면, 체르넨코 사망 이후 새로 출범한 고르바초프체제에 대해 북한은 신속한 외교정책을 수립하는데 어려움을 겪었다. 중국에서는 덩샤오핑을 축으로 하는 실용주의 정권이 등장하여 자오쯔양(趙紫陽)의 미국 및 일본방문이 있었으며, 나카소네 일본수상의 중국방문, 레이건의 중국 방문이 있었다. 이와 같이 중국과 관련된 내외 환경변화는 북한을 혼란스럽게 만들었다. 이러한 변화 속에서 중국과 소련의 대북한 관심도 다소 식어가는 듯했다. 이에 따라 북한은 그 어떤 돌파구를 마련하지 않으면 안 되게 되었다. 특히 이 시기는 1978년 중·일 간 평화 및 우호협정 체결 이후 미·중·일 간 전략적 반소련 협력체제가 최고조에 이른 시기였다. 이러한 국제환경하에서 중국은 1978년 말 당중앙위원회 제3차 전원회의에서 덩샤오핑 리더십에 의한 개혁과 개방정책 노선의 방침을 추구했다. 중국은 모든 역량을 '4개현대화계획'에 쏟겠다는 의지를 표명하였다.

1980년대 들어서서 중국의 대외전략의 핵심은 개혁·개방을 통한 4개 현대화 추진을 위해 평화롭고 안정된 주변환경을 유지한다는 것이었다. 1982년 중국 공산당 제12차 대회에서 공식 천명된 독립자주외교원칙에 따라 중국의 대외정책은 탈이념적 실리외교로 전환하였다. 이는 남한과도 새로운 교류의 시작가능성을 시사하는 문호개방의 의지를 지닌 것이었다. 북한의 입장에서 볼 때 이러한 중국의 대내외 환경변화는 부담이 되었다. 중·소분쟁의 틈바구니에서 실리외교를 펴왔던 김일성으로서는 새로운 외교전략을 선택하지 않을 수 없게 된 것이다. 그래서 북한의 1980년대 초 대중국 외교정책은 수세적 국면을 띠었다. 특히 중국과 한국 간 관계에 대한 북한은 민감하게 반응했는데, 북한은 중국에 대하여 한·중 간 교역을 강력히 항의하면서 중국 정부로 하여금 공식적인 규제조치를 취하도록 하였다. 이 같은 일련의 환경변화 속에서 1980년대 북한의 대중국 정책은 김일성·김정일로 이어지는 부자간 권력세습의 공인과 북한 경제를 회생시키기 위한 중국의 지원, 북한의 국방력 강화를 위한 외교지원 확보에 노력하는 것이었다. 그리고 남북한 관계에서도 북한이 주도권을 확보하기 위해 북경의 외교적 지원을 확보하고자 하였다. 실제 김일성의 이 같은 노력은 일정부분 성과를 거두기도 했다.[241]

---

241) 1983년 9월 8일자 인민일보에 김정일의 사진을 실어 북한에 대한 파격적인 대우를 했고, 중국이 김일성에서 김정일로 이어지는 권력세습을 인정한다는 인상을 주도록 만들었다. 한편, 1982년 이후 매년 중국의 최고위 인사들로 하여금 평양을 방문케 하였고, 고위군사대표단을 초청하여 군사지원을 약속하게 만들었다. 그 결과 1982년부터 수년간에 걸쳐 중국으로부터 40대의 F-7 전투기, R급 잠수함 등의 무기를 제공받던 것이다.

160

비록 이 시기에 북한과 중국 간에 커다란 관계균열의 조짐은 보이지 않았으나 북한으로서는 중국과 미·일 간의 우호 협력관계, 근대화를 위한 대서방 개방정책, 그리고 한·중 간의 접근 가능성 증대에 우려하지 않을 수 없었다. 이에 대하여 북한은 소련과의 관계 강화를 통해 이를 해소하려 하였다. 북한은 소련과의 관계강화가 한·중 간의 접근을 저지할 수 있으며, 중국의 대북한 지원을 적극적으로 유도할 수 있다고 판단한 것이다. 김일성은 1984년 5월 강성산 총리, 공진태 부총리, 오진우 인민무력부장 등을 대동하고 모스크바를 방문하여 양국 간의 경제 및 군사지원 문제에 대하여 협의하고 한반도 문제와 국제 정치문제에 관해 폭넓게 의견교환을 하였다. 이렇게 북한과 소련 간의 긴밀한 관계는 1980년대 말까지 지속되었다.

3. 냉전기 대중·소 정책의 특징

북한의 두 강대국에 대한 냉전기 외교정책은 시계추 외교와 등거리 외교를 번복하였다는 전개과정상의 특징을 보이고 있다. 동일진영 외교를 통하여 안보문제를 해결하고자 하였고, 중·소 분쟁기에는 자주외교 노선을 견지하며 이들에 대한 내정간섭을 피해가고자 하였다. 중·소 분쟁기는 물론 냉전이 종식의 무렵에 중국의 실용주의적 태도 견지 및 소련의 대북한 소원정책으로 대중·소 관계가 소원해진 적은 있지만 결코 이들에 대해 적대적 태도를 보인 적은 한번도 없었다.[242]

---

242) 김국신, 『북방삼각관계와 소련·베트남·중공 간 3각관계의 비교 연구』(서울: 일해연구소, 1988), p.26.

비록 북한이 이들 두 나라에 비해서는 국력을 비롯한 여러 면에서 열등한 지위에 있었으나 외교적 측면에서만큼은 어느 정도 북한 나름대로의 상대적 자율성을 증진시켜왔던 것으로 볼 수 있다. 이는 중·소의 대북한 견인경쟁의 결과로도 볼 수 있을 것이다. 어쨌거나 북한은 냉전기 내내 이들에 대한 상대적 자율성을 증진시켜왔던 것만은 사실이다. 특히 1980년대 중반 이후 중국과 소련의 대남한 정책이 북한의 입장과는 다소 달랐음에도 불구하고 북한은 이들의 입장과는 상관없이 나름대로 대남정책을 추진해 나갔던 것으로 분석된다.

북한의 대중·소 정책은 이데올로기와 실리라는 두 축을 중심으로 전개되어 왔는데 1980년대 중반 이후부터 이들에 대한 정책은 주로 이데올로기보다는 실리를 중심으로 전개되었던 것으로 분석된다. 정치적 유대관계는 이들과의 이데올로기적 동질성이 크게 영향을 미쳤으며, 경제적 관계는 북한에 대한 두 강대국들의 시혜적 성격의 경제협력이 이루어졌다. 군사안보 관계는 한국전쟁과 냉전의 첨예화, 동북아에서 미·일 동맹 및 한·미동맹 강화 등이 이들과의 상호동맹 관계를 구축시키는 데 영향을 미쳤다. 아울러 이들과의 지리적 인접성, 경제시스템의 유사성 등도 냉전기 북한의 대중·소 정책결정의 기반을 이루고 있다.

Ⅱ. 대미·일 정책

1. 대미·일 관계의 개요

우선, 냉전시대 북·미 관계는 상호 부정적 인식에 기초한 적대적 관계를 지속해 왔다. 해방직후부터 북한은 미국을 '자본주의 체제 즉, 제국주의 반동진영'의 우두머리로서 한반도를 분단해 남한을 강점하고 있으며, 한반도를 동방침략의 군사기지로 변화시키려 하고 있는 '제국주의세력'으로 간주하였다. 또한 미국의 한반도정책은 최우선적으로 대북한 봉쇄를 목적으로 한 군사전략의 기반 위에서 수행되고 있었다. 특히 북한의 대미 적대감은 한국전쟁을 겪으면서 더욱 심화되었다. 미국의 북한에 대한 인식도 이 같은 북한의 대미인식과 크게 다르지 않았다. 이러한 인식들을 토대로 북한은 한국전쟁 이후부터 줄기차게 주한미군의 철수를 주장해 왔고, 1970년대 중반 이후부터는 대미 평화협정 체결을 요구해 왔다. 또 북한은 미국에 대한 군사적 대응도 서슴지 않았다. 즉, 1968년 1월 미국의 프에블로호 납치, 1969년 4월 미해군소속 EC-121 정찰기 격추, 1976년 인민군에 의한 미군 2명의 도끼살해[243] 등이 그 대표적인 경우에 해당된다.

마찬가지로 미국도 북한을 세계에서 가장 폐쇄적이고 호전적인 국가이며 동북아 불안정의 주범으로 간주하였다. 미국은 한국에 미군을 주둔시키는 가운데 북한의 군사적 침략에 대응하고자 하였다. 이러한 가운데서도 양국 간 민간차원의 접촉은 있었으나 미국은 원칙적으로 북한을 적대국으로 분류·취급했기 때문에 양국 간 교류는 크게 활성화될 수 없었다. 특히 1987년 KAL 858기 폭파사건의 배후가 북한으로 알려지면서 북한은 미국으로부터 테러지원국이라는 불명예스러운 멍에를 쓰게 되었다.

---

243) 1976년 8월 18일 판문점 공동경비구역 안에서 미루나무 가지치기 작업을 감독하던 미군 장교 2명이 북한군에게 도끼로 살해당한 사건이다.

북·일 관계는 비정상적인 국가관계하에서의 민간차원의 교류 정도만 있었다. 북한의 경우 1965년 한·일 국교 정상화 이전부터 일본에 대해 국교정상화를 요구해 왔으나 양국 간 국교정상화는 이루어지지 않았다. 이는 북·일 상호간의 적대시 정책에서 비롯된다. 한편, 냉전기 북한은 일본에 대해 총 2번의 국교정상화를 제의했다. 1955년 2월 남일 외상의 담화문을 통한 제안과 1971년 9월 김일성 수상의 제안이 그것이다. 두 나라 관계가 정치적 관계없이 냉전기 내내 적대적 대립관계를 유지한 가운데 특별한 관계로 발전하지 못하게 된 데에는 몇 가지의 주요 배경이 있다. 우선 한·일 관계 정상화에 따라 북한은 일본에게 있어서 주요 고려 대상이 아니었다는 점이다. 또한 일본과 북한과의 관계는 남한과 미국이 주요 변수로 작용하였다는 것이다. 즉 미·일 동맹 및 한·일 관계가 북·일 양국관계의 한계로 작용한 것이다.

2. 대미국 정책

냉전기는 물론 탈냉전기에 북한이 미국에 대해서 보이는 적대적 감정은 단순히 체제와 이념의 상이성, 한국전쟁 등의 영향만은 아니었다. 북한의 대미 적대감의 직접적인 계기는 한국전쟁이라고 볼 수 있겠지만 실은 이보다 더 깊고 오래된 역사성을 지니고 있다고 보아야 한다. 즉, 한국에 대한 외세침입의 역사와 무관하지 않은 것이다. 주지하는 바와 같이 한국민족은 유사 이래 끊임없는 외세의 간섭과 침입을 받아왔다. 이에 따른 한국인들의 외세혐오증 및 경계심은 아마도 북한의 대미관계에도 그대로 반

164

영되었다고 보아야 할 것이다.244)

북한은 미국의 한반도 문제 개입을 미국의 세계전략 일환 즉, "신식민주의정책"으로 간주하고 있으며, 이러한 연장선상에서 미국이 남한지역을 "강점"하고 있는 것으로 간주하고 있다. 북한의 대미정책은 바로 이러한 것들을 바탕으로 하고 있다. 이에 따라 북한의 냉전기 주요 대미정책의 목표는 주한미군을 철수시키는 것에 두었다. 이러한 목표달성을 위해 북한은 한반도 주변정세 내지 국제정세의 변화에 따라 이를 신축적으로 적용해 왔다.245) 북한의 냉전기 대미정책은 대략 5가지 변화 추이를 거쳤던 것으로 볼 수 있다.

첫째, 대미 적대관계 강화와 반미연합전선 구축이 대미정책의 시발점이다. 시기적으로는 대략 1948년부터 1960년대 말까지이다. 이 시기는 남북한에 각기 다른 정부가 수립된 후 한국전쟁과 남한에서의 군사정부가 출현한 시기로서 북한은 대미관계에서 극도의 적대적 대립상태를 견지하였다. 주지하는 바와 같이 제2차 세계대전의 종료와 함께 미·소 대결이 냉전으로 발전하면서 유럽과 아시아는 미·소의 격전지가 되었다. 아시아의 경우 미국과 소련은 한반도에 진주하여 38도선을 경계로 양 지역을 점령함으로써 각자의 영향력을 배가시켰고, 그 결과 한반도에는 체제와 이념이 다른 두 개의 정부가 탄생하게 되었다. 이 시기 북한의 대외정책은 자연히 동일진영의 영향을 받지 않을 수 없었는데, 특히 중국과 소련의 북한에 대한 영향력은 북한의 대미정책을

244) 김계동, "북한의 대미정책", 양성철·강성학 공편, 『북한 외교정책』(서울: 도서출판 서울프레스, 1995), pp.177-178.
245) 정로관, "미·북한관계 추이와 그 장래", 『공산권연구』(1990.4), p.14.

결정하는 주된 배경으로 작용하였다. 이에 따라 북한의 대미정책
은 소련이나 중국이 견지하던 반미노선을 그대로 따랐던 것이다.
특히 북한이 이 시기 대미정책에 있어서 반미적대 노선을 적극
적으로 추종하게 된 데에는 북한 내부 문제와도 관련이 깊다. 즉
체제유지 및 1인지배체제 강화를 위해 대미정책을 활용하였던
것이다. 한국전쟁을 통해 한반도를 해방하려는 북한의 노력이 미
국을 위시로 한 유엔군의 개입으로 실패하였다. 북한지도부는 이
러한 전쟁의 책임을 그 누군가가 지지 않으면 안 되었던 것이다.
결국 지도부는 그 책임의 일부를 미국에게 전가시키며 대내적으
로 "미제"라는 외적인 적을 설정하여 "조선인민의 철천지 원수"
로 상정하고 이를 체제유지 및 강화의 일환으로 이용하고자 하
였던 것이다. 대외적으로는 한반도 문제를 미국과 직접 해결하고
자 하는 전략적 계산이 숨겨져 있었다. 즉, 북한은 한반도 분단과
한국전쟁의 도발 책임을 미국에 전가시킴으로써 그것이 가능하
다고 생각한 것이다.[246]

　북한의 이러한 대미정책 노선은 1950년대 중반에 시련에 직면
하게 되었다. 무엇보다도 소련의 후르시초프 정권이 새로운 대외
노선을 표방한 것이 주된 원인이 되었다. 후르시초프는 1956년 2
월의 제20차 소련공산당 대회에서 스탈린 격하와 함께 미국과의
평화공존 정책을 선언하였다. 그러나 김일성은 이러한 선언이 자
신의 권력유지 및 반미·반제 투쟁노선 고수에 큰 위협요소가
되는 것으로 받아들였다.[247] 왜냐하면 당시 북한에서는 김일성 1

246) 랄프 클라프, "북한과 미국", 『북한의 대외정책』(서울: 경남대학교 극동문
　　　제연구소, 1986), p.316.
247) John Lewis Gaddis, The Long Peace: Elements of Stability in the

인지배체제 구축을 위한 김일성의 숭배작업이 주체사상이라는
특수한 이데올로기 구축작업을 통해 이루어지고 있었기 때문이
다. 이에 따라 북한은 중국과 반미엽합전선을 형성하여 대미정책
을 전개해 나갔다. 특히 북·중 양국은 동북아에서의 미군 주둔
은 지역안보를 불안정하게 하는 위협요인이 된다는 인식을 공유
하고 있었기 때문에 이러한 공조전선에는 큰 어려움이 없었다.
북·중 간의 이 같은 반미연합전선은 1960년대에 들어와 북한의
독자적인 반미노선으로 바뀌게 되었다. 그 주된 원인은 중·소
분쟁으로서 북한은 두 강대국 간 분쟁의 소용돌이에서 어느 한
국가와 정책노선을 함께 할 수 없었던 것이다.

 둘째, 이 단계에서는 대미접근의 전술적 변화로서 인민외교를
시도하였다. 시기적으로는 1960년대 말부터 1970년대 중반으로
북한의 대미 태도는 1970년대 초에 와서 갑자기 부드러워졌다.
이는 대미정책에 대한 근본적인 변화라기보다는 전술상의 변화
라고 볼 수 있는데, 북한은 이러한 전술의 일환으로 대미 '인민외
교'[248]에 역점을 두었다. 북한의 이러한 태도 변화의 밑바탕에는
1969년의 닉슨 독트린 발표, 그리고 1972년 닉슨의 중공방문 이
후의 미·중 간의 화해와 미·소 간의 긴장이 완화되는 데탕트
분위기가 자리잡고 있었다. 즉, 이 같은 환경변화에 따라 북한은
대미접근 전략에 대한 수정의 필요성을 인식한 것이다. 따라서

Postwar International System", Sean M. Lynn-Jones, ed., *The Cold War and After: Prospects for Peace*(Cambridge, Massachusetts: MIT Press, 1991), pp.28-29.

248) 인민외교란 자본주의국가와 인민 간의 구별을 강조해 온 사회주의 국가들
이 국교수립 이전 단계에서 관계개선의 기반확충을 위해 행하는 비공식
적 접촉, 교류를 의미한다.

북한의 대미정책은 전술적 차원에서 접근·협력의 방향으로 변화되었던 것이다. 이에 따라 북·미 간의 민간교류는 1968년 미국의 주도로 시작되었다. 1968년 8월 미국정부는 북한이 초청한 미국공산당 대표단의 평양방문을 허용하였다. 북한은 이후 미국의 청년동맹대표단, 전국법률가조합 대표단 등 언론인과 학자들을 초청하였으며, 1971년 미·조 친선공보센터와 "조선인민과의 연대성위원회"를 설치했다. 또 1973년 9월에는 뉴욕에 유엔주재 북한대표부를 개설하는 등 인민외교정책을 수행하기 위한 거점을 확보하는 데 힘을 기울였다.[249]

그토록 대미 적대적 태도를 보이던 북한이 이 시기에 와서 이같이 유화적인 자세로 전환하게 된 것은 무엇보다도 미·중 간의 관계개선이 영향을 미쳤던 것으로 볼 수 있다. 국제적 해빙무드와는 별도로 북한은 미·중 관계 개선을 한반도로 자연스럽게 연계시키고자 한 것이다. 이러한 전략적 차원에서 전술상 대미 접근이 필요했던 것이다. 즉 미·중 간의 관계개선 여파가 한반도에도 미칠 것을 염두에 두고 사전에 이를 차단하기 위해 과거와는 다른 전술을 통해 대미 접촉을 시도할 필요가 있었던 것이다. 한편, 미국의 대동아시아 정책 및 한국정부의 대공산권 정책 변화도 북한의 이 같은 정책추진에 영향을 미쳤던 것으로 볼 수 있다. 예를 들면, 대북한 정책궤도 수정을 시사하는 미국의 닉슨 독트린과 한국정부의 '6·23 선언'[250]이 바로 그것이다. 특히 한

---

249) 백광일, "북한-미국관계의 추이와 한반도 긴장완화", 『국제정세』(1990.8), p.60.; 김계동 앞의 글, p.182.
250) 1973년 6월 23일 박정희 대통령이 발표한 평화통일 외교정책에 관한 특별성명이다. 총 7개 항으로 구성되어 있다. 그 주요 내용을 살펴보면 남북한은 서로 내정에 간섭하지 않으며, 남북한의 유엔동시가입 및 북한의 국제

168

국의 이 같은 선언은 사회주의 국가들이 남한을 국가로 인정하고 교섭할 의사를 표명한다면 미국도 북한과 접촉할 용의가 있다는 점을 한국정부가 공식적으로 표명한 것이다.251)

셋째, 북한이 대미접촉을 강화하고 직접협상을 시도한 시기로서 1970년대 중반 이후부터 1970년대 말까지이다. 이 시기에 북한은 공개적으로 대미관계 개선 의지를 표명하였다. 이에 따라 북한은 1974년 들어 정전협정을 평화협정으로 대체하는 문제를 내세우면서 관계개선 의지를 분명히 내비쳤다. 북한은 우선 내부적으로 1974년 3월 25일 최고인민회의 제5기 3차회의에서 한국전쟁 이후 문제가 되고 있는 한반도문제 해결을 위한 방법을 놓고 미국과 직접 협상할 것을 결의하였다. 특히 한반도 휴전협정을 평화협정으로 대체하자는 복안을 가지고 있었다. 이 회의에서 채택된 "미합중국 국회에 보내는 편지"에서 북한당국은 "조선에서 긴장상태를 가시고 조선의 자주적 평화통일에 장애로 되는 외부적 요인들을 제거하며 조선사람들끼리 통일문제를 자주적으로 해결할 수 있는 전제를 마련하려면 남조선에 자기의 군대를 주둔시키고 모든 군사통수권을 틀어쥐고 있는 미국과 직접 평화협정 체결에 관한 문제를 해결하자"는 것이었다.

기구 참여에 반대하지 않고, 호혜평등(互惠平等)의 원칙 아래 모든 국가에게 문호를 개방한다는 것이다. 6·23선언은 기존의 '할슈타인원칙'에 따른 적대적이고 폐쇄적인 통일정책을 탈피한다는 정부의 적극적인 평화통일의지를 표방하였다는 점에서 긍정성을 가진다. 그러나 북한에서는 6·23선언을 한반도에 2개의 정부를 인정함으로써 분단을 영구화시키는 것이라고 비난하고 모든 남북대화 중단의 구실로 삼아 이후 남북대화는 다시 교착상태에 빠지게 되었다.

251) Gye-Dong Kim, "South Korea's Nordpolitik and Its Impact on Inter-Korean Relations", *East Asian Review*, Vol.1(Spring 1992), p.47.

한편, 북한의 허담 외교부장은 보고연설을 통해 정전협정을 평화협정으로 바꾸기 위해서는 그것을 확실히 담보할 만한 실권을 가진 당사자들끼리 해결하는 것이 응당하다고 주장하며, 정전협정에 조인한 당사자인 미국과 직접 평화협정 체결에 관한 문제를 해결해야 한다고 하면서 군사정전협정을 평화협정으로 바꾸는 문제를 토의할 것을 미국에 제의했다.[252) 동 평화협정에 대한 구체적인 내용은 (1) 상대방에 대한 불가침을 서약하고 직접적인 무력충돌의 위험성 제거, (2) 상호 무력증강과 군비경쟁의 중지 및 무기, 장비, 군수물자의 반입중지, (3) 외군은 유엔군의 모자를 벗고 가장 빠른 시간 내에 철수, (4) 외군 철수 후 남한의 외군기지화 불가 등으로서 동 협상에 남한은 평화문제를 논의할 의도도 없고, 군사력에 대한 통제도 없기 때문에 배제하고 미국과의 쌍무회담을 요구한다는 것이었다.[253) 이러한 제안은 과거에 비해 북한의 대미 태도가 상당히 유화적으로 바뀐 것이다.

북한의 이 같은 대미평화협정 체결의 제안한 배경에는 1969년 닉슨 독트린 발표 이후 한국에서 2만 명 주한미군 철수, 1971년 9월 25일 중·일 관계 정상화, 그리고 1972년 2월 21일 미·중 상해공동성명 발표 등에 따른 국제적 데탕트 분위기와 1973년 1월 미국과 월맹 간에 "베트남에 있어서의 전쟁종료 및 평화회복에 관한 협정(Agreement on Ending the War and Restoring Peace in Vietnam)"이 체결되고 곧 이어 주한미군이 철수하기 시작한

---

252) 허담, "조선에서 긴장상태를 가시며 조국의 자주적 평화통일을 촉진시키기 위한 전제를 마련할 데 대하여"(최고인민회의 제5기 제3차회의 보고연설), 『북한최고인민회의 자료집 III』(서울: 국토통일원, 1988), p.844.
253) 『로동신문』, 1974. 3. 26.

것이 결정적으로 작용했다. 또한 북한의 이 같은 대미평화협정 제
안은 베트남 공산화 과정을 한반도에 적용하려는 의도가 다분히
내포되어 있었다. 그러나 북한의 평화협정 체결 제의에 대해 미국
은 이를 받아들이지 않을 것임을 확실히 했다. 즉 한반도의 안보
및 통일문제는 "복잡하며 성급하고 안이한 해결이 어렵다"는 입
장을 표명하면서, 주한미군의 감축을 고려하지 않고 있다"고 선언
했다.254) 오히려 미국은 남북한의 직접적인 대화를 강조하면서
하나의 대안으로 교차승인 방안을 제시했다. 1974년에 미국은 만
약 중국과 소련이 남한을 승인한다면 미국도 북한을 승인하고 관
계개선 용의가 있음을 표명했다. 이어서 1975년 9월 제30차 유엔
총회를 통해 한반도 문제의 해결을 위해 남북한·미국·중국 간
의 4자회담 개최를 제안하고 주변 국가들의 남북한에 대한 교차
승인 방안을 제안했다. 이에 대해 북한은 미국의 제의를 거부하고
미국이 영구히 '두개의 조선'으로 분할하려는 조작이라고 비난하
였다.255) 미국은 1976년 9월 4일 6자 회담을 북한에게 제의했지만
북한은 이를 받아들이지 않았다.

　이후 북·미 관계는 민주당의 카터(James E. Carter)정부가
출범하면서 다소 유화적인 분위기로 전환되기 시작하였다. 주지
하는 바와 같이 전통적으로 미국의 민주당은 대공산권 강경정책
보다는 유화정책을 선호하는 정당으로 알려지고 있다. 이러한 정
책성향을 뒷받침하듯 카터는 취임 직후 북한을 비롯한 일부 공
산권 국가들에 대한 자국민의 여행제한을 해제하였으며, 이들과
우호관계를 수립할 용의가 있음을 표명하였다. 카터정부의 이 같

---

254) 국토통일원, 『남북대화 연표, 1970 - 1980』, pp.280-281.
255) 김계동 "북한의 대미정책",(1995), p.207.

은 정책에 부응하여 북한은 1977년 9월 비동맹국 특별외상회의
에서 대미적대관계를 추구하지 않는다고 언명하였다. 북한이 이
같은 유화적 태도를 보이게 된 데에는 카터 정부 출범 이전 카
터가 선거공약으로 내세운 주한미군 철수가 영향을 미쳤던 것으
로 볼 수 있다. 이는 당시 북한 허담의 언명에서도 잘 드러난다.
즉 허담은 "이 같은 정책을 미국이 진행시켜 나간다면 미국과의
이상한 관계는 제거될 것"이라는 희망적인 견해를 피력했다.[256)

그러나 카터 행정부 출범 이후 미국의 주한미군 철군계획은
북한의 이 같은 기대를 크게 충족시켜주지 못했다. 북한은 1978
년 4월 26일 주한미군 철수계획에 대한 일부수정에 대해 한반도
로부터의 철수 공약이 당초 세계여론을 기만하기 위한 교활한
술책이었음을 입증한 것이라고 미국을 맹렬하게 비난하였다.[257)
한편, 북한은 미국이 제의한 '3당국 회의'를 극히 비현실적이라
주장하며, 3당국회의에서 한반도의 긴장완화와 통일문제를 논의
한다는 것 자체가 사리에 맞지 않는다고 하였다. 즉, 조선문제 해
결은 남북한 사이에 풀어야 할 사안이 있고, 북한과 미국 사이에
풀어야 할 문제가 따로 있다는 주장이었다. 또한 북한은 "조선의
통일문제를 해결하기 위해 제기되는 북과 남의 정치, 경제, 문화
의 전반적인 문제는 외세의 간섭 없이 조선사람 자신의 대화를
통해 해결하여야 할 민족 내부의 문제이다. 한편, 남조선에서 미
군을 철거시키며 조선 정전협정을 평화협정으로 바꾸는 문제는
정전협정의 실제적 당사자들인 조선민주주의인민공화국과 미국

---

256) 백광일, "미국의 북한관계의 변화추세와 전망"『통일문제연구』, 제2권 1호
    (1990년 봄), pp.290-291.
257) 이상우 외, 『북한 40년』(서울: 을유문화사, 1988), pp.483-484.

172

사이에 해결하여야 할 문제이다. 미국과 남조선 당국자들은 3당
국회담에서 이 두개의 서로 다른 문제를 혼합해 놓고 토의하자
는 것"258)이라며, 3당국 회의 제의가 진실로 문제를 해결하려는
입장에서 나온 것이 아니라고 비난했다. 결국 북한은 남한에서
미군철수를 전제조건으로 하여 정전협정을 평화협정으로 바꾸는
문제를 해결하기 위해 미국과 회담할 것을 주장했다.

넷째, 미·소 간 신냉전의 돌입과 대미관계가 경색되는 시기로
시기는 대략 1980년부터 1987년까지이다. 이 무렵 소련의 아프가
니스탄 침공이 있게 되고 미국에서는 공화당의 레이건 행정부가
출범하였다. 이에 따라 국제사회는 새로운 냉전으로 돌입하게 되
었다. 카터정부시기에 다소 유화적이었던 북·미 관계는 다시 악
화국면으로 반전되었다. 무엇보다도 한국에 대한 미국의 안보강
화와 미군철수 계획의 전면 취소가 결정적으로 작용하였다. 미국
의 이 같은 방침에 대해 북한은 미국의 한반도에 대한 영구분단
기도라고 맹비난을 하는 것과 동시에 미국이 세계전략 추구에
한반도를 전략적으로 이용한다고 비난하였다.259) 이러한 상황에
서 버마의 수도 랭군에서 한국 정부 요인들에 대한 암살 사건이
발생하였고, 사건에 북한이 개입되었다는 것이 밝혀지면서 북·
미 관계는 더욱 악화되었다.260)

---

258) 『로동신문』, 1979. 7. 11.
259) 『로동신문』, 1981. 1. 30.
260) 전두환 대통령이 1983년 10월 8일~10월 25일까지 버마, 인도, 스리랑카
및 호주, 뉴질랜드를 공식 방문하기 위해 정상외교의 등정에 올랐다. 첫
방문국인 버마의 국립묘지인 아웅산 묘소에 헌화하도록 예정되어 있었으
나, 이 행사에 참여하기 직전 북한 공작원이 설치한 폭탄이 폭발하여 수
행원 17명이 사망하고 14명이 중경상을 입은 사건이었다.

한편, 북한은 북·미 관계를 호전시키기 위해 중국을 중재자로 하는 3자회담을 미국에 제의하였다. 북한의 이 같은 제스처는 버마사태로 인해 실추된 북한의 국제적 이미지를 개선하고 미국과의 화해를 목적으로 하고 있었던 것으로 볼 수 있다. 이전 미국이 제안했던 3자회담을 북한이 강력히 거부했었으나, 이 같은 시기에 오히려 북한이 미국에게 3자회담을 제의한 것은 다분히 이러한 두 가지 목적달성을 염두에 두고 있었을 것이다. 북한의 이 같은 제안에 대해 미국 측의 반응이 냉담하자 북한 또 다른 형태의 회담을 제안했다. 즉, 1986년 6월 17일 남북한 및 미국과의 군사당국자 회담 개최를 제안한 것이다. 북한은 동년 6월 18일 조선인민군 최고사령부 보도를 통해, "조선반도에서 전쟁의 위험을 막고 첨예한 긴장상태를 완화하며 대결상태를 해소하기 위하여 북한 인민무력부장과 남한주둔 연합국군 총사령관, 남한 국방부장관 사이의 군사당국자 회담을 제안하는 편지를 각각 상대측에 보내었다."고 밝혔다. 또한 북한은 같은 해 7월 20일 최고인민회의 상설회의에서 북·미 간 '국회 대표회담' 개최를 제안하는 "미합중국 국회에 보내는 편지"를 채택하고, 이것을 미국의회 상하 양원의장에게 보냈다. 이 편지에서 북한은 북한이 정전 후 35년 동안 불안정한 정전상태를 종식시키고 공고한 평화를 보장하기 위한 각의 노력, 북·미 간 회담 제의, 평화협정 체결제의, 3자회담 제안 등을 해 왔으나 미국은 북한과의 회담에 나오지 않고 있다고 하며, "미국이 타국과는 군축도 하고 관계도 개선하면서 미국에 아무런 위협을 주지 않는 북한과 군축도 하지 않고 적대관계를 계속할 이유가 없다."고 강조했다. 또한 북한은 한반도에서 전쟁이 재발된다면 남북한을 비롯한 미국 모두가 피해를 입게 될 것이므로 한반도 긴장완화와 평화보장에 책임 있는 북한과 미국이 신속히 협상테이블에 마주하여야 한다며, 북한과 미국 대표들 간의 회담 필요성을 제기했다. 북한은 이 회담에서 정전협정을 평화협정으로 바꾸는 데서 북·미 양국 국회가 협력할 수 있는 대책문제들뿐만 아니라, 양국관계에서 관심사가 되고 있는 제반문제를 폭넓게 논의할 수 있을 것이고 밝히고 미국 측이 가능한 한 빨리 응해줄 것을 제안했다. 이와 같이 미국에 대한 북한의 관계개선의 의지는 강했지만 별 진전이 없었다. 이에 김일성은 1987년 북한을 방문한 도이 다카고 일본사회당 위원장과의 면담에서 미국이 좀더 적극적으로 북한에 대해 유화정책을 취해주기를 요청했다.

이 같은 북한의 대미관계 개선에 대한 강한 의욕이 어느 정도 효과를 거두게 되었고, 1980년대 후반 미국은 서울 올림픽을 성공적으로 개최하기 위해 북한에 대해 완화조치를 취했다. 그러나 이러한 관계는 KAL기 폭파사건으로 다시 냉각되었다. 그러나 미국은 당시 상황에서 북한을 함부로 몰아 부칠 수 없는 상황이었다. 서울올림픽을 얼마 남겨놓지 않고 있는 시점에서 미국의 대북강경정책은 자칫 공산권 국가들의 올림픽 참가에 지장을 줄 우려가 있었기 때문이다.

다섯째, 한국정부의 '7·7선언' 및 동구공산권 변혁과 함께 대미접촉이 보다 적극화되던 시기이다. 대략 1988년부터 1991년까지의 기간으로, 미국의 대북한 제재 완화 분위기가 조성되는 시점이기도 하였다. 이에 따라 북한도 미국과의 직접협상을 통해 대미관계 돌파구를 찾고자 하였다. 특히 북한과 미국의 이 같은 관계로의 전환은 남한정부의 '7·7선언'[261]이 직·간접적인 배경이 되었다. 주지하는 바와 같이 동 선언에서 한국정부는 "비군사적 물자에 대하여 우리 우방들이 북한과 교역을 하는 데 반대하지 않는다."고 했으며, "한반도의 평화를 정착시킬 여건을 조성하기 위하여 북한이 미국, 일본 등 우리 우방과의 관계를 개선하는 데 협조할 용의"가 있다고 함으로써, 한국의 북방정책에 상응할 정도의 북·미 관계개선을 희망하고 있다는 점을 명백히 하였다.[262] 한국정부의 이 같은 입장은 미국이 대북한 정책을 전개하는 데 있어서 정치적 부담을 다소 감소시켜 주었던 것으로 볼 수 있다. 이에 따라 미국은 북한에 대해 별다른 전제조건을 달지 않고 1988년 10월 대북한 경제제재 완화방안을 발표하였다.[263]

3. 대일본 정책

북한정권 수립 후 냉전기간 동안 대일정책의 핵심은 일본과의 국교정상화에 두었다. 동시에 그 전단계로서 양국 간 경제교류, 인적·물적교류, 자유왕래 등 양국 간 교류확대를 시도하는 것이

261) 1988년 7월 7일 노태우정부가 발표한 선언을 말하는데, 일명 7 ·7선언이다. 노태우대통령은 동 선언에서 북한·중국·소련에 대한 개방정책을 표명하는 6개 항의 대북정책을 발표하였다.

262) 김계동, "북방정책과 남북한관계 변화", 『통일문제연구』 제3권 4호(1991 겨울), pp.198-199.

263) 대북한 제재완화 방안에 대한 주요 내용을 보면, 첫째, 비자규정의 테두리 내에서 북한 체육인, 학자, 문화인들의 비공식적인 민간차원의 미국방문 장려 둘째, 미국인들의 북한방문제한 완화 셋째, 인도적인 차원에서의 미국의 대북한 교역허용 넷째, 미국외교관의 북한외교관 접촉완화 등 4개 항을 포함하고 있었다.

었다.264) 이를 구체적으로 살펴보면 다음과 같다.

첫째, 북·일 관계의 태동기로, 제2차 세계대전 종료 후 남북한에 각기 다른 정부가 수립되었으나 한국정부만이 유엔을 통해 합법적인 정부로 인정을 받게 되었고 북한은 그 지위를 인정받지 못했다. 이후 한국전쟁과 미일동맹, 그리고 한·일 국교 정상화 등으로 인해 양국은 적대적 대립관계에 놓이게 되었다. 특히 한국전쟁 당시 일본은 미국의 후방기지가 됨으로써 양국 관계는 더욱 적대적 대립상태에 놓이게 되었다.265) 그러나 북한의 대일 관계 개선 의지는 한국전쟁 이전부터 계속되고 있었다. 이러한 의지가 구체적으로 표명된 것은 1950년대 중반을 넘어서면서부터였다. 즉 1955년 2월 25일 북한의 남일 외상은 "대일 관계에 대한 외무성명"에서 "상이한 제도를 가진 모든 국가들과 평화공존의 원칙에서 출발해 정상적인 관계를 수립할 용의가 있다."고 강조하면서부터이다. 이 성명에서 북한은 "일본정부와 무역, 문화 관계 및 기타 조·일 관계 수립 발전에 관한 문제들을 구체적으로 토의할 용의가 있다."고 밝혔다.266) 아울러, 북한은 일본과 그 전 단계로서 비정치 분야에서의 대일 접근의도를 내비치기도 했다. 그 후 북한의 무역부장 김광은 1955년 3월 일본에 대해 북한과의 경제 및 문화관계를 증진시키는 데 필요한 모든 조치들을 취할 것을 요구했다.267) 북한의 이러한 제안이 있은 후 1955년 10월 북한 최고인민회의 초청으로 일본방문단의 방북이 성사되

---

264) 『김일성 저작선집 제26권』 (평양: 조선로동당출판사, 1984), p.302.
265) 현인택, "북한의 대일정책", 양성철·강성학 앞의 책, pp.251-268.
266) 『로동신문』, 1955. 2. 26.
267) 『로동신문』, 1955. 3. 4.

었다. 그 결과 양국 긴 공동 선인이 10월 21일 빌표되있다. 당시 공동 선언의 주요 골자는 양국 간 국교정상화 및 경제교류에 필요한 양국 대표부 설치 등에 노력한다는 것이었다.[268] 그러나 이러한 공동 선언을 하토야마 내각은 인정하지 않았는데, 그 이유는 남북한을 동시에 승인할 수 없었기 때문이다. 이에 대해 김일성의 입장은 일본정부에 대한 자신들의 입장이 결코 단순한 평화공세가 아님을 강조하고 국교정상에 대한 북한의 입장을 전했다.[269] 이후 일본의 기시내각은 북한에 대해 이전 내각보다 더 부정적이었고, 미·일 동맹체제에 강한 집착을 보이며 북한보다는 한국에 더 관심이 많다는 것을 명백히 하였다.[270] 이후 북한은 일본과의 선린우호정책을 강조하면서 다방면으로 대일활동을 전개하였다. 김일성은 1957년 9월의 최고인민회의 연설에서 일본과의 수교가 양국 간 호혜와 아시아 평화에 이바지할 것이라고 역설하였다. 결국 북한의 이 같은 노력에도 불구하고 북·일 정부차원의 접촉은 이루어지지 않았다. 이에 따라 북한은 정부 간 직접적인 접촉에 한계를 인식하고 문화 및 경제교류 등 간접 접촉방식을 채택하기 시작하였다.[271]

한편, 일본이 북한의 적극적인 수교 열망에도 불구하고 냉담하게 반응할 수밖에 없었던 것은 당시 일본은 1952년 2월부터 한국과 국교정상화회담을 위한 본회담을 진행해 오고 있었기 때문이

---

268) 『로동신문』, 1955. 10. 21.
269) 『로동신문』, 1955. 11. 22.
270) 김태운, "북한의 대일정책 변천과 그 특징에 관한 연구", 『정치·정보연구』 제7권 2호(2004), pp.110-111.
271) 대표적인 예로 1956년 3월 '조·일무역협회' 설립을 통한 경제교류 실시와 조총련을 발족했다.

다. 따라서 일본의 입장에서는 북한과의 수교협상은 고려할 수
없었던 것이다. 이 시기 북한의 대일관계개선 시도는 나름대로
성과도 있었다. 1959년 8월 캘커타에서 조인된 북·일 간의 "재
일교포 북송협정"이 그것이다.[272] 북·일 양국은 회담을 통해
1959년 8월 13일 재일교포 북송협정을 체결하고 동 협정에 따라
1959년 12월 14일부터 재일교포 북송을 개시하였다. 이와 같이
북·일 양국 간 최초 접촉 이후 한·일 국교정상화 이전까지 북
한의 대일정책은 주로 일본과의 정부 간 접촉을 통한 수교 시도
에 초점을 두었으나 일본정부의 강한 거부반응으로 소기의 목적
을 달성하지 못했다. 그러나 북한은 정부 간 직접접촉의 한계를
인식하고 간접적인 접촉방식을 통해 일본정부에 접근하였다. 이
시기에 북한이 대일 접근에 강한 집착을 보였던 것은 동북아에
형성된 미국중심의 남방삼각동맹체제 균열과 한·일 관계를 방
해하는 것에 있었다고 볼 수 있다. 당시 남방삼각동맹체제는 형
성 초기단계로서 그다지 확고부동한 협력체제가 아니었다. 또한
한·일 국교 정상화를 위한 분위기가 성숙되던 시기이기도 하였
다. 따라서 북한은 북·일 간 관계개선을 통해 이러한 목표를 달
성하고자 한 것이다.

  한편, 중·소 대립의 격화 속에서 북한은 안보불안정을 경험하

---

272) 일본정부가 북한과의 협정에 의해 재일본조선인총연합회(조총련)계 재일
    교포를 북한으로 송환한 사건이다. 재일교포 북송문제는 1955년 북한외상
    남일의 재일교포 귀환 추진 발언과 1958년 9월 8일 '재일교포의 귀국을
    환영한다'라는 김일성의 성명을 계기로 표면화되었다. 이후 한국정부의
    외교적 반대에도 불구하고 1959년 2월 일본각의에서 '재일조선인 중 북조
    선 귀환희망자의 취급에 관한 건'이 의결되고, 그해 8월 13일북한적십자
    사(북적)와 일본적십자사(일적) 간에 캘커타 북송협정이 체결됨으로써
    재일교포 북송이 정식으로 이루어지게 되었다.

게 되었고, 이러한 불안정의 문제를 일본과의 관계개선 속에서 해결하고자 했던 것이다. 경제문제 해결도 중요한 정책목표가 되었던 것으로 볼 수 있다. 한국전쟁 후 복구과정에서 일본의 각종 경제협력과 지원이 필요했던 것이다.

둘째, 한·일 관계가 정상화되던 시기 북한의 대일정책은 급격히 변화했다. 북한은 조약체결 이전에는 조약체결을 반대하면서도 일본과의 공존가능성을 표명했으나, 실제로 조약이 체결된 후 북한은 평화공존에서 대결자세로 전환되었다. 우선 한·일 조약의 원천무효를 선언했다. 북한은 1965년 6월 23일 성명을 통해 "한·일 조약은 일본제국주의자가 조선의 통일을 방해하고, 조선의 분열을 고정화시키기 위해" 체결한 것이라고 했다. 그리고 1966년에는 "일본 군국주의가 부활"했음을 선언하고, 일본에 대해 "어떠한 환상도 가져서는 안 된다."고 했다.[273] 북한이 한·일 조약에 대해 이같이 강력하게 반발한 것은 여러 가지 이유가 있겠지만 무엇보다도 안보 위기의식이 크게 작용했던 것으로 볼 수 있다. 북한에게 있어서 한·일 조약은 동북아 남방삼각동맹체제의 확고부동한 제도적 구축을 의미하는 것으로 인식되었다. 특히 이 동맹체제의 중심에는 적대국인 미국이 있었기 때문이다.

한편, 북한은 한·일 국교 정상화가 자신들의 뜻대로 무효화시킬 수 없음을 간파하고 일본에 대해서 남한과 마찬가지로 일본이 북한과도 국교를 정상화해야 한다고 주장하였다. 그렇게 하는 것이 한반도문제 해결에 부합한다는 것이었다. 그러나 북한의 이러한 요구는 받아들여지지 않았다. 이에 북한은 전국적 차원에서

---

273) 『로동신문』, 1966. 1. 11.

한·일 조약 반대운동을 펼치며 한·일 조약의 원천 무효를 선언했다.[274]

이처럼 한·일 국교 정상화 당시 북한은 최우선적으로 한·일 관계 정상화의 원천 무효에 초점을 두었으며, 차선책으로 북·일 간 국교정상화에 대한 당위성을 강조하며 이를 달성하려 했지만 소기의 성과는 거두지 못했다. 한편, 북한이 한·일 간 국교정상화를 반대하고 자신들과 일본이 수교를 해야 한다고 강조한 것은 단순히 군사·안보적 문제만을 염두에 둔 것은 아니었다. 즉 국가승인 및 정부의 정통성에 관한 것으로 남북한은 정부 수립 이후부터 정통성 시비를 벌이고 있는 상황이었다. 그래서 북한은 한·일 수교가 이루어진다면 자신들이 그동안 주장해 온 북한정부의 정통성 상실을 우려했던 것이다.

셋째, 국제정세의 긴장완화와 대일 유화정책이 전개된 시기로 이 시기는 대략 1970년대이다. 이 시기에 들어서면서 북한의 대일태도는 다소 누그러지기 시작했다. 앞서 살펴본 바와 같이 북한은 한·일 조약 체결이후 지속적으로 제기해 왔던 한·일 기본조약 폐기를 더 이상 요구하지 않았다. 그러는 가운데 일본에 대해 국교수립을 제안하며 일본이 북한을 한국과 동일한 수준으로 대해 줄 것을 요구했다. 북한이 이처럼 유연한 태도를 보인 것은 1970년대 형성된 국제정세와 무관하지 않다. 즉 미·중 간의 긴장완화와 남북대화 전개 등 국제정세가 긴장완화의 국면을 띠고 있었기 때문이다. 북한의 유화적 자세는 김일성이 1973년 2월 2일 동경의 신문특파원단과의 회견에서도 읽을 수 있었다. 즉

---

274) 『로동신문』, 1965. 6. 24.

당시 김일성은 기자들과의 화답에서 중·일 관계 회복이 일본의 적극적인 태도 때문이라는 점을 상소하며 북·일 관계도 일본의 태도 여하에 달려 있다는 것을 긴접직으로 강조하였다. 또한 일본의 태도 여하에 따라 북한도 그 태도를 달리할 것이라고 하였다.[275] 김일성의 이 같은 발언 후 1973년 10월 일본 사회당 대표단이 북한을 방문하여 양국 간 수교를 위한 원칙들을 논의하는 등 수교 분위기가 형성되기도 하였다.

이처럼 국제정세 데탕트와 함께 북한의 대일정책은 일본과의 국교수립에 역점을 두었다. 그러나 양국 간 관계진전은 이전에 비해 크게 나아진 것이 없었다. 오히려 이 시기 북한의 일본에 대한 외채지불 능력 상실과 북한의 200해리 경제수역 선포 등으로 인한 일본과의 갈등이 발생하기도 하였다. 이에 따라 일본 내 반북 분위기가 형성되기도 했다. 또 한편, 일본 내에서는 남한 일변도의 대한반도 정책에 대한 성토가 있었으며, 북한과의 수교 필요성이 제기되기도 했다. 1980년대에 들어와서도 양국 간 괄목할 만한 관계변화의 징후는 보이지 않았다. 김일성은 1980년 9월 일본의 아사히(朝日) 신문과의 인터뷰에서 한·일 관계에 구애받지 않고 일본과의 관계증진을 모색하고 싶다면서 일본과의 관계개선에 대한 강한 의지를 피력하였다.[276] 그러나 한국 고위 정부관료들의 버마 랑군폭파사건과 후지산바루호 사건 등으로 인해 북·일 관계는 악화되게 되었지만 양국 간 민간차원의 교류는 지속되었다.

1988년 한국정부의 '7·7선언'으로 인해 양국관계가 다소 호전

275) 김태운, "북한의 대일정책 변천과 그 특징에 관한 연구", (2004), pp.116-117.
276) 『朝日新聞』, 1990. 9. 25.

의 기미를 보였다. 1989년 3월에는 일본사회당 대표단이 방북하여 양국관계 개선에 대한 의견을 교환하였으며, 다케시다 수상은 북한과 관계를 개선할 용의가 있음을 표명하였다. 한편, 다케시다 수상은 이와 같은 의견표명 당시 처음으로 북한에 대한 공식국호를 사용하였다. 이러한 점에서 이 시기 일본의 대북정책이 종전과는 다른 방향으로 전환을 시도하고 있지 않았나 하는 것도 짐작해 볼 수 있다.

4. 냉전기 대·미일 정책의 특징

우선 대미정책은 초기의 대미 적대정책 노선에서 대미접근을 강화하는 쪽으로 정책을 선회하였다. 특히 대미접근을 강화하는 과정에서 정부 간 접촉은 여의치 않았던 것으로 보이며 주로 민간외교 채널을 활용하였다. 대미접근의 주된 목적은 한반도에서의 주한미군 철수와 한·미동맹을 균열시키고 대미 평화협정 체결에 두었다. 카터 행정부 시기 주한미군 감축에 따라 어느 정도 이 같은 정책목표가 달성되는 듯이 보였으나 공화당의 레이건 행정부 출범으로 대미정책은 큰 성과를 거둘 수가 없었다.

다음으로, 대일본 정책은 북·일 관계 태동 시부터 줄곧 양국 간 국교정상화에 그 목표를 두었다. 한·일 국교 정상화 이후에도 북한의 이 같은 정책목표는 계속 되었다. 오히려 한·일 수교 이후에는 한·일 수교를 현실로 받아들이는 가운데 일본이 한반도에서 남북한을 동시에 인정하는 데 대일정책의 역점을 두기도 했다. 북한의 이 같은 목표에는 북한정권에 대한 정통성 확보 문제와도 연관이 있었다. 이는 당시의 한·일 조약 제3조 전문을 보면 더욱 분명해진다. 즉 국제연합총회의 결의 제195(Ⅲ)호에 명시된 것처럼, 한·일 조약 제3조의 전문은 한반도에 있어서 유일한 합법정부로서 대한민국을 명시하고 있다. 이는 1948년 12월 12일 유엔 결의에 의하여 채택된 것으로서 대한민국이 한반도의 유일한 합법정부라는 것을 일본이 재확인한 것이다.

이처럼 북한이 냉전기에 미국 및 일본에 대해 추구한 정책은 주로 이들과의 관계개선을 이루어내는 데 역점을 두었다. 이는 기본적으로 북한의 안보환경 개선과도 밀접한 관련이 있다. 무엇보다도 북한은 중·소 분쟁기에 안보불안정을 경험했기 때문이다. 이러한 안보불안 문제를 해소하기 위해 북·미 관계 개선 및 북·일 관계 개선이 절대적으로 필요했던 것이다. 당시 중·소 분쟁에 따른 북방삼각동맹은 심각한 균열조짐이 나타난 반면 미국중심의 남방삼각동맹체제는 한·일 간 수교로 더욱 견고해졌기 때문이다.

한편, 북한이 냉전 초기와 달리 중후반기에 접어들면서 미국 및 일본 등에 대해 다소 유화적인 태도를 보이게 된 것은 국제정세의 데탕트 분위기와도 관련이 있다. 한국전쟁 이후 미·중 간 또는 중·일 간에 구조화되었던 대결체제가 점차 우호적으로 바뀌면서 북한도 이 같은 국제정세 변화에 부응하지 않을 수 없었던 것이다.

제5장 탈냉전기 대4강 외교정책

I. 탈냉전기 대외정책 환경

1. 대외 환경

1989년 이후 국제체제는 급격한 변동을 보였다. 동구공산권의 붕괴와 더불어 기존 사회주의 국가들의 전반적인 체제전환 등으로 국제사회는 일대 혼란에 빠졌다. 독일의 통일, 동구공산권의 붕괴, 소련의 해체 등으로 인해 국제정치에서 양극체제는 종말을 고하게 되었다. 이러한 양극체제 종식으로 국제사회는 체제와 이념을 근간으로 하던 냉전기적 사고로는 더이상 국제관계를 지탱시킬 수 없게 되었다. 강대국 간 전쟁의 위험성은 현저히 줄어들었다. 일부지역을 제외하고는 대부분 지역들이 군비감축의 경향을 보이는 가운데 점차 경제문제와 같은 비군사적 요인들이 국제관계에서 중요성을 더해가기 시작하였다.

소련이 붕괴된 상태에서 군사 · 안보적으로는 미국이 초강대국으로 등장하게 되었다. 군사 · 안보 동맹관계하에 있던 국가들 간 관계는 새로운 국제환경에 맞게 구조조정을 계속하고 있다. 이러한 구조조정의 모습은 특정 동맹국들 간에만 국한되지 않았다. 동맹관계에 있던 대부분의 국가들에게서 나타나고 있는데, 특히 북한과 동맹관계를 맺고 있던 국가들 간에 급격한 변화가 일어났다. 국제사회에서의 이 같은 변화는 현재도 지속되고 있으며 향후에도 지속될 수밖에 없다. 이는 근본적으로 국가이익에 관한 정의나 인식이 냉전기와는 전적으로 다르다는 데 있다. 이와 관련하여 국가이익을 정의하는 것이 용이한 일은 아니지만 한 가지 분명한 것은 과거와 달리 비전통적인 안보요인들과 비군사적 요인들이 점차 국가이익에서 차지하는 비중이 커지고 있다는 것이다. 또한 이러한 문제들의 해결도 다자협력 방식으로 자리를 굳혀가고 있다. 동북아지역만 하더라도 제반 안보문제 해결을 위한 여러 다자협력 기제들이 있다. APEC을 비롯한 ARF, NEACD, 6자회담 등은 특정문제 해결과 관련하여 다자협력을 보여주고 있는 대표적인 경우라고 할 수 있다. 또한 유럽연합은 지역수준에서 전형적인 다자협력의 모습을 보여주고 있다. 유럽은 이제 다른 지역과 달리 전쟁의 공포 없이 지낼 수 있게 되었다. 바로 유럽연합이라는 다자협력체를 설립함으로써 가능하게 되었다. 유럽연합은 현재 경제통합과 더불어 향후 정치통합이라는 원대한 목표를 가지고 있다. 그러나 국제사회에서 전쟁의 공포가 영원히 사라진 것은 아니다. 단지 강대국 간 전쟁의 가능성만 줄어들었을 뿐이다. 여전히 약소국 수준에서는 내전의 양상이나 자원획득을 주 목적으로 하는 강대국과 약소국 간의 전쟁이 멈추지 않고 있다. 1990년 이후 두 차례에 걸친 미국의 대중동전쟁은 이러한 사실을 말해주고 있다. 또한 독립국가 수가 증가하면서 영토, 종교, 민족 등을 문제로 한 국가 간 갈등 또는 지역갈등이 멈추지 않고 있다. 특정국가의 일방적인 국제질서 주도로 인해 강대국 간 불협화음의 조짐이 보이는 것도 사실이다. 이에 대응하기 위한 일부 국가들 간의 전략적 제휴 움직임도 보인다. 이처럼 새로운 국제질서는 변화무쌍하고 다양한 모습을 보이고 있다.

현재 정치, 경제를 비롯한 국제사회의 제반 영역에서 또 하나의
경향은 신자유주의적 경향으로 이는 지구촌 국가들을 점차 이기
적으로 변화시키고 있다.

동북아로 눈을 돌려보면 동북아는 냉전과 탈냉전이 공존하는
매우 복잡한 양상을 보이고 있다. 강대국 간 무력 대결의 가능성
이 줄어든 것은 사실이지만 여전히 충돌가능성은 남아 있다. 더욱
강력해진 미·일 군사협력 강화 조짐이 나타나고 있다. 특히 9·
11 테러사태는 미·일 간의 군사협력을 강화시키는 또 하나의 기
폭제가 되었다. 사실, 탈냉전기 국제환경 및 동북아안보 환경 변
화에 따라 미·일 간 군사동맹에 대한 여러 가지 의견들 즉, '미·
일 동맹의 현상유지론', '미·일 동맹 강화론', '미·일 동맹 소멸
론' 등이 대두되었었다. 즉 새로운 환경에 맞게 미·일 동맹도 재
조정되어야 한다는 것이었다. 그러나 9·11 테러사태는 이 같은
의견들을 정리하고, '미·일 동맹 강화론'쪽으로 가닥을 확실하게
잡았다. 일본은 9·11 테러사태 이후 반테러법을 제정하고, 2001
년 10월에는 한시적이지만 테러대책특별조치법을 통과시키기도
하였다.[277]

또한 동북아는 MD구축을 통한 미국의 보다 확고부동한 군사
패권 전략, 중국과 일본의 군사력 증강, 그리고 중국 중심의 상하
이 협력기구 등의 반미화 추세 등 여러 측면에서 냉전기보다 오
히려 충돌가능성이 더 커지고 있다. 또한 미국의 일방적인 동북

---

[277] 테러대책특별조치법에 대한 주요 내용은 미군 등에 무기 및 탄약공급을
비롯해 물자의 수송과 연료의 보급, 의료활동 등의 협력 및 지원, 미군
병사의 수색·구조활동, 난민구호 활동 등이 포함되어 있다. 한국정치학회
편, 『북핵문제의 해법과 전망』(서울: 중앙 M&B, 2003), p.272.

아질서 주도에 대해 중국과 러시아가 반발하며 이에 대한 대응 자세를 보이고 있다.

북한과 미국 및 일본 간의 관계가 비정상직인 관계를 지속하면서 여러 가지 문제들이 발생하고 있다. 핵문제를 비롯해 미사일 문제 등은 모두 다 이러한 국가들 간의 비정상적인 관계로부터 파생된 것이다. 제2차 세계대전을 끝으로 국제사회에서 핵무기가 더이상 전쟁의 무기로 활용되지 않을 것이라고 낙관했지만, 이러한 낙관이 동북아지역에서는 통하지 않게 되었다. 기본적으로 동북아지역은 몇 안 되는 주요 핵보유국들이 포진해 있다. 게다가 북한에 의해 2차례나 핵문제가 발생했다. 지금도 핵문제는 계속되고 있으며, 이로 인한 역내 국가들 간의 갈등이 지속되고 있다. 또한 이 지역은 분단국가가 두 곳이나 존재하고 있다. 남북한과 중국의 경우가 그러하다. 이러한 점을 감안하여 볼 때 동북아지역의 안보환경은 안정보다는 불안정 요인이 더 많으며, 역내 국가 간 충돌가능성도 높다. 역내 국가들 간에 존재하고 있는 과거의 불행한 역사들의 미청산 상태는 이 지역의 또 다른 갈등요인이 되고 있다.

이와 같은 갈등 및 충돌요인과 함께 동북아 국가 간에는 협력의 모습도 보인다. 특히 동북아지역은 다른 어느 지역보다도 경제적 측면에서 역동성을 보이고 있다. 역내 국가들 간 교역량은 해마다 늘어나고 있으며, 경제적 측면에서의 상호의존성도 크게 심화되어 가고 있다. 이제는 경제적으로 서로가 서로를 절대적으로 필요로 하는 그런 관계에 있다. 이러한 점들은 동북아 갈등을 화해와 협력으로 전환시킬 수 있는 동력이 된다는 점에서 동북아의 미래를 전적으로 어둡게만 볼 수 없게 하고 있다. 동북아지역은 이처럼 위기와 기회의 요인을 동시에 갖고 있는 매우 특수한 지역이다. 현재 동북아지역의 여러 현안문제 가운데서 안보문제는 대부분 북한으로부터 시작되어 주변국가들에게 파급되는 양상을 보이고 있다. 따라서 동북아 정세안정은 북한문제가 어떻게 해결되느냐에 달려 있다고 해도 과언이 아니다.

2. 대내환경

탈냉전기 북한의 대외정책 추진과 관련하여 대내 환경은, 정치, 경제를 비롯한 사회, 군사·안보적 측면에서 이를 살펴볼 수 있다. 우선 정치·사상적으로는 동구공산권 붕괴와 소련의 해체 등에 따라 구성원들의 사상의식이 해이해지는 상황에서 체제이완 및 사회일탈 현상이 만연해졌다. 또한 반세기 이상 북한을 지배해 온 김일성의 사망으로 체제와해의 우려도 제기되는 상황이었다. 북한은 특히 김일성 사후 부자세습 정권의 정통성을 확보하기 위해 대내정치에 심혈을 기울였으며, 이를 위해 김일성의 유훈교시를 강조하고 김일성과 김정일을 동일시하는 한편, 각종 상징조작과 사상사업의 강화를 통해 김정일의 우상화작업을 추진하였다.[278] 1980년대 말 냉전의 종식과 더불어 김일성 사후 북한이 심각한 체제위기 및 사상적 기반이 흔들렸다는 증거는 여러 경로를 통해서 확인되고 있다. 무엇보다도 체제단속을 위한 통치담론[279]들이 특히 강조되었다는 것이다. 즉 북한은 붉은기[280]

---

278) 박영규, 『김정일정권의 외교전략』(서울: 통일연구원, 2002), p.4.
279) 통치담론이라고 하는 것은 최고지도자나 집권층이 자신들의 이해를 통합

담론과 '우리식 사회주의'의 강조를 통해 사상 무장을 통해 체제 이완을 막으려 노력하였다. 이 과정에서 주체사상의 차별성과 우월성이 강조되었다. 김일성 사망 직후인 1995년 7월 6일자 노동신문은 "위대한 수령 김일성동지의 유훈교시를 철저히 관철하자.", "위대한 수령 김일성동지와 우리 인민은 영원한 혼연일체다."라고 강조하였으며, 노동신문 사설에서도 '김일성의 혁명사상' 무장을 수시로 강조하였다.[281] 1995년 8월 28일 노동신문 정론에서 "굴종을 모르는 인간의 높은 존엄과 불타는 정열이 진한 피로 물들여져 있는 붉은기는 공산주의자들의 가장 아름다운 이상과 희망의 표대이며, 그 실현을 위하여 청춘도 생명도 서슴없이 바쳐 싸우는 굳은 신념의 상징"이라고 밝히고 있다.[282] 이후 붉은기 담론은 정치적 구호나 슬로건화되었으며, 김일성 사후 북한 사회의 지배담론으로 자리를 잡게 되었다.[283] 또한 김정일정권 출범과 함께 새로운 국가발전 전략이 제시되었다. 바로 강성대국론으로 이는 사상강국, 정치대국, 군사강국 달성에 이어 경제강국 건설에 매진하자는 것으로[284] 1998년 8월 22일 노동신문 정론을

하고, 사회구성원으로부터 지지와 정당성을 확보하기 위해 정치적 상징과 가치체계를 생산하는 과정을 포함해 대중과 반대세력의 대응을 포괄하는 동태적 과정의 전반을 의미한다. 강명구・박상훈, "정치적 상징과 담론의 정치: 신한국에서 세계화까지,"『한국사회학』, 제31집(1997), p. 125: 김태운・노찬백, "김정일시대 주요 통치담론의 실천상 특징에 관한 고찰,"『통일정책연구』,제15권 1호(서울: 통일연구원, 2006),p. 26.

280) 북한에서 '붉은 기'의 의미는 노동계급의 혁명사상을 상징하는 것으로 알려지고 있다. 사회과학연구소, 『조선어문화어사전』(평양: 사회과학출판사, 1973),p. 458.

281) 박영규,『김정일정권의 외교전략』,p. 4.

282)『로동신문』, 1995. 8. 28.

283) 김태운・노찬백, "김정일시대 주요 통치담론의 실천상 특징에 관한 고찰," 『통일정책연구』, p.29.

190

통해서 하나의 통치담론이 되었다.

선군정치 담론 역시 붉은기 담론이나 강성대국 담론과 마찬가지로 탈냉전기 북한체제의 내적 위기를 반영하고 있다. 즉 정치·사상적으로 이완된 사회의 기강을 군대를 통해 바로 잡아가겠다는 것이다. 이 같은 총대중시 철학은 2000년 이후에도 계속되고 있다. 오히려 '선군사상 일색화'를 강조하고 있는데, 2004년 1월 19일자 로동신문 사설은 "총대의 위력으로 혁명과 건설을 전진시키고 세기를 주름잡는 창조의 변혁을 이룩하며, 온 사회가 인민군대의 모습으로 일색화되어 나가는 것이 선군시대 우리 조국의 참모습이다."[285]라고 강조하였다.

경제문제와 관련하여 가중되는 대내 경제난은 체제이완 현상으로 이어져 탈북자가 증가하는가 하면 국가기구의 사회통제 기능이 현저히 약화되고 각종 사회일탈 현상이 만연되는 등의 총체적인 체제위기로 이어졌다.[286] 북한이 현재 겪고 있는 경제문제는 주로 동맹국들의 변화로부터 비롯된 것이기도 하다. 즉 러시아로부터의 원조중단과 중국으로부터의 지원감소로 북한의 대외무역은 상당한 정도로 위축되었고, 그 결과 북한경제는 1998년경까지 계속 마이너스 성장을 거듭하게 되었다.[287] 또한 1995년과 1996년 그리고 1997년까지 총 3년간 겹친 자연재해(홍수와 가뭄)는 북한의 경제난을 더욱 가중시켰다. 이 시기 북한은 정권수

284) 전현준, "김정일정권의 대남정책과 남북관계 전망", 『통일연구논총』 제7권 2호(서울: 통일연구원, 1998), pp.131-134.
285) 『로동신문』, 2004. 1. 19.
286) 배성인, "김정일정권의 위기극복을 위한 정치담론과 담론의 정치", 『통일정책연구』 제12권 2호(서울: 통일연구원, 2003), pp.192-193.
287) 정성장·백학순 공저, 『김정일정권의 생존전략』(성남: 세종연구소, 2003), p.13.

립 이후 최대의 식량난에 직면하게 되었으며, 이로 인해 수백만 명의 아사자가 발생하였다.[288] 이 깊은 상황에서 1997년 황장엽 전 조선노동당 비서의 탈북 및 망명은 북한의 조기붕괴를 확신하는 일부 연구자들에게 "김일성 사후에 가속화된 북한 이데올로기 체제붕괴의 결정적인 신호탄"[289]으로 간주되기도 하였다. 김정일체제 공식 출범 이후 북한의 대내적 상황들이 점차 나아지고 있는 것만은 확실하나 여전히 확실한 체제안정기로 진입하지 못하고 있는 실정이다. 김정일체제가 군부통치를 기반으로 내부체제의 결속을 도모하고 있지만 경제침체에 따른 체제 전반의 지배구조 변화 조짐이 역력하다. 우선, 일선 하부단위들에 대한 통제력이 특히 약화되고 있다. 이를 경제부문에서만 보자면, 1990년대 이래 외환부족에 따른 수입감소, 중앙의 재정난 등으로 지방에 재원을 충분히 공급할 수 없게 됨에 따라 일선의 하부단위에 보다 많은 경제적 권한을 부여하는 방향으로 변화되었다. 특히 군의 경우 하나의 독립된 단위로서 외화벌이를 포함한 상업활동에 깊이 관여하고 있다. 이는 결국 중앙적 차원의 공급부족에 따라 일선 하부조직의 자력갱생을 독려하게 되고, 이 과정에서 일선의 하부단위들은 중앙통제를 벗어나고 있다. 한마디로, 경제침체와 이에 따른 자력갱생 독려는 중앙의 통제력을 약화시키

---

288) 국가정보원은 1990년대 중·하반기에 북한에서 기근으로 약 34만 명이 아사한 것으로 추산하고 있다. 그러나 황장엽 조선로동당 책임간부에게서 1995년부터 1996년 말까지 약 150만 명 이상이 굶어 죽었다는 말을 들었다고 증언하였다. 황장엽, 『어둠의 편이 된 햇볕은 어둠을 밝힐 수 없다』 (서울: 월간조선사, 2001), pp.106-107; 정성장·백학순, 앞의 책, pp.15-16에서 재인용.
289) 황장엽, 『어둠의 편이 된 햇볕은 어둠을 밝힐 수 없다』(서울: 월간조선사, 2001), pp.106-107.

는 결과를 가져오고 있다. 간부층에 대한 중앙의 통제력 약화도
나타난다. 즉 계획경제의 틀을 벗어난 자력갱생 방식의 경제활동
은 지방의 하부조직뿐만 아니라 일선 간부층에 있어서도 마찬가
지이다.[290] 즉 중앙의 자원배분 능력이 현저히 저하됨으로써 중
앙의 관료통치력도 현저히 약화되어 있다는 것이다. 따라서 국가
의 중앙조직은 물론 중앙의 지휘·통제를 받는 일선조직들의 움
직임이 현저히 둔화되어 있다. 이에 따라 간부들은 돈벌이가 되
는 일에는 사상이나 이념, 당의 정책노선 등을 따지지 않고 있으
며, 특히 개인실리를 위해 비공식적인 수입원 창출에 힘쓰고 있
는 실정이다.

　일본 공안조사청 분석에 따르면, 북한은 빈부 격차 확대와 범
죄 증가 및 통제 이완의 내부 균열조짐을 보이기 시작했다고 한
다. 이에 따르면 북한은 2002년에 시작된 경제개혁으로 급속한
인플레이션이 진행돼 사회적 혼란이 커지고 있으며, 또 경제개혁
과 외부에서의 정보유입으로 정부 간부 사이에도 경제적 승자와
패자의 양극화가 진행돼 체제 불안의 조짐이 보이기 시작했다.
또 북한이 2002년 7월 1일 경제관리개선조치로 개인과 기업의 영
리활동을 인정한 후 경제가 어느 정도 좋아지고는 있으나 사회
적 혼란이 커져 빈부격차의 확대와 함께 무단결근, 절도, 강도사
건이 증가하고 있다고 하였다. 이에 따라 향후 체제에 대한 불만
이 높아지면서 김정일국방위원장의 권력기반 균열로 후계자 옹
립을 둘러싼 지도부 내부 갈등 발생가능성이 크다고 전망했

---

290) 정세진, 『동아시아 국제관계와 한반도』(서울: 한울아카데미, 2002),
　　pp.236-238.

다.[291]

2000년 이후 북한은 체제위기 수준을 넘어 이제는 어느 정도 정권안정기에 접어들었다는 분서도 있지만 북한체세가 현재와 같은 먹는 문제를 완전히 해결하지 못하는 한 정치·사상적으로 사회통합을 이루는 것이 쉽지 않을 것이다. 결국 북한은 이러한 먹는 문제 해결을 위해 대외정책에 역점을 둘 수밖에 없을 것이다.

한편, 북한지도부의 이중적인 정세인식도 대외정책 방향을 선택하는 데 있어서 매우 중요한 대내적 환경요인을 구성한다고 볼 수 있다. 현재 김정일 국방위원장의 대외정세인식은 이데올로기적 지속과 전략적 실용주의가 혼합되어 있다. 이데올로기의 지속이라는 측면에서 보면, 김정일은 자본주의진영인 '세계제국주의'와 사회주의진영 간의 대결이 지속되고 있는 것으로 간주하고 있다. 이러한 점에서 볼 때 이데올로기에 입각한 대외정세 인식은 김일성시대와 크게 다르지 않다. 말하자면, 김일성시대의 진영론적 국제관이 탈냉전기 현재도 그대로 남아 있다. 이에 따라 북한은 대내결속을 위해 수시로 미국이나 일본을 제국주의 또는 군국주의로 규정하고 투쟁과 대립을 강조하고 있다. 그렇지만, 세계정세의 변화를 실용주의적 관점에서 파악하려는 모습도 보이고 있다. 최근 대미관계를 비롯해 대일관계, 대남관계 등에서 북한의 실용주의적 태도가 돋보이고 있다는 것이나, '철천지 원수' 미국과 관계개선을 위해 발버둥을 치고 있는 모습이나 '군국주의' 일본과 수교를 통해 경제적 실리를 챙기려 하는 것도 이러한 맥락에서 이해될 수 있을 것이다. 또한 반세기 동안 적이 아닌 적

---

291) 『동아일보』, 인터넷 판, 2004. 12. 26.

으로 지내왔던 남한과의 관계에서도 매우 전향적인 자세를 보이고 있다. 이러한 모습들은 북한지도부의 실용주의적 태도를 보여주는 대목이라고 할 수 있다.

Ⅱ. 대중·러 정책

1. 대중국 정책

앞서 살펴본 바와 같이 냉전기에 중국은 전통적으로 북한을 일본, 러시아, 미국 및 한국 사이에 있는 전략적 완충지로 여겨왔다. 그렇기 때문에 중국은 미국을 비롯한 러시아와의 관계가 정상화된 이후에도 북한을 자신들의 영향권하에 두면서 하나의 정치적 동반자로 취급하였다. 중국의 이러한 대북한 인식으로 인해 양국은 상호가 국내외 정책상의 차이점이 많음에도 불구하고 냉전기 내내 원만한 관계를 지속할 수 있었다.[292] 그러나 탈냉전기에 들어서면서 이와 같은 양국 간의 관계에 변화의 신호가 왔다. 이러한 변화의 신호들은 1980년대 말부터 가시화되기 시작했다. 즉 탈냉전적인 국제 환경변화와 함께 중·소 간의 분쟁 종식, 중국의 개혁개방 정책에 따른 실용주의 외교정책, 한·중 수교에 따른 중국의 한국 중시 정책 등으로 북·중 관계에 간격이 생기기 시작한 것이다. 그러나 탈냉전 초기의 이러한 현상은 1990년대 중반을 넘기면서 변화를 가져왔다. 즉 동북아에서 미국과 일본의 군사력 증강 및 안보협력 강화, 이들에 의한 지역패권화 경

---

[292] 이명수, "한반도 통일에 대한 중국의 2중정책", 한국동북아학회 편, 『한국동북아논총』 제2집(1996), p.321.

향이 두드러지고 미·중 간 갈등이 노정되면서 중국의 대북한 인식이 바뀌기 시작한 것이다. 이에 따라 1999년 이후 북·중 양국은 탈냉전 초기와는 달리 관계회복이 이루어졌나.

최근 북한의 돌발적인 행동들(제2차 핵 위기 재발과 미사일 발사)로 인해 북·중 관계가 다시 균열의 조짐을 보이고 있다. 제2차 핵 위기 재발 이후 북한에 대한 중국의 태도가 과거와는 판이하게 달라지고 있다. 6자회담에서 볼 수 있듯이 무조건 북한을 감싸지만은 않고 있다는 점에서 과거와는 다른 중국의 대북한 태도를 읽을 수 있다. 양국관계의 이 같은 관계 부침의 원인을 살펴보면 다음과 같다.

우선 관계균열과 관련하여 첫째, 국제 환경변화와 발전노선의 차이가 양국 간 관계변질에 결정적인 영향을 미쳤다. 주지하는 바와 같이 50여 년 동안 큰 변화 없이 유지되어 오던 양국 간 변화에는 탈냉전의 국제정세가 결정적인 영향을 미쳤다. 무엇보다도 사회주의권의 몰락과 탈냉전이라는 세계사의 새로운 흐름이 양국관계에 반영된 것이다. 이에 따라 양국관계를 규정짓던 이념적 동질성의 관행이 더이상 양국관계를 이어주는 역할을 하지 못하게 되었다. 대신에 경제적 실용주의가 그 자리를 매꾸게 되었다. 아울러 양국 간 혁명동지들의 소멸도 관계변질에 영향을 미쳤다. 과거 마오쩌둥 및 덩샤오핑과 김일성은 인척관계로 비유될 만큼 밀접한 유대관계를 맺고 있었다. 그러나 이들의 사망으로 양국관계는 과거의 인연에 의존할 수 없게 되었다.

한편, 두 나라 간의 발전노선 차이도 관계변질의 주요 원인이 되었다. 중국은 일찍이 탈냉전의 세계질서에 적극적으로 참여하면서 국가발전을 모색해 왔으며, 사회주의권 몰락에 대해서도 오래전부터 사회주의 초급단계론과 개혁 개방을 내세우며 국제환경 변화에 적극 대응해 왔다. 중국은 특히 마오쩌둥 시대의 진영론과 '제국주의'와의 전쟁 불가피론을 폐기하고 개방노선을 추구한 데 반해, 북한은 여전히 진영론에 입각해 '제국주의자와의 타협이 지닌 위험성'을 경고하며293) 자신의 사회발전 단계를 '사회주의 완전승리를 향한 단계'로 규정하고 전과 다름없이 유일체제와 '속도전식 경제방식'294)을 밀고 나갔다. 외교적 측면에서도 중국은 대서방 관계를 지속적으로 강화해 나갔다. 그러나 북한은 서방에 대한 적개심을 공공연히 표출하면서 사회주의권 및 비동맹국가들과의 관계에만 치중하였다.

중국은 대외관계 운용을 이데올로기에서 경제적 실리 중심으로 전환시켰으며, 대북한 관계도 이러한 차원에서 재설정하였다. 또한 북한이 서방국가들과 관계를 개선하고 서방이 주도하는 국제사회에 정당한 행위자로 자기역할을 다해 주기를 원하였다.295) 이처럼 양국 간에는 발전노선의 차이 및 대외인식 및 대응태도에 있어서 상당한 차이를 드러냈다.296) 결국 이러한 차이는 두

---

293) "제국주의자들의 도전을 물리치고 사회주의 길로 힘차게 나아가자"『로동신문』, 1989. 12. 22.
294) 1974년 2월 노동당 제5기 8차 전원회의(2.11~13)에서 채택된 사회주의 노력경쟁을 위한 공식 구호이다.
295) 이러한 차원에서 중국은 1990년대 초반에 있었던 북·일 수교 교섭이나 유엔가입 문제를 둘러싼 북한의 태도변화를 적극적으로 환영하고 나섰다. 특히 북·일 수교 시도에 대해서 장쩌민(江澤民)은 한반도정세의 완화와 아시아·태평양 지역의 평화에 유리한 것이라며 적극 환영하기도 하였다. 아울러 중국 외교부는 북한의 유엔가입 신청결정이 발표되자 즉시 이를 환영하는 논평을 발표하였다.
296) 이 같은 입장의 차이가 양국 간 관계 균열의 직접적인 원인이 되었다고

나라 간의 관계변질에 직간접적인 영향을 미쳤다.

둘째, 북한의 전략저 가치 저하 역시 관계 변질을 촉진하였다. 중·소 분쟁의 종식 및 서방국가들과 중국이 화해를 함으로써 양국 간 공통의 적대세력이 부재하게 되었다. 이에 따라 중국의 북한에 대한 전략적 가치는 크게 하락하였다. 오히려 양국 간에 는 서로 다른 정치적 가치의 차이로 인해 갈등의 양상이 나타나 기 시작했다. 이는 결국 중국으로 하여금 북한에 대해 높은 강도 의 실용주의 정책을 추구하게 만들었다.

셋째, 중국의 개혁개방 정책 및 한·중 수교 역시도 북·중 관 계 변질과 밀접한 관련을 갖는다.[297] 탈냉전기 들어 중국의 지속 적인 경제발전 과정에서 동맹국인 북한은 중국에게 부담요인으 로 작용하였다.[298] 특히 중국의 개방·개혁정책이 가속화되고, 북한의 경제난과 대외고립이 심화될수록 중국에게 있어서 북한 은 부담 요인으로 간주 되었다.[299] 즉 중국은 심각한 경제난과 국제적 고립상태에 처한 북한을 구제하기 위해서는 자국의 많은 희생과 대가를 북한에게 지불해야 하는데, 이는 곧 개방·개혁정

보는 대표적인 주장으로 박재규 박사의 주장을 들 수 있다. 이에 대해서 는 박재규, 『북한의 신외교와 생존전략』(서울: 나남, 1997)을 참고할 것.

297) 이에 대한 보다 자세한 설명은 이종석, 『북한-중국관계: 1945~2000』(서 울: 중심, 2000), pp.272-273을 참고할 것.

298) 탈냉진 들어 중국은 자본주의 경제요소 도입정책을 더욱 적극화하였다. 따라서 경제적 이익에 입각하여 외국과의 관계를 설정하고자 하는 중국 에 있어서 경제침체가 계속되고 있는 북한은 결코 가까이 하고 싶은 대 상이 될 수 없었다. 즉 북한과의 경제교류는 중국에게 이익이 되기보다는 오히려 부담이 될 수밖에 없었다. 따라서 중국이 강조하는 대북한 우호관 계는 명분과 형식에 치중되었다.

299) 신상진, "북·중 관계의 전망: 미·북 관계와 관련하여", 「연구보고서 97-04」(서울: 민족통일연구원, 1997), p.10.

책을 가속화하고 있는 중국에게 부담이 될 수밖에 없었다. 또한, 1992년 8월의 한·중 수교는 북·중 양국관계를 크게 냉각시키는 원인이 되었다. 한·중 수교 이전까지만 해도 양국은 방문외교 등을 통해 원만한 관계를 유지하였다. 즉, 자오쯔양(趙紫陽) 중국 총서기가 1989년 4월에 북한을 방문한데 이어, 1990년 3월에는 장쩌민(江澤民) 총서기가, 1991년에는 리펑(李鵬) 총리가 북한을 방문하는 등 양국관계는 비교적 원만하게 진행되고 있었다. 그러나 한·중 수교로 이와 같은 관계가 절연되었다. 한·중 수교 당시 중국은 사전에 북한에게 이 사실에 대한 양해를 구했다.300) 그러나 그것으로 북한의 서운한 마음을 달랠 수는 없었다.

탈냉전 초기 소원했던 양국관계는 1990년대 중반을 고비로 하여 회복의 국면으로 접어들게 되었다. 그러나 양국관계가 회복되었다고 하더라도 그 본질은 냉전기 당시와는 질적으로 다른 그런 관계라고 보아야 한다. 북한은 이 과정에서 개혁·개방을 기조로 한 중국노선에 대해 일정한 거리를 두고 대중접근을 시도하였다. 이는 외교적 고립을 심화시킬지도 모를 중국과의 마찰을 피하기 위해서였다.301) 이에 따른 양국 간의 관계회복의 모습은 우선 상대방에 대한 양국 지도부의 표현에서도 잘 드러나고 있다. 즉 1995년 10월 중국공산당 총서기 장쩌민(江澤民)은 조선노동당 창립 50주년 기념 주중 북한대사관에서 북·중 간의 변함없는 우호협력 관계를 강조하였다.302) 북한 역시 같은 해 10월

---

300) 『중앙일보』, 1992. 4. 14.
301) 이계만·김태운, "북한의 대중 동맹관계 균열과 회복원인에 관한 연구", 『한국동북아논총』 제37집(2005), p.421.

25일 "조·중 친선을 대를 이어 강화·발전시켜 나가는 것은 우리 당과 공화국 정부의 일관된 립장이며 확고한 의지"라고 강조하였다.303) 또한 양국 간 경제부문에서도 관계회복의 징후가 보였다. 이 시기 들어와 탈냉전 초기 양국 무역에서 철폐했던 구상무역과 우호가격제를 다시 부활시켰던 것이다. 이와 함께 1996년부터 중국의 대북 경제지원이 본격화되었다. 1996년 5월 홍성남 북한 정무원 총리의 북경 방문 당시 양국은 향후 5년간 중국의 대북한 원조 내용을 담은 북·중 간 '경제기술합작협정'을 체결했던 것이다.304) 이 같은 상황에서 중국은 1996년에 약 12만 톤의 식량을 북한에 무상으로 제공했고, 이어 1997년에는 15만 톤의 식량을 무상으로 제공한 바 있다.305)

양국 간 관계는 이와 같은 정치, 경제 분야뿐만 아니라 군사·안보 분야에서도 관계회복의 징후들이 나타나기 시작하였다. 1996년 5월 중국의 대북한 원조협조에 군사원조를 포함시킴으로써 양국관계가 여전히 군사·안보적으로도 동맹관계에 있음을 확인시켜 주었다. 또한 1996년 7월에는 북한이 북·중 관계 역사상 최초로 중국군함을 남포항에 맞아들이는 등 북·중 양국은 군사동맹관계 강화에 적극성을 보였다.306)

한편, 북한 측에서의 대중 동맹관계 회복 작업은 1999년부터

302) 中華人民共和國外交部 政策研究室, 『中國外交』1996年 版(北京: 世界知識 出版社, 1996)을 참조.
303) 『로동신문』, 1995. 10. 25.
304) 中華人民共和國外交部 政策研究室, 『中國外交』1997年版(北京: 世界知識出 版社, 1997)) 참조.
305) 『중앙일보』, 1997. 4. 14.
306) 허문영, 『북한 외교의 특징과 변화 가능성』(서울: 통일연구원, 2001), p.53.

보다 본격적으로 전개되었다. 이는 주로 북한 고위급 인사들의
방중으로 나타났다. 이와 관련하여 북한은 1999년 6월 김영남 최
고인민회의 상임위원회 위원장과 홍성남 내각 총리 등 북한의
고위관리들이 중국을 방문했다. 이후 북한의 대중 동맹관계 개선
노력은 2000년 5월 김정일 국방위원장의 비공식 중국방문을 통
해 보다 명확히 표출되었다. 당시 방문을 통해 양국 간 관계개선
과 개혁 · 개방문제, 남북한 정상회담 문제 등을 논의한 것으로
전해지고 있다.[307] 김정일 위원장은 2000년에 이어 또다시 2001
년 1월 중국을 방문하였다. 이때 당시는 중국에서 급속한 발전을
보여주고 있는 상하이(上海) 푸둥(浦東) 지역을 시찰하기도 하
였다. 또한 방중 기간 북 · 중은 공동의 관심사로 취급되는 중대
한 국제문제 등에 대해서도 견해의 일치를 보았다. 이처럼 국제
문제에 관해 양국이 공동협조체제를 형성하기로 한 것은 탈냉전
이후 양국 간 동맹관계가 정상화되었음을 말해 주고 있다.

　김정일 국방위원장은 2003년에 이어 또다시 2004년 4월 19일
부터 21일까지 중국을 방문했다. 후진타오(胡錦濤) 국가주석 겸
당 총서기를 정점으로 한 새로운 정부가 출범한 상황에서 중국
을 방문한 것이다. 당시의 방중 목적은 중국의 새로운 정부와 양
국 간 전통적 우호관계를 재확인하고자 한 것이다.[308] 특히 김정
일 국방위원장은 후진타오(胡錦濤) 당 총서기 겸 국가 주석과
정상회담을 갖고 핵문제 해결에서 인내심과 신축적인 자세를 밝
힌 것으로 알려지고 있는데, 이는 북핵문제 해결에 있어서 중국
의 역할을 기대하는 북한의 대중 정책 의지를 엿볼 수 있는 부

---

307) 『로동신문』, 2000. 6. 2.
308) 『연합뉴스』, 2004. 4. 27.

분이기도 하다.309) 특히 북·중 정상회담을 통해 중국이 6자회담
의 중재자 입장에서 향후 대미 압박 입장을 세우고 북·중 간
경제협력도 양적, 질석으로 확대할 것을 합의한 것으로 알려지고
있다. 특히 김정일 국방위원장의 2004년 4월 중국방문은 북한이
현재 처해 있는 현안들을 국제적 수준에서 해결하려는 노력을
보여준 것으로 평가되고 있으나 김정일 국방위원장의 방중목적
은 크게 두 가지로 압축되고 있다. 즉 '북핵문제' 해결과 '경제 살
리기'라고 볼 수 있다. 특히 김정일은 북·중 양국이 "농업발전,
도시건설 등 많은 측면에서 서로 배우고 경험을 교류해야 한다."
면서 중국이 중국공산당 제16차 대회 정신에 따라 "2020년까지
초보적으로 부유한 사회를 전면적으로 건설"하기 위한 전략적
목표를 잘 실현할 것을 희망하였던 것으로 전해지고 있다.310) 이
로써 탈냉전 이후 상당기간 소원함을 보였던 양국관계가 정상궤
도로 재진입하게 되었다.311)

   최근 재발된 북한 핵문제로 미국의 대북 압박이 거세지자 북
한은 2003년 들어 문제해결을 위한 3자회담에 대해 중국과 협의
를 하는 등 군사·안보적으로도 지원과 중재자로서의 중국의 역

---

309) 한편, 북한은 2002년 10월 재발된 핵문제로 미국의 대북 압박이 거세지자
    2003년 들어 3자회담에 대해 중국과 협의를 하는 등 군사·안보적으로도
    지원과 중재지로서의 중국의 역활을 이끌어 내고자 하였다. 이에 따라
    2003년 4월 하순 중국의 중재로 북핵문제 해결을 위한 북·중·미 3자회
    담이 중국의 베이징에서 개최되었고, 이후 중국의 중재로 총 5차례에 걸
    친 6자회담이 개최되었다.
310) 『조선중앙통신』, 2004. 4. 22.; 백학순, "김정일 위원장의 중국 방문, 용천
    역 폭발사고, 북한은 어디로?", 『정세와 정책』 2004년 5월호, (성남: 세종
    연구소, 2004), pp.1-4.
311) 김태운, "김일성 사후 북한의 대주변 4강 정책변화 추이에 관한 연구", 『
    한민족문제연구소』 제25집(부산대학교 한민족연구소, 2005. 4), p.339.

할을 이끌어 내고자 하였다. 이에 따라 2003년 4월 하순 중국의
중재로 북핵문제 해결을 위한 북·중·미 3자회담이 중국의 베
이징에서 개최되었다. 이후 다시 중국의 중재로 2003년 8월 27일
베이징에서 제1차 6자회담이 개최된 이후 지금까지 5차례에 걸
쳐 북핵문제 해결을 위한 6자회담이 개최되었다. 중국이 회담의
중재자로 자처한 것은 결국 양국관계의 정상화를 반영하고 있는
것과 다를 바 없다. 한편, 양국관계가 이같이 정상적인 궤도로 진
입하게 된 데에는 다음과 같은 몇 가지 주요 배경들이 있다.

첫째, 관계회복은 주로 북한의 필요성에 의해 시도되었다고 볼
수 있다. 특히 북한의 대내외적인 체제위기 가중이 계속되는 상
황에서 북·미 관계나 북·일 관계의 개선을 통해 난국을 타개
하려 했지만 북한의 의도대로 되지 않았다. 결국, 북한은 이러한
돌파구를 중국과의 관계복원을 통해 찾고자 했던 것이다. 즉, 탈
냉전 이후 미국의 각종 대북압박과 봉쇄가 계속되고 있는 상황
에서 북한은 자신들의 유일한 방패막이로서 중국을 생각한 것이
다. 사실, 1994년 이후 북한이 경제난에 허덕일 때 중국은 지속적
으로 북한에게 경제원조와 협력을 제공했다는 점에서 북한이 이
같은 생각을 하게 된 것은 당연하다고도 볼 수 있다.

둘째, 북한은 중국을 단순히 군사안보 및 경제지원의 협력 대상
국으로만 간주했던 것은 아니다. 말하자면 중국의 경제발전 상황
이나 개방개혁을 배워야 할 발전된 사회주의 모델국가로서의 중
요성을 지니고 있었던 것이 중요한 계기가 되었다. 김정일의 방중
과정에서도 드러난 바와 같이 북한은 중국 상해의 푸동지구 발전
에 대해 지대한 관심을 표명한 것도 이 같은 맥락에서 이해될 수

있다. 즉, NEC 등 반도체업체와 자동차 제조회사인 GM 등 이곳
에 진출한 시빙기업들은 물론 사회주의 시장경제의 상징인 상하
이 증권거래소에도 들리 중국식 개혁·개방에 대한 현장학습을
하였다. 또한 김정일은 상하이 시의 발전상을 극찬하면서 '상상을
초월하는 변모'라는 등의 용어를 사용해 소감을 피력했다.[312]

셋째, 미국 및 일본 등 역내 포진하고 있는 적대세력들과의 세
력균형 유지에 중국과의 관계 회복은 절대적으로 필요하였다. 냉
전기와 달리 북방삼각동맹체제가 와해된 상황과는 별도로 중국
의 대북한 태도가 과거와는 질적으로 달랐다. 또한 적대관계에
있는 미국과 일본의 안보협력은 갈수록 강화되는 상황이 전개되
고 있었으며, 미국의 대북한 압박 수위는 좀처럼 누그러지지 않
고 있었다. 결국 자신의 힘으로 이 같은 적대세력과의 힘의 균형
을 유지할 수 없는 상황에서 북한의 선택은 강대국과 협력관계
강화를 도모하는 길밖에 없었던 것이다.[313] 실제 북한은 탈냉전
기 미국의 대북 압박이 지속되는 상황에서 중국의 완충역할을
경험한 바 있다. 특히 제2차 핵 위기 재발로 미국의 대북압박 수
위가 높아져 갈 무렵 중국이 문제해결의 중재자로 나섬으로써
북·미 간의 극단적인 충돌을 막을 수 있었다. 한편, 북·중 관계
회복의 필요성은 중국도 가지고 있었다. 중국은 탈냉전 초기와
달리 동북아에서 북한의 전략적 가치를 중요하게 인식한 것이다.
무엇보다도 미국 및 일본을 견제하는 주요 카드로 북한의 활용

---

312) 통일부, 『북한동향』, 제522호(2001. 1. 13-20), pp.6-7.
313) 이러한 북한의 전략은 외교전략에서 흔히 말하는 '균형전략'이다. 이는 강
　　대국의 압박에 대항하여 체제생존을 위해 다른 강대국과 동맹을 맺거나
　　강화함으로써 힘의 균형을 이루어 대응하려는 전략이다.

가치를 중요하게 인식하고 있다는 것이다. 주지하는 바와 같이 동북아지역에서 미국의 일방주의적 패권정책이 지속되는 가운데 미국을 비롯한 일본 등과 마찰이 끊이지 않고 있는 상황이었다. 주변국들과의 이 같은 갈등과 마찰은 중국으로 하여금 북한을 전략적 협력대상으로 인식하게 만들었다.

향후 대중국 정책 방향 및 목표를 보면, 앞서 살펴본 바와 같이 북한과 중국 간의 관계는 현재 동맹관계와 전략적 협력관계가 동시에 공존하는 관계로 재설정되었다. 이 같은 관계 속에서 북한이 추구하는 최근의 대중국 정책목표는 다음과 같다. 양국 간 정치적 관계 회복을 바탕으로 북한 자신들이 처한 각종 대내외적 위기돌파 수단으로 중국을 활용하겠다는 것이 대중정책의 큰 틀과 방향이라고 볼 수 있다.

이에 따라 첫째, 경제위기 극복 과정에서 중국의 역할은 절대적이라고 볼 수 있다. 현재 북한 경제는 거의 자생력을 상실하였다. 이 같은 상황에서 북한 경제회복은 외부 지원 없이는 거의 불가능하다. 그러나 현재 북·미 관계 및 북·일 관계 등을 감안해 볼 때 외부로부터의 경제협력이나 지원을 얻는 것이 그리 용이하지가 않다. 이러한 상황 속에서 그나마 중국의 원조가 있었기에 북한이 버틸 수 있는 것이다. 이처럼 외부지원이 넉넉하지 않는 상황에서 중국의 직접적인 경제지원은 북한에게 큰 힘이 되고 있다. 북·미 관계가 잘 풀리지 않고 있는 상황에서 경제회복을 위한 외부지원은 크게 기대할 수 없다. 단지, 중국은 그간의 양국관계에 비추어 볼 때 특단의 조건 없이 북한을 지원할 수 있는 유일한 국가이다. 따라서 북한은 경제문제 해결에 있어서 중국의 협력 및 지원을 유도하는 데 대중정책의 역점을 둘 것이다. 또한 중국은 사회주의 국가 가운데서도 가장 발전된 경제모델을 가지고 있는 국가로서 북한에게는 매우 중요한 발전모델이아닐 수 없다. 따라서 이 같은 발전모델 적용 과정에서도 중국과의 협력이 절대적으로 필요할 것이다. 이러한 점도 대중정책 추진에서 중요하게 고려될 수 있을 것이다. 둘째, 미국의 대북 강경정책과 압박이 지속되고 있은 상황에서 현재 북한은 안보적으로도 매우 불안정한 지위에 놓여 있다. 북한은 이 같은 안보문제 해결을 위해 다각도로 노력을 하고 있지만 그 노력에 비해 안보환경은 크게 개선되지 않고 있다. 미국의 이라크침공에서 볼 수 있듯이 북한도 결코 미국의 선제공격 대상에서 자유로울 수 없는 것이다. 결국 이 같은 문제해결 방안으로는 미국과의 직접 담판을 통해서 체제보장 각서를 받아 내거나 동맹관계 강화를 통해서 힘의 균형을 확보하는 등의 방법이 있을 것이다. 이와 같은 두 가지 방안 어느 한 가지라도 중국의 도움을 받지 않고는 불가능하다. 동맹관계 강화 역시 현재로서는 중국과의 문제일 수밖에 없고, 미국으로부터의 체제보장 각서를 받아 내는 것도 북·미 양자협상으로는 쉽지가 않은 상황에서 중국을 비롯한 주변국들의 중재와 보장이 필수적이라는 것이다. 이 과정에서 특히 중국의 역할은 숭재자로서의 역할뿐만 아니라 북한의 입장을 대변할 수 있는 유일한 국가라는 사실이다. 따라서 북한은 불안정한 안보환경을 개선하는 데 있어서 중국을 다양한 카드로 활용한다는 정책 목표를 갖고 있다.

셋째, 핵문제나 미사일 문제 등 현재 미국과 현안이 되고 있는

206

각종의 협상에서 북한의 입장을 대변할 수 있는 중국의 역할 제
고에 대중정책의 역점을 둘 것이다. 그동안 진행되어 왔던 6자회
담의 내용들을 통해서 볼 때 북한 핵문제는 중국의 안보는 물론
21세기 중국의 국가목표인 경제발전에도 큰 장애 요인이 될 것이
다. 그래서 중국은 철저히 자국의 이해관계에 근거하여 북핵문제
의 성격과 파장을 분석하고 국익을 최대화하는 방향에서 자신의
전략과 정책을 선택해 왔다.314) 이 때문에 중국은 6자회담에서
북한을 전적으로 감싸고돌지 않는 것이다. 그러나 중국의 입장이
이렇다고 하더라도 중국은 북핵문제 해결 과정에서 북한체제를
위협하는 국제사회의 그 어떤 행위에 대해서는 반대한다는 입장
을 표명하고 있다. 중국은 북핵문제가 평화적으로 해결되어야 한
다는 것을 거듭 강조해 오고 있다. 북한은 중국의 이러한 입장을
현재 북·미 간의 각종 협상에 최대한 활용하려 할 것이며, 또 협
상과정에서 중국의 일정한 역할을 기대하고 있는 것이다.

넷째, 북·중 상호간 이념적 동질성의 강조를 통해 중국의 대
북한 협력 및 지원을 촉구할 것이다. 현재 중국이 개혁·개방을
통해 경제발전을 거듭하고 있지만 여전히 사회주의 국가로서의
근간은 그대로 유지하고 있다. 과거 북한은 북·미 갈등을 비롯
한 서구 자본주의 국가들과의 갈등 및 대립 발생 시 이러한 강
조를 통해 중국의 대북 협력을 유도하고자 노력한 바 있다. 따라
서 북한은 중국을 이와 같은 이념적 동질성의 틀 안에 붙잡아
두는 데 대중정책의 목표를 둘 것이다.

다섯째, 북한은 중국이 지나치게 미국을 비롯한 일본 및 남한

314) 이원봉, "6자회담과 중국", 『정치·정보연구』 제8권 2호(2005), p.86.

에 치우지는 것을 막고자 할 것이다. 실제 중국은 최근 들어 북한보다는 미국을 비롯한 일본 및 한국과의 관계에 더 많은 신경을 쓰고 있다. 그것은 현재는 물론 향후 중국의 경제성장 및 발전이 이들과의 관계가 어떻게 설정되고 진전되느냐에 따라 결정될 수 있는 중요성이 있기 때문이다. 교역량이라는 단순 비교만 놓고 보더라도 중국에게 있어서 이들 세 나라와 북한은 비교가 되지 않는다. 이런 사실을 북한도 알고 있을 것이다. 현실이 이렇다고 하더라도 북한의 입장에서는 이들 세 나라에 중국이 지나치게 기우는 것은 환영할 만한 일은 아닌 것이다.

2. 대러시아 정책

현재 북한이 겪고 있는 대내외 정치, 경제를 비롯한 군사·안보위기는 탈냉전기에 들어 시작된 북·러 간의 관계 변화 및 악화와 적지 않은 관련을 갖고 있다. 북한정권의 수립을 비롯해 체제발전·유지에 막대한 영향을 미쳐왔던 러시아와의 제반 관계가 변질된 것이다. 무엇보다도 40여 년 동안 양국관계의 기반이 되어 왔던 군사동맹 관계가 폐지되고 양국 간에는 우호협력조약이 대신하게 되었다. 한동안 불편한 상태를 계속해 왔던 양국관계는 1990년대 중반을 넘으면서 서서히 회복의 조짐을 보였다. 여기에는 여러 가지 이유가 있겠지만 무엇보다도 역내 영향력을 회복하려는 러시아와 대미관계 및 대일 또는 대중관계에서 러시아의 역할을 최대한 활용하고자 하는 북·러 양자 간의 이해가 맞아떨어진 결과라고 할 수 있다.

북한 핵문제를 비롯해 한반도 문제에 대해 현재 러시아도 깊

숙이 개입되어 있다. 과거처럼 두 나라 사이가 동맹으로 불릴 만큼 끈끈한 사이라고는 볼 수 없지만 역내 국가들 간의 힘겨루기 및 힘의 결집 양상이 가시화되면서 북·러 간 관계가 탈냉전 초기와는 확연히 달라지고 있다. 이와 같이 북·러 관계는 탈냉전기 북·중 관계처럼 관계 부침을 보이는 가운데 현재에 이르고 있다. 두 나라 간의 관계변화 추이를 시기별로 살펴보면 다음과 같다.

첫째, 관계악화기로서, 소련이 붕괴하고 신생 러시아가 출범할 무렵이다. 즉 1992년부터 1993년 전반기까지의 북한과 러시아는 냉전종식에 따른 동북아 신(新)국제질서 속에서 사회주의 연대성의 단절과 러시아의 북한 핵개발 저지 및 한국중심 경제협력 정책 등으로 여러 분야에서 양국관계가 악화되었다. 한편, 이 시기 양국은 대외인식을 비롯한 국가정책 목표에서 확연하게 차이를 드러내 보였다. 즉, 러시아는 사회주의와 중앙계획 경제체제를 자유민주주의와 시장경제 체제로 전환하기 위한 개혁정책을 추진하기 시작하였고, 북한은 세계적인 탈냉전 조류와는 달리 '우리식 사회주의' 체제를 유지하는 가운데 심화되고 있는 경제난을 극복할 수 있는 정책을 모색하였던 것이다. 게다가 북한의 핵문제로 인해 북·러는 심각한 갈등을 노정하였다.315)

---

315) 러시아는 구소련과 마찬가지로 한반도 비핵화 정책을 추진하였다. 이는 러시아가 자국과 국경을 접하고 있는 국가들이 핵을 보유하고 있는 것이 결코 자국에 이롭지 않다고 인식하고 있었으며, 이는 동북아 군사안보적 환경을 안정시키는 데도 필요하다고 인식하고 있기 때문이다. 그러나 북한은 한·소 간의 수교 등에 자극받아 핵개발을 본격화하였는바, 이를 저지하려는 러시아와 개발하려는 북한 간의 갈등은 이 시기의 양국관계를 악화시키는 또 다른 원인이 되었다.

둘째, 양국 간 관계를 회복하기 위한 모색기로서 대략 1993년 후반기부터 1994년 전반기까지라고 할 수 있다. 이 시기의 양국 관계는 북한보다는 러시아 대외정책의 변화 속에서 양국 간 경제관계 정상화가 모색되었고, 러시아의 대북한 무기판매 재개 및 양국의 외교관계 개선 노력 등으로 정치를 비롯한 경제 및 군사 안보 분야에서 관계회복을 위한 정책이 동시에 추진되었다. 이 같은 배경에는 언급한 바와 같이 러시아의 대외정책변화 즉, 독자적인 외교강화가 그 배경이 되고 있다. 주지하는 바와 같이 러시아는 탈냉전 초기 '대서양주의'[316]에 기초한 친서방 외교정책을 추진하였으며, 유럽부흥개발은행(EBRD), 국제통화기금 및 세계은행에 가입하는 등 러시아의 서방 외교정책은 매우 역동적이며 성공을 거두는 것같이 보였다. 그러나 러시아는 점차 탈냉전 초기 태도와는 달리 미국 내 경제침체와 러시아의 정세 불안정 등을 이유로 하는 미국의 소극적인 대러시아 경제지원에 불만을 갖게 되었다. 이를 배경으로 러시아는 1993년 초 친서방 외교노선을 독자노선으로 수정하게 되었다.[317] 또한 러시아는 서구뿐만

---

316) 대서양주의자들은 급진 개혁주의자들을 중심으로 구성되어 세계체제의 재편기에 있어서 러시아의 선결적 이익은 '경제적 이익'이라고 주장한다. 이들은 세계적 차원에서의 경제적 상호의존성의 심화현상에 주목하고 서구 외의 경제협력과 러시아 경제의 세계 자본주의 시장체세보의 편입, 그리고 'G7의 G8화'를 위한 경제외교의 강화 필요성을 제기했다. 또한 더 나아가 서방으로부터의 위협이 사라졌고 서방선진국은 러시아의 자연스러운 동맹자라는 확신하에 EU와 NATO의 정식회원국으로 가입하길 원했으며 미국과의 '평화를 위한 파트너십'형성에 적극적인 지지를 표명한 바 있다. Suzanne Crow, "Why has Russian Foreign Policy changed?" *RFE/RL Research Report*, Vol.3, N.18 (May 1994), p.6.

317) Suzane Crow, "Why has Russian Foreign Policy Changed?" *RFE/RL Research Report*, vol.3, no.18(6 May 1994), pp.1-6.

아니라 자신의 영향권으로 간주하고 있던 동구와 구소련 공화국들 및 아시아 국가들도 중시하는 정책, 즉 유라시아주의 (Eurasianism) 정책을 추진함으로써 국익을 극대화하고 강대국이 지위를 유지하고자 하였다. 즉 탈냉전 이후 대서방 정책이 큰 실효를 거두지 못하고 있는 상황이 계속되자 대외관계를 새로이 정립할 필요성을 인식한 것이다. 새로운 대외관계에서 역내 국가들과의 제반관계를 긴밀히 하고 경제적, 지정학적 이해를 확보함으로써 소련의 붕괴로 악화된 자국 위상을 재확립하고자 하였다.

탈냉전이 시작되면서 대러시아 관계가 전반적으로 악화된 상태에 있던 북한은 당시 위와 같은 러시아의 외교정책변화를 대러시아 관계 회복을 위한 계기로 삼았다. 아울러 러시아도 북한에 대한 기존의 영향력 유지 및 한반도에 대한 발언권 강화 차원에서 대북한 관계를 회복하려고 하였다. 이에 따라서 1993년 후반기부터 1994년 전반기까지의 러·북한 관계는 이전 시기의 여파로 갈등을 부분적으로 나타내기도 하였으나 악화되었던 경제관계의 회복 모색과 러시아의 대북한 무기판매 및 우호관계로의 개선 노력 등을 통하여 점차 회복의 기미를 보였다.

셋째, 1994년 후반기부터 1995년 말까지는 양국 간 관계회복 정립기라고 볼 수 있다. 양국관계는 김일성 사망과 북·미 간의 핵타결이라는 한반도의 정세변화를 배경으로 러시아의 김정일정권 지지와 군사동맹조약의 폐기 및 극동지역 중심의 경제협력 확대 등으로 재정립되었다. 특히, 양국 간 군사동맹조약의 폐기와 관련하여 1995년 9월 7일 러시아가 1961년에 체결되어 지속되어 오던 "러·북 우호협조 및 호상원조 조약을 더이상 연장하지 않는다."고 공식 발표함으로써 러시아와 북한은 군사동맹관계에서 일반적인 국가관계로의 새로운 관계 설정이 불가피하게 되었다. 이에 따라 양국관계는 이념에 기초한 정치군사적 동맹관계에서 벗어나 국가 대 국가라는 지극히 일반적이고도 새로운 관계를 맺게 되었다.

넷째, 북·러 상호발전을 위한 새로운 관계정립기로서 시기적으로 대략 1996년부터 현재까지라고 할 수 있다. 특히 양국이 탈냉전 초기와 달리 이 같은 새로운 밀착관계를 모색하게 된 데에는 북·러 양자 공히 국제정치에서의 소외감과 무력감을 극복해야 한다는 공통 인식이 작용한 결과라고 볼 수 있다. 즉 러시아는 한반도 및 동북아에서 실추된 각종의 영향력을 복구하기 위해 적극적인 역내 문제에 대한 개입정책이 필요했고, 북한은 확고한 정치적·안보적 후견세력을 구축하여 국제적 고립을 해소하고 대미관계는 물론 대남 및 대일 관계에서 유리한 입장을 확보하기 위해 러시아와의 전략적 협조가 필요했던 것이다. 두 나라는 이같이 새로운 밀착관계 구축을 위해 다방면에서 노력을 기울였다. 우선 1996년 4월 평양에서 제1차 '북·러 무역경제 및 과학기술협조위원회' 제1차 회의가 열렸다. 당시 양국은 부총리급을 수석대표로 외무, 대외경제, 농업, 철도, 경공업, 임업 등 경제 각 분야에서의 협력방법을 모색하기도 했다. 양국은 또 이 회의의 후속조치 성격으로 1996년 11월 북한의 나진·선봉지대에 대한 러시아의 투자확대와 대북 원유제공, 금속공업 제품교환 등을 통한 양국 간 무역확대를 목표로 투자보장협정을 체결했다. 이같은 양국 간의 경제협력 관계가 본격화되면서 소원했던 정치적 관계도 차츰 회복되어 갔다. 1997년 1월 21일부터 리인규 북한 외교부 부부장과 그레고리 카라신 러시아 외무차관을 각각 수석 대표로 한 북·러 신조약 1차 회담이 시작돼 1998년 12월까지 평양과 모스크바를 오가며 4차례의 실무회담이 진행됐다. 양국은 이를 통해 핵심 쟁점이었던 자동군사개입조항을 폐지하고 고려연방제 지지조항을 삽입하지 않는다는 원칙에 합의, 1999년 3월 17일 평양에서 북·러 우호선린협조조약에 가서명하고 2000년 2월 9일 정식 서명했다. 새 조약 체결로 북한과 러시아는 1990년 9월 한·소 수교 이후 소원해진 양국관계를 청산하고 정상적인 국가관계를 회복하는 계기를 맞이했다.[318] 이후 양국 간 최고지도자의 방문이 이어졌다. 즉, 북·러 우호선린협조(2000. 2. 9) 체결에 이어 옛 소련과 러시아를 통틀어 러시아 최고지도자로서는 사상 처음으로 푸틴 대통령이 2000년 7월 북한을 방문하여 북한과 협력을 강화하는 기본 틀을 마련했다. 당시 김정일 국방위원장과 푸틴 러시아 대통령은 2000년 7월 19일 평양에서 단독 및 확대 정상회담을 갖고 양국 간 협조와 상호 협력, 북한 미사일 문제 등을 내용으로 하는 11개 조항의 '공동 선언'을 채택했다.[319] 공동 선언은 우선 2000년 2월 9일 체결된 '조선·러시아

---

318) 김승채, "북한의 대외정책변화와 중·러 관계", 『계간 외교』, 제54호, (2000), p.57.

319) 북·러 공동 선언은 탈냉전 이후 상당기간 소원했던 양국관계의 복원과 함께 동북아를 비롯한 국제정치에서 미국 주도의 패권적 세계질서에 반대하는 공동입장을 천명한 것으로 볼 수 있다. 또한 공동 선언은 소련과 러시아 최고지도자로서는 최초 북한을 찾은 블라디미르 푸틴 대통령과 김정일 국방위원장이 직접 서명했다는데도 그 의의를 찾을 수 있다. 특히 두 정상은 공동 선언의 11개 항목 가운데 대부분의 항목을 다극적 세계질서 창설을 강조하면서 미국 주도의 패권적 힘의 정치에 반대한다는 공동입장

간 우호·선린 및 협조에 관한 조약'이 양국 간의 전통적인 친선
관계와 선린, 상호 신뢰, 다방면적인 협조를 강화하며 동북아시아
와 국제무대에서 평등하고 호혜적인 협조를 발전시키려는 서로
의 염원을 표시했다고 강조했다. 특히 북·러 공동선언은 이어
양국이 모든 침략과 전쟁정책을 반대하고 군축과 세계안정 및
안전을 위해 적극 노력할 의향을 표명했으며 특히 "각자 양국에
침략 위험이 조성되거나 평화와 안전에 위협을 주는 정황이 조
성돼 협의와 상호 협력을 필요로 할 때 지체 없이 서로 접촉할
용의를 표시했다."고 밝혔다.[320]

한편, 김정일 국방위원장은 2000년 7월 푸틴 대통령의 방북에
대한 답방 형식으로 2001년 7월 26일부터 8월 18일까지 공식 방
문을 통해 북한과 러시아 간에 한·소 수교 이후 소원했던 양국
관계를 완전 정상화하고 러시아와 외교·경제 등 전방위 협력체
제를 구축했다. 특히 양국정상이 발표한 '북·러 모스크바 선
언'(2001. 8. 4)[321]에는 양국 간의 협력관계 복원, TKR(한반도
종단철도)과 TSR(시베리아 횡단철도)의 연결사업, 미국에 대한
공동보조, 한반도 정세 등에 대한 합의를 담고 있다.[322] 2002년

을 재확인했다. http://nkchosun.com/original/original.html.
320) 연합뉴스, 『2002 북한연감』, (서울: 연합뉴스사, 2002), p.927.
321) 김성일 북한 국방위원상과 블라디미르 푸틴 러시아 대통령이 4일 성상회남
   을 가진 뒤 8개 항의 '모스크바 선언'을 발표했다. 이 선언은, 양국의 정치
   군사적 협력협정 체결, 교역확대와 전력협의, 북한의 철도현대화를 위한 러
   시아의 지원 확보, 한반도 문제해결에의 공감대 형성, 미국의 미사일방어체
   제(MD) 계획에 대한 공조 구축 등에 합의하였다. 또한 주한미군 철수, 탄
   도탄요격 미사일(ABM) 협정, 북한 미사일 위협론 등을 제기하 북·러가
   공동으로 미국을 견제하고 있다는 인상을 심어 주었다. http://nkcho
   sun.com/original/original.html.
322) 통일부, 『주간북한동향』, 제553호, 2001. 8. 18-8. 24.

214

8월 김정일 국방위원장은 러시아 극동지역을 방문하여 푸틴대통령과 정상회담을 개최하기도 하였다.[323]

북한의 핵문제를 비롯한 미사일문제 등이 동북아 현안문제로 등장하면서 북한과 러시아 간의 접촉기회가 잦아지고 있다. 냉전기와 같이 러시아가 북한을 일방적으로 감싸지 않고 있는 것만은 확실하지만 러시아의 북한에 대한 애정은 여전하다고 볼 수 있다. 이는 다분히 러시아의 전략적 계산이 고려된 것으로서 러시아의 대미, 대일, 대한, 또는 대중 관계에서 북한은 나름대로 유용한 전략적 활용카드가 된다는 점 때문이다. 따라서 러시아로서는 탈냉전초기와는 달리 북한 끌어안기에도 노력하는 모습을 보이고 있다.

탈냉전기 북한의 대러시아 정책 목표와 추진방향은 여전히 러시아와 보다 긴밀한 관계정립을 통하여 정치적 관계를 회복하고 경제협력을 통한 경제위기 극복 등에 초점을 두고 있다.[324] 이를 구체적으로 살펴보면 다음과 같다.

첫째, 러시아와의 긴밀한 정치적 관계를 형성하는 데 대러정책의 목표를 두고 있다. 북한이 이 같은 정책목표를 추구하게 된 데에는 정치적으로 1994년 10월 북·미 간의 핵합의가 타결된 이래 북·미 관계 개선이 급진전됨으로써 미국의 한반도에 대한 영향력 증대를 우려한 러시아가 한국만을 중시하던 이전의 정책으로부터 벗어나 북한과도 관계를 회복함으로써 더욱 균형 잡힌 대한반도 정책을 전개하려고 시도하고 있다는 데서 힘을 얻었다고 볼 수 있다. 그러나 2000년 이후 미국의 대북강경정책의 지속

323) 『로동신문』, 2002. 8. 26.
324) 외교안보연구원 편, 『주요 국제문제 분석』(2000. 1. 17), p.3.

및 제2차 핵문제로 인한 6자회담, 북한 자신의 미사일문제와 미국의 MD문제 등에 있어서 러시아와의 전략적 공조는 중국과의 공조 이상으로 중요성을 갖는다. 즉 북한의 대미협상력 제고에 있어서 러시아의 역할은 결코 무시할 수 없는 것이다.

북·러 간 관계가 냉전기와는 판이하게 다른 것은 사실이지만 그래도 러시아는 북한체제를 온전히 보존시키는 데 있어서 중국과 더불어 중요한 보루임에 틀림없다. 즉 현재 상태에서 러시아는 완전하지는 않지만 미국의 대북압박을 완화시킬 수 있는 완충장치로서의 중요성도 지니고 있다. 또한 북한은 6자회담에서 러시아의 일정 역할을 기대할 수밖에 없는 실정이다. 6자회담에서 중국이 북한에게 보여준 태도가 예전과는 상당히 다르다는 점에서이다. 즉 북한을 일방적으로 옹호하지 않고 있다는 것이다. 이러한 점으로 미루어볼 때 6자회담에서 러시아에 거는 북한의 기대는 클 수밖에 없다.

다음으로 북한의 미사일 문제와 관련하여 미국을 비롯한 한국과 일본 등이 매우 민감하게 반응하고 있다. 이 같은 반응은 최근 북한의 미사일 발사 건(件)에 대한 이들의 태도에서도 잘 나타나고 있다. 그러나 이는 미국이 추구하고 있는 MD와 결코 무관하지 않은 것으로서 미국의 MD구상에 대해 긍정적인 반응을 보이지 않고 있는 러시아라는 것을 감안해 보면 북한으로서는 자신들에 대한 미사일문제를 합리화시키거나 옹호해 줄 수 있는 주변국가들이 필요하다. 러시아와 중국은 이러한 점에서 자신들과 입장을 함께 할 가능성이 높은 유일한 국가들이다. 결국 북한의 이 같은 정책목표의 달성여부는 러시아와의 정치적 관계가

어느 수준으로 까지 회복되느냐 하는 것이다. 따라서 북한으로서
는 대러시아 정책목표 중에서 높은 수준의 정치적 관계로 끌어
올려야 할 필요성이 있는 것이다.

둘째, 냉전체제하에서는 각국의 핵심적 국가 이익이 정치적 또
는 군사·안보적인 것이었다. 그러나 탈냉전 체제하에서는 정치
적 또는 군사·안보적 이익보다는 경제적 이익이 모든 나라의
핵심적인 국가 이익으로 자리잡고 있다는 것은 주지의 사실이다.
각국의 핵심적인 국가 이익이 이처럼 정치·군사적 이익으로부
터 경제적 이익으로 이동하고 있는 전 세계적 흐름 속에서, 북·
러 양국 간 관계를 결정짓는다는 것은 다름 아닌 경제적 실리
여부이다. 특히 러시아의 경우는 탈냉전이 시작되면서 중국과는
전혀 달리 북한의 경제문제 해결에 대해 그다지 관심을 보이지
않고 있다. 물론 이는 러시아 내부의 경제적 어려움에도 그 원인
이 있지만 근본적으로 러시아가 북한과의 경제교류에 큰 메리트
를 느끼지 못하고 있다는 점이 크게 작용하고 있다. 이 같은 상
황에서 북한이 러시아로부터 경제협력이나 지원을 얻어내는 것
이 쉽지 않을 것이다. 그러나 현재 북한의 경제난 해결에 조금이
라도 도움을 줄 수 있는 국가는 러시아와 같은 과거 동맹국들이
라고 할 수 있다. 북한은 이러한 점들을 염두에 두고 대러시아와
의 경제관계 회복에 역점을 둘 것이다.

셋째, 러시아와의 군사안보 협력관계 강화에 역점을 둘 것이다.
주지하는 바와 같이 탈냉전시대 북한 외교정책의 목표 가운데
하나는 바로 안보환경 개선이다. 물론 북·러 간 군사동맹관계가
해소되었기 때문에 러시아로부터 과거와 같은 동맹관계의 협력

을 기대할 수는 없겠지만 최근 더욱 강화추세를 보이고 있는
미·일 간의 군사협력 등을 감안하면 중국과 더불어 러시아와의
군사안보 협력의 문제는 체제의 사활이 걸린 문제라고 해도 과
언이 아니다. 따라서 북한은 러시아와의 정치, 경제협력 관계는
물론 군사안보 분야에서의 협력관계를 강화시키는 것도 중요한
정책목표라고 볼 수 있다. 향후 북한이 러시아와 어떠한 형태로
군사·안보 협력관계를 유지하려 할지 정확히 예측할 수는 없으
나 분명한 것은 군사·안보협력 유지가 북한과 러시아의 상호이
익을 가져올 경우 동맹조약의 폐기와는 상관없이 양국은 새로운
군사·안보협력 관계 설정이 가능할 것으로 본다. 실제 양국 간
에는 2001년 4월 '방위산업 및 군사장비 분야에 관한 협정' 및
'2001년 군사협력협정' 등에서도 나타나듯이 군사안보 분야에서
양국 간 협력관계가 증진되고 있다. 더욱이 북한은 2002년 10월
핵개발 시인 이후 군사대표단의 방어 등을 통해 러시아와 군사
협력을 강화하고 있다.[325] 특히, 안보협력에 있어서는 전략적으
로 균형전략을 취할 가능성이 높다. 이와 관련하여 북한은 2000
년 7월 '조·러 공동 선언'과 2001년 7월 '조·러 모스크바선언'을
통해 반미 연대입장을 밝혔다. 북한은 위 선언에 대해 "바로 세
계의 전략적 균형과 안정을 파괴하고 독점적 세계지배를 추구하
는 제국주의, 지배주의, 반평화세력에 대한 엄숙한 경고로, 세계
의 자주평화 애호력량에 대한 힘 있는 고무로 된다."고 평가하면
서 두 나라가 미국의 MD 수립과 우주군사화 계획에 공동으로
대처해 나가야 한다고 하였다.[326]

---

325) 박영규, 『김정일정권의 외교전략』(서울: 통일연구원, 2002), p.55.
326) 『로동신문』, 2001. 8. 22.

Ⅲ. 대미 · 일 정책

1. 대미국 정책

현재 북한의 외교정책에서 대미정책은 체제 생존여부를 결정지을 만큼 그 중요성이 커지고 있는데, 탈냉전 이후 북한이 겪고 있는 안보위기, 대내외적인 경제위기, 국제고립 등 크고 작은 대부분의 위기들이 북 · 미 관계와 연관되어 있기 때문이다. 한편, 한반도 문제가 전적으로 미국과의 주요 관계라는 북한의 인식과 함께 이러한 문제해결은 결국 미국을 통해서만이 가능하다는 이른 바 '중심고리론'이 동시에 영향을 미치고 있다. 이처럼 한국전쟁 이후 줄곧 '철전지 원수'로 여기며 적대적 대립정책을 지속해 오던 미국이 이제는 북한체제의 생존여부를 결정짓는 위치로 변해 있는 것이다. 참으로 역사의 아이러니가 아닐 수 없다.

북한의 대미관계 개선의 중요성은 탈냉전이 본격적으로 전개되던 1990년대 들어서면서부터이다. 이 같은 변화에 북한은 속수무책이었던 것으로 볼 수 있다. 그 어떤 대비도 할 수 없을 정도로 국제정세가 급변해 버린 것이다. 미국과의 관계에 있어서 북한은 사회주의권 붕괴 이전에도 한반도문제 해결을 위해 미국과의 대화를 주장해 왔지만 당시는 대남전략 수행에 필요한 여건조성에 그 목적이 있었다. 그러나 1990년대 발생한 북한체제 전반의 위기가 미국과 연계되면서 북한의 대미접근은 체제유지를 위한 생존전략의 차원에서 전개되게 되었다.

탈냉전기 북 · 미 간 정부차원의 본격적인 접근은 1993년 북한의 NPT 탈퇴를 계기로 시작되었다. 이후 1994년 제네바핵합의를 통해 양국 간 관계개선의 발판이 마련되기도 했었다. 그러나 북한의 미사일 시험발사 및 끊임없이 제기되는 북한의 핵 의혹, 부시행정부의 북한에 대한 부정적 인식과 이에 따른 대북압박 등이 겹치면서 북·미 관계는 다시 악화되기 시작했다. 결국 2002년 10월 북핵문제가 재발하였고, 이 문제를 해결하기 위한 3자회담과 6자회담이 중국의 중재로 개최되기도 하였다. 이처럼 북·미 간의 발판은 핵문제를 통해 마련되었으며 이후 북·미 간의 활발한 접촉이 진행되어 왔다. 그러나 잦은 접촉에도 불구하고 양국 간 산적한 현안문제들은 명확히 그 해결의 모습을 보이지 않고 있다. 이것이 간략히 요약해 본 탈냉전기 북·미 관계의 현주소이다.

한편, 북한의 대미정책을 살피는 데 있어서 미국의 대북정책도 검토될 필요가 있는데 북한의 대미정책 자체가 미국의 대북정책에 대한 반작용으로도 볼 수 있는 부분들이 있기 때문이다. 우선 탈냉전기 미국의 대북한 정책 기본구도는 세계 및 동북아 전략적 차원에서의 밑그림을 바탕으로 하고 있다. 말하자면 미국이 초강대국으로서의 리더십을 유지하는 데 있어서 반미국가들이 생산하는 대량살상 무기의 제조 및 확산방지가 필수적이라는 인식을 갖고 있다. 따라서 북한의 핵이나 미사일 등 대량살상 무기개발의 억제필요성이 있으며, 이는 동북아의 안정을 위해서도 반드시 필요하다는 것이다. 한편, 미국은 동북아의 안정을 위해서도 한반도에서의 전쟁예방과 억지에 초점을 두고 이를 위해 북한의 군사적 위협을 억제하고자 한다.[327] 이 같은 점에서 볼 때 미국에 있어서 한반도의 긴

---

327) 미국이 현재 추진하고 있는 MD계획도 북한의 군사적 위협이 하나의 요

장완화와 위기관리는 남북한 차원의 문제인 동시에 동북아의 안정과 직결된 문제이기도 하다. 특히 이를 위해 핵확산(Nuclear Proliferation)의 방지와 지역적 분쟁의 억지(deterrence)를 통해서 한반도의 안정과 평화를 유지하면서, 궁극적으로는 북한을 자유시장경제체제로 유도하여 지역국가의 일원으로 편입시키고자 하는 것이 대북정책의 기본구도인 것이다.[328] 이러한 대북정책의 기본성격은 클린턴 정부와 현 부시행정부 간에 약간의 차이가 있다. 우선클린턴 행정부의 대북정책은 문제 해결에 있어서 협의를 통해 미국의 영향력을 강화하는 이른 바 '개입과 확대전략'의 연장선상에서 추진되었다. 따라서 이 시기 대북정책은 대북포용정책으로서의 성격을 갖고 있었다.[329] 북한의 핵이나 미사일문제 해결도 이 같은 기조를 바탕으로 하였다. 즉, 제네바 합의를 기초로 북한의 핵동결에 주력하고 미사일문제는 페리보고서[330]를 근간으로 하고자

인이 되고 있다.

328) 최선근, "탈냉전기 주변강국의 대외정책 및 대한반도 정책의 전개: 미국", 백종천 외 편, 『탈냉전기 한국 대외정책의 분석과 평가』(서울: 세종연구소, 1998), pp.173-218.

329) 오일환, "북·미 관계의 점검과 향후 전망", 『극동문제』(서울: 극동문제연구소, 2002. 9), p.17.

330) 페리보고서는 북한의 미사일 문제 해결을 위한 '3단계 접근방안'과 '5개의 정책권고안'으로서 제1단계는 단기적인 정책목표로 북한의 미사일 실험발사를 자제시켜 한반도 평화분위기를 조성키 위해 대북한 경제제재를 완화하고, 제2단계는 중기 정책목표로서 북한의 핵 및 미사일 개발을 완전 중단시켜 북·미 관계 정상화를 모색하는 것이며, 최종적으로 제3단계에 가서는 북·미 수교를 통한 한반도 냉전구조를 해체한다는 것이었다. 또한 5개항의 정책권고안을 보면, 첫째, 대북한 정책의 포괄, 통합적 접근방식 채택 둘째, 부처 간 조정역할을 맡을 대사급 고위직의 국무부내 신설, 셋째, 한미일 3국간 고위정책협의회유지 넷째, 미 의회 내 초당적 대북한 정책추진을 위한 지지확보 다섯째, 북한도발에 따른 긴급상황 가능성에 대비한다는 것이다: Review of United States Policy Toward North

하였다. 이렇게 함으로써 북한을 자신들의 영향력하에 관리하여 한반도 및 동북에서 미국의 지배력을 강화시키고자 하였다. 말하자면 클린턴 행정부의 대북정책은 대화와 협상을 통한 대북한 '연착륙정책(soft-landing policy)'인 것이다. 이러한 연착륙을 통해 북·미 간 제반 현안문제를 해결하고자 하였다.

이에 비해 부시행정부는 전임 클린턴 행정부와는 다른 대북한 정책 방향을 설정하였는데, 연착륙정책이 아닌 강력한 힘을 바탕으로 한 대북정책 추진에 역점을 두었다.[331] 실제 부시행정부는 이러한 대북한 강경정책의 기조하에 2001년 6월 6일 1994년 북·미 간 핵합의 관련 사항의 개선, 북한 미사일의 검증 가능한 규제 및 수출금지, 재래식 군비축소 문제의 논의 등을 의제로 중단되었던 북한과의 대화재개 의사를 표명하고, 북한이 긍정적으로 응해 온다면 북한 주민에 대한 지원확대, 제재완화, 그리고 정치적 조치를 취할 것임을 발표하였다.[332] 2001년 9·11 테러사태 이후에 나온 '새 국가안보전략 보고서'(The National Security Strategy of the United of America)를 보더라도 부시행정부대북정책의 기본 성격과 방향을 가늠할 수 있다. 즉, 동 보고서는 탈냉전기 미국에

Korea: Findings and Recommendations Unclassified Report by Dr. William J. Perry, U.S. North Korea Policy Coor dinator and Special Advisor to the President and the Secretary of State Washington, DC October 12, 1999.

331) 러시아와 체결한 ABM협정의 일방적 탈퇴, 교토기후협약 거부, 포괄적 핵실험금지조약 비준거부, 지뢰금지협약 조인거부, 대이라크 선제공격 등을 통해서 볼 때 미국의 이 같은 대북정책 성격을 이해할 수 있을 것이다. 따라서 부시행정부는 자신의 국익이 개입되어 있는 문제에 대해서 일단은 대화를 시도하지만 항상 강력한 물리력을 동원한 문제해결 수단을 염두에 두고 있는 것이다.

332) http://usembassy.state.html.

222

게 위협이 되는 것을 북한이나 이라크 등 반미국가들이 가지고
있는 첨단기술 무기로 간주하고 있다. 따라서 미국은 이러한 새로
운 위협에 대처하기 위해 미국주도의 세계질서에 대한 어떠한 형
태의 도전도 허용하지 않겠다는 것이다.333) 특히 부시행정부의
대북한 강경정책을 보다 강화시킨 것은 9·11 테러사태였다. 이를
계기로 미국은 2002년 1월 29일 불량국가들에 대한 응징의지를
다지면서 이란, 이라크 등과 함께 북한을 '악의 축'으로 지목하였
던 것이다.334)

1) 대미정책의 기본목표와 방향

북한의 핵문제가 발발하기 이전까지 북한의 대미정책은 줄곧
미국에 대한 적대적 대립태도로 일관했다. 다시 말하면, 북한에게
있어서 세계혁명의 최우선적인 과제는 '미제국주의'를 타도하여
지구상에서 '제국주의 지배'를 완전히 청산하는 것을 목표로 하는
맹목적인 '반미' 그 자체였다. 이 같은 태도는 한국전쟁 이후 심
화된 미국에 대한 증오감과 국제적 냉전이 주된 원인이 되었다.
그러나 1990년대에 접어들면서 동구공산권의 붕괴와 더불어 시
작된 탈냉전은 북한의 대미정책을 근본적으로 변화시켰다. 즉, 적
대적 대립에서 적극적 관계개선 정책으로 선회시킨 것이다. 앞서
도 살핀바와 같이 북한의 이 같은 정책선회 배경은 무엇보다도
탈냉전기 북한체제의 생존여부와 관련된 안보, 경제, 국제고립 등

333) 이상현, "부시행정부의 국가안보 전략과 신 세계질서", http://www. kifs.
　　org/main/info-all-view.html.
334) 고유환, "향후의 한반도 정세를 전망한다", 『월간북한』(서울: 북한문제연
　　구소, 2002), p.31.

의 문제들이 미국과 깊은 관련을 맺고 있다는 점이다. 이에 따라 북한의 대미정책의 큰 틀은 미국과의 관계개선에 역점을 두고 세부적으로는 핵문제 해결을 통한 경제문제 해결(경제지원 및 협력 유도, 경제제재 해제 등)과 미국으로부터의 체제보장 약속, 테러지원국 해제를 통한 국제고립 탈피 및 대외경제 활성화에 두고 있다.[335]

2) 주요 현안별 정책목표와 방향

(1) 핵문제

■ 핵문제 발생

주지하는 바와 같이 북한은 1985년 12월 NPT에 가입하였다.[336] 그 후속조치인 IAEA의 안전협정을 지연시켜오다가 결국 1992년 1월 30일 IAEA와 핵안전조치협정을 체결하였다. 이후 5월부터 북한에 대한 IAEA의 임시사찰이 실시되었다. 그리고 IAEA는 1992년 5월부터 1993년 2월까지 북한에 대해 6차례의 핵사찰을 실시했다. 이 과정에서 북한은 사찰팀에게 1990년 약 90그램의 플루토늄을 추출했다고 보고 했으나, IAEA 사찰결과 북한이 보고한 양을 상회하는 정도의 플루토늄을 추출했을 것이라는 의혹이 제기되었다. 이에 따라 IAEA는 북한이 신고한 플루

---

335) 김성한, "페리 방북 이후 남북한 관계 전망: 한·미·북 삼각관계를 중심으로", 「통일전략포럼보고서 99-3」(서울: 경남대학교 극동문제연구소, 1999), pp.30-31.
336) 북한이 NPT에 가입하게 된 것은 북한의 스스로의 결정이라기보다는 소련의 압력에 의해서였다. Selig S. Harrison, "The North Korean Nuclear Crisis: From Stalemate to Breakthrough", *Arms Control Today*, Vol.24, No.9, November 1994, p.19.

토늄 추출량과 IAEA의 추정치 간의 불일치가 존재한다는 점을 공식적으로 제기하였다. 이처럼 북한 핵문제는 북한이 IAEA와의 안전조치협정을 체결한 이후 북한 핵에 대한 IAEA의 사찰결과와 북한이 사전에 동 기구에 신고한 플루토늄추출량의 내용과의 불일치가 생긴 데서부터 시작되었다. 이에 따라 IAEA 정기이사회가 소집되었고, 1993년 2월 25일 북한 핵개발에 대한 의혹을 해소하기 위해 영변 소재 2개의 미신고 시설에 대한 특별사찰을 촉구하는 결의안을 채택하였다. 그리고 IAEA는 그 시한을 한달로 정하였다. 북한은 IAEA의 이러한 결의안을 거부하면서 핵 의혹을 증폭시켰다. 결국 1993년 3월 12일 북한은 김영남 외교부장 명의의 특별사찰거부 통보를 공식화하고 "민족의 자주권과 나라의 최고리익을 수호하기 위하여 자위적 조치[337]를 선포한다."라고 NPT[338] 탈퇴를 선언하면서 핵문제는 북·미 갈등으로 치닫게 되었다.

북한이 이처럼 핵문제를 일으키게 된 의도가 정확하게 무엇인가에 대해서는 핵협상기간 내내 궁금증으로 남아 있었다. 현재까

---

[337] 여기서 말하는 자위적 조치는 NPT 탈퇴를 의미하는 것으로서, 핵확산금지조약 제10조의 규정을 보면, '중대한 사건'이 가입국의 최고이익에 위협을 주는 경우에 조약을 탈퇴할 수 있도록 되어 있다. 그러나 이러한 탈퇴권한을 행사하기 위해서는 분명한 이유를 명시한 통지서를 유엔안전보장이사회와 다른 핵확산금지조약 가입국 전부에게 3개월 전에 제출해야 한다. United Nations, "The Treaty on the Non-proliferation of Nuclear Weapons", Article 10.

[338] NPT(Treaty on the Non-Proliferation of Nuclear Weapons)는 1970년 3월 5일 발효된 조약으로 그 주요 내용은 (1) 핵무기 개발시도를 금지하는 핵확산금지 (2) 비핵보유국의 NPT 준수여부를 검증하기 위한 안전조치 (3) 원자력의 평화적 이용 (4) 핵보유국들의 핵무기 감축을 규정한 군비통제 및 군축 (5) 비핵보유국들의 자국의 영토에 대한 비핵지대화 권한 인정 (6) NPT조약의 개정, 이행, 연장에 관해 규정하고 있다.

지도 그 궁금증은 확실하게 풀리지 않고 있다. 핵개발을 하는 목적은 기본적으로 안보 수단일 수도 있다. 그다음 국내정치적 이유, 특히 상징성 제고라는 측면도 배제할 수 없다.[339] 여기에다 특정 국가(미국)와의 협상을 통한 제반 현안문제 해결에도 그 목적이 있을 수 있다. 우선 북한이 안보적 이유에서 핵개발을 시도할 수도 있다고 보는 것은 탈냉전이 시작되면서 북한은 여러 가지 안보위협에 직면하게 되었음은 앞서 살펴본 바와 같다. 여기에다 적대적 대립관계에 있던 미국의 군사적 위협이 점차 강도를 더해 가면서 체제유지의 마지막 수단으로 간주되는 핵은 미국의 이 같은 위협에 대처할 수 있는 효과적인 대처가 가능한 기제인 것이다.

다음으로, 대내외적인 체제위기 극복수단으로서 위상 제고용일 가능성에 관한 것이다. 북한체제의 특성상 충분히 가능성 있는 설명이다. 핵을 무기로 한 군사력 증강을 통해 냉전종식 이후 취약성을 보이고 있던 체제내적 이완현상을 방지하고 대외적으로는 힘을 과시함으로써 외부로부터 오는 체제붕괴 위험을 최소화하고자 했을 것이다.

미국과의 협상 내지는 반대급부를 얻기 위해서도 핵 개발이 필요했을 것이다. 핵문제 발생 이전까지 북미관계는 정부 간 대화채널이 활성화되지 못했다. 결국 북한에 대한 정부차원의 관심을 갖게 된 것은 핵무기가 결정적인 기반을 제공해 왔다. 북한이 미국과의 관계를 구축하기 위해 냉전기 동안 다각도로 노력을

---

339) Scott D. Sagan, "Why Do States Build Nuclear Weapons?: Three Models in Search of a Bomb", *International Security*, Vol.21, No.3(1997).

했지만 미국의 반응은 냉담했었다. 결국 핵문제를 통해서 북·미 간 정부차원의 대화가 본격적으로 시작되었고, 핵협상을 계기로 북한은 각종의 반대급부를 제공받을 수 있었다는 점에서 협상과 보상이라는 점도 핵개발의 중요한 배경이 된다고 볼 수 있다.

한편, 북한의 핵개발 동기와 관련하여 레너드 스팩터(Lenoard Spector)와 스미스(J. Smith)의 견해를 인용해 보면, 대략 6가지로 압축된다.

첫째, 남북한관계와 관련하여 핵문제를 보고 있는데, 북한이 남한에 대한 군사적 압력을 가속화시켜 통일을 성취해 보려는 노력의 일환이라는 것이다. 그 이유로 북한의 핵무기 개발 결정이 1970년대 후반에 이루어졌을 것으로 추측하고 있는데, 특히이 시기는 북한이 재래식 군사력을 증강시키던 시점이기도 하다. 둘째, 북한이 핵무기를 보유함으로써 적대국의 핵전력을 무력화시킬 수 있으며, 동시에 이를 통해 재래식 전력의 극대화 달성이 가능하다고 판단했을 것이라는 점이다. 셋째, 남한과의 군사력 경쟁 과정에서 김일성의 우려를 반영한 것이라는 점이다. 남한의 급속한 경제성장에 따른 경제력 향상 및 미국의 한국에 대한 군사력 증강 지원도 그 계기가 되었을 것이다. 넷째, 동맹국들에 대한 안보의존도를 줄여 보고자 하는 의도가 내포되어 있다는 것이다. 특히 1990년 이후 중국과 소련의 친한정책에서 안보위기의식이 가중되었을 것이다. 다섯째, 북한의 과학능력을 대내외에 과시함으로써 김일성정권의 대내외적 위상을 제고하고자 했을 것이다. 마지막으로, 핵을 보유함으로써 주한미군의 핵무기 철수를 가능하게 할 것으로 생각했다는 것이다.[340]

이처럼 북한이 핵을 가지려는 동기는 여러 차원에서 분석이
가능하다. 그간의 핵협상 과정을 통해서 보면 자위수단이라기보
다는 체제가 당면한 여러 문제를 미국과의 관계개선을 통해서
해결하고자 하는 이른 바 '대미협상용'일 가능성이 더 크다. 주지
하는 바와 같이 오늘날의 북·미 관계 기반은 핵문제가 아니었
으면 사실상 불가능했을 것이다. 말하자면 북핵문제는 그것이 북
한의 어떠한 동기에 의해 촉발되었든지 간에 현재의 북·미 관
계 기초가 되고 있는 것이다.

언급한 바와 같이 북한 핵문제의 발단은 1993년 3월 북한의
NPT 탈퇴선언[341]을 계기로 북한의 핵개발 의혹이 증폭[342]되면
서부터였다. 이를 계기로 북·미 간의 대화가 본격적으로 진행되
었고, 3단계 고위급 회담을 거쳐 1994년 10월 21일의 제네바 기
본합의가 이루어진 것이다. 이러한 양국관계가 오늘날의 북·미
관계 기초를 이루고 있다. 단계별 합의 내용을 보면 다음과 같다.

---

340) Lenoard Spector and Jacqueline Smith, "North Korea: the next nuclear
nightmare", *Arms Control Today*, Mar. 1991.
341) 북한은 1985년 NPT 가입 이후 1992년에는 국제원자력기구의 사찰협정에
도 참가했으며, 1992년 5월부터 1993년 2월까지 여섯 차례에 걸쳐 국제원
자력기구의 사찰에도 응했다. 한편, 클린턴 행정부는 일시적으로 중단했
던 한·미군사합동 훈련을 다시 시작하였으며, 이 무렵 IAEA는 북한에
게 핵사찰을 다시 요구하자 북한은 이에 반발하며 한·미군사합동훈련이
진행 중이던 1993년 3월 12일 NPT 탈퇴를 선언하였다.
342) 북한은 1985년 핵확산금지조약(NPT)에 가입한 후 18개월 이내에 체결해
야 하는 국제원자력기구(IAEA)와의 핵안전조치협정 체결의무 이행을 지
연시킴으로써 국제사회로부터 핵무기 개발에 대한 의혹을 증폭시켰다. 특
히 1989년에 영변핵시설에 대한 위성사진이 공개되면서 북한의 핵개발에
대한 우려는 심화되었다.

【단계별 합의 내용】

■ 제1단계 고위급 회담(1993. 6. 2)

-미국은 북한에 대해 핵무기를 포함한 무력사용 금지와 그 어떤 위협도 하지 않는다.

-한반도의 비핵화와 평화와 안전을 보장하며 상대방의 자주권을 상호 존중하고 내정에 간섭하지 않는다.

-한반도 평화통일을 지지한다.

이에 대해 당시 노동신문은 "이러한 원칙들에 준하여 조미 쌍방 정부들은 평등하고 공정한 기초 위에서 대화를 계속하기로 합의하였다. 이와 관련하여 조선민주주의인민공화국 정부는 핵무기전파방지조약으로부터의 탈퇴 효력을 필요하다고 인정하는 만큼 일방적으로 림시 정지시키기로 하였다."[343]라고 논평하였다. 동 합의를 통해 미국은 북한의 NPT 탈퇴를 단지 유보했을 뿐 탈퇴결정 철회를 이끌어내지는 못했고 또한 영변의 핵시설 사찰에 대한 북한의 동의를 이끌어내지 못했던 것이다. 그러나 단기적으로는 북한이 NPT 체제에 남게 되는 결과를 가져왔다. 반면에 북한은 앞서 언급했던 주요 3가지를 얻어낸 것이다.

한편, 북한이 1단계 고위급회담 당시에 얻었던 것들은 이미 유엔 헌장에 명시된 원칙으로 미국의 동의여부와는 상관없이 북한에게 주어진 권리라는 점에서 소득이라고 볼 수 없는 측면이 있

---

343) 『로동신문』, 1993. 6. 13.

다. 따라서 북한이 얻은 수확이라면 핵문제를 계기로 미국과의
대화채널을 마련한 것이다.

■ 제2단계 고위급 회담(1993. 7. 14)

제2단계의 주요 의제는 북한 핵에 대한 특별사찰이었으나 끝
내 그 목표는 달성하지 못했다. 제2단계 고위급 회담 이후 발표
된 언론보도문을 통해 발표된 회담 결과를 보면, 미국은 1993년
6월 11일자 북·미 공동발표문의 원칙을 재확인하고 북한 핵 문
제의 종국적 해결의 일환으로서 경수로 도입을 지지하며 이를
위한 협의 의사가 있다는 것을 표명하였다. 북한은 IAEA의 핵
안전조치의 완전하고도 공정한 적용이 NPT 체제 유지에 필수적
이라는 데 견해를 같이하면서 핵문제 해결을 위해 IAEA와 협의
및 남북대화에 대한 재개 용의 의사를 표명하였다. 그리고 핵문
제 해결을 포함한 전반적인 북·미 현안문제 해결을 위해 2개월
이내에 북·미 회담을 개최하기로 합의하였다.[344]

■ 제3단계 고위급 회담(1994. 8. 5)

제3단계 고위급회담은 7월 8일 김일성 주석의 사망 및 조문파
동 등으로 남북관계 등이 경색되는 가운데 추진되었다. 1994년 8
월 5일 시작된 3단계 1차 고위급회담에서 양측 입장이 절충되었
다. 8월 12일 발표된 '합의문(Agreed Statement)'은 ① 북한 흑연
감속로의 경수로로의 대체, ② 북미관계 정상화를 위한 조치, ③

---

344) U.S. Press Statement(Text Agreed By the DPRK and U.S.
　　 Delegations), July 19, 1993.

미국의 대북 핵공격 (위협) 포기와 북한의 한반도 비핵화선언 이행, ④ 북한의 NPT 잔류 및 핵안전협정 이행 노력 등에 합의하였다. 이 합의는 북·미 간 일괄타결의 기본 틀을 마련한 것이었다.

북·미는 8월 12일 합의 이후 9월 7일부터 16일까지 베를린에서 경수로 제공에 관한 회담을 갖고 공급을 위한 컨소시엄 형성과 미국의 역할에 대해 합의하였다. 이후 9월 23일 제네바에서 열린 3단계 2차 고위급회담에서 북한의 원자로 가동 중단에 따른 '보상' 문제가 중유 공급으로 타결되고, 또 핵발전소의 폐연료봉 재처리 금지로 최종 해결의 윤곽을 잡았다. 또한 2단계 고위급회담에서 논의의 초점이 되었던 북핵 특별사찰의 문제는 북한이 경수로 주요장비 도입이 완공되는 시점에서 받을 용의가 있다고 함으로써 협상 타결이 가능하게 되었다.

결국, 3단계 고위급 회담을 거쳐 북미 간은 1994년 10월 21일 제네바 협상을 성공시켰다. 1994년 핵합의 당시 채택된 합의문은 대외적으로 공개된 기본합의문과 비공개합의문의 두 종류로 되어 있다. 공개된 합의문의 주요 내용을 보면 다음과 같다.

【공개된 합의문의 주요 내용】

- 흑연감속로 대신 경수로발전 건설
  - 2003년을 완성시한으로 총발전량 2,000MWe의 경수로 건설
  - 미국에 의한 대체에너지 연간 50만 톤 제공[345]

---

345) 중유제공은 북한이 80년대부터 가동해 오고 있는 5메가와트 원자로와 건설 중인 50메가와트, 200메가와트 원자로가 생산하는 양만큼의 대체에너지로써 중유를 매년 50만 톤씩 미국이 공급하기로 하였다.

-북한은 미국의 경수로 및 대체에너지 제공에 따라 흑연감속
로 빛 관련시설 농결·해체

■북·미 관계 개선
-기본합의 후 3월 이내에 통신, 금융거래에 대한 제한을 포함
한 무역·투자장벽 완화
-상대방 수도에 상호 연락사무소 개설
-북·미 상호 관심사 진전 후 영사관계를 대사급으로까지 격상

■한반도 비핵화
-미국의 대북한 핵무기 불위협, 불사용에 관한 공식보장
-북한의 한반도 비핵화 공동선언 이행
-북한의 남북대화 착수

■국제적 수준에서의 NPT 체제 강화
-북한의 NPT 잔류 및 핵안전조치협정 이행
-북한은 경수로공급계약 체결 즉시 IAEA의 임시사찰 및 일반
사찰 수락
-북한은 경수로관련 핵심부품 인도 이전에 특별사찰 수락.[346]

핵합의 이후 북한의 핵 의혹이 지속적으로 제기되었다. 즉, 과
거의 핵에 대한 의혹이 완전히 해소되지 않았다는 미국의 주장

---

346) 이종석 외, 『남북정상회담 이후 주변 4강의 대북한 정책변화와 우리의 대
응방향』(성남: 세종연구소, 2002), p.17.

이 제기되었다. 이 주장은 1998년 미 의회의 럼스펠드 위원회의 활동과 동 위원회 보고서의 제출로 의회 내 공화당과 군부 및 보수파의 대북한 공세가 거세지는 국면에서 촉발되었다. 이러한 연장선상에서 미국의 언론이 북한의 금창리 지하 핵시설 의혹을 제기하면서 북한의 핵 의혹은 북·미 간에 긴장을 조성하기도 하였다.[347] 이 같은 핵 의혹에 대해 북·미 간은 현장 확인을 통해 의혹을 해소하기로 합의하였다. 합의에 따라 1998년 8월부터 제기되기 시작한 평안북도 대관군 금창리의 지하 핵 의혹시설 사찰이 1999년 5월과 2000년 5월 미국에 의해 2차례 걸쳐 이루어 졌으나 미국이 의심하고 있던 금창리 핵시설 의혹은 핵개발과 관련 없는 것으로 판명되었다. 이로 인해 그간의 핵 의혹이 해소 됨으로써 제네바 합의는 큰 문제없이 지켜지고 있다는 것이 입증되었다. 그러나 미국은 여전히 북한을 믿지 못했다.[348]

북핵문제는 부시행정부가 출범하면서 새로운 국면을 맞게 되었다. 특히 2002년 10월 3일부터 5일까지 켈리 미국 특사의 방북 시 북한이 자신들의 핵개발 계획을 시인했다고 함으로써 제2차 북핵 위기가 촉발되었다. 핵무기 공식보유 선언과 관련된 북한 외무성 성명을 보면 다음과 같다.

---

347) 미국은 금창리 핵시설 의혹을 강하게 제기하였고, 여기에 북한은 미국의 주장이 사실과 다를 경우 북한에 대한 미국의 보상을 요구하였다. 이에 북한은 미국의 복수 현장방문을 허용하는 대가로 약 60만 톤의 식량을 제 공받았던 것이다.
348) Larry A. Niksch, "North Korea's Nuclear Weapons Program"(CRS Report, 2001. 12. 6).

【핵무기 보유선언과 관련된 북한외무성 성명】

우리 공화국을 적대시하고 기어이 고립 압살해 보려는 2기 부시 행정부의 기도가 완전히 명백해졌다.

수차 언명해 온 바와 같이 우리는 미국에 《제도전복》을 노리는 적대시정책을 포기하고 조미평화공존에로 정책전환을 할 데 대한 정당한 요구를 제기하고 그렇게만 된다면 핵문제도 다 해결할 수 있다는 립장을 표명한 데 따라 2기 부시정권의 정책정립과정을 인내성을 가지고 예리하게 지켜보았다. 그러나 2기 부시행정부는 우리의 정당한 요구를 끝내 외면하고 대통령 취임연설과 년두교서, 국무장관의 국회인준 청문회 발언 등을 통해 우리와는 절대 공존하지 않겠다는 것을 정책화하였다.

미국의 공식적인 정책립장을 밝힌 미행정부 고위 인물들의 발언들을 보면 그 어디에서도 우리와의 공존이나 대조선정책전환에 대한 말은 일언반구도 찾아볼 수 없다.
오히려 그들은 《폭압정치의 종식》을 최종목표로 선포하고 우리 나라도 《폭압정치의 전초기지》로 규정하였으며 필요하면 무력 사용도 배제하지 않을 것이라고 공공연히 폭언하였다. 그러면서 그들은 미국식 《자유와 민주주의의 확산》을 통해 세계를 오직 미국식 가치관을 따르는 한 모양새로 만들어 놓겠다고 다짐하였다.
결국 2기 부쉬행정부의 본심은 1기 때의 대조선 고립압살정책을 그대로 답습할뿐더러 보다 강화하겠다는 것이다.

미국은 이처럼 우리의 《제도전복》을 목표로 한 새로운 리념대결을 선포하고도 다른 한편으로는 핵문제의 《평화적이며 외교적인 해결책》과 《6자회담의 재개》에 대해 넘불처럼 외우면서

234

세계여론을 기만하려 들고 있다. 이것이야말로 강도적인 억지론리이며 모략과 기만의 명수로서의 미국의 기질과 뻔뻔스러운 량면적 립장을 그대로 보여주는 일단이다.

지금까지 우리는 미국이 우리 제도에 대해 시비질하지 않고 우리의 내정에 간섭하지 않는다면 우리도 반미를 하지 않고 우방으로 지낼 것이라는 립장을 명백히 밝히고 핵문제의 해결과 조미관계 개선을 위해 할 수 있는 모든 노력을 기울여왔다.
그러나 미국은 이것을 우리의 약점으로 오판하면서 우리 인민이 선택한 존엄 높은 우리 제도에 대해 모독하고 무서운 내정간섭 행위를 감행하였다.

미국이 핵문제해결의 근본장애인 적대시정책을 철회하라는 우리의 요구를 외면하고 우리를 적대시하다 못해 《폭압정권》이라고 하면서 전면 부정해 나선 조건에서 미국과 회담할 명분조차 사라졌으므로 우리는 더는 6자회담에 참가할 수 없게 되였다. 회담상대를 부정하면서 회담에 나오라는 말이 모순적이고 리치에 맞지 않는다는 것은 너무도 명백하지 않은가. 회담상대를 무시해도 분수가 있는 법이다.

미국은 지금 어리석게도 인민에 의해 선출된 우리 정부를 부정하고 인민의 편에 있다고 하는데 회담을 정하고 싶다면 미국이 좋아한다고 하는 농민시장 장사군들이나 미국이 만들어 놓았다고 하는 《탈북자조직》대표들과나 하라는 것이다.

일본도 미국에 추종하여 우리 공화국에 대한 적대시정책에 집요하게 매여달리고 있다. 더우기 이미 다 해결된 《랍치문제》를 걸고 가짜 유골문제까지 조작하면서 조일평양선언을 백지화하고 국교정상화를 하지 않겠다는 일본과 어떻게 한자리에 마주 앉아

회담할 수 있겠는가. 사상과 리념, 제도와 신앙의 차이를 초월하여 평화와 공존, 번영을 지향하여 나가는 것은 새 세기의 시대적 흐름이며 인류의 념원이다.

지금 온 세계가 이러한 시대적 흐름에 역행하는 부시행정부야말로 극도의 인간증오사상으로부터 《폭압정치》를 자행하는 집단이라고 저주와 비난의 목소리를 높이고 있는 것이 결코 우연하지 않다. 우리는 부시행정부가 취임한 이래 지난 4년간 아량을 보일 만큼 다 보였고 참을 만큼 다 참아왔다. 이제 또다시 4년을 지금처럼 지낼 수 없으며 그렇다고 다시 원점으로 되돌아가 4년 동안 반복할 필요도 없다.

조선민주주의인민공화국 외무성은 미국의 대조선적대시정책으로 하여 조성된 엄중한 정세에 대처하여 다음과 같이 천명한다.

첫째, 우리는 6자회담을 원했지만 회담참가 명분이 마련되고 회담결과를 기대할 수 있는 충분한 조건과 분위기가 조성되었다고 인정될 때까지 불가피하게 6자회담 참가를 무기한 중단할 것이다. 6자회담 과정이 지금과 같이 교착상태에 빠지게 된 것은 미국의 대조선적 대시정책 때문이다. 부시행정부가 이번에 적대시정책을 초과하여 회담 상대방을 《폭정의 전초기지》로 락인하면서 우리를 전면 부정한 조건에서 6자회담에 다시 나갈 그 어떤 명분도 없다.

둘째, 미국이 핵몽둥이를 휘두르면서 우리 제도를 기어이 없애버리겠다는 기도를 명백히 드러낸 이상 우리 인민이 선택한 사상과 제도, 자유와 민주주의를 지키기 위해 핵무기고를 늘리기 위한 대책을 취할 것이다. 선의에는 선의로, 힘에는 힘으로 대응하는 것이 선군정치를 따르고 있는 우리의 기질이다.

우리는 이미 부시행정부의 증대되는 대조선고립압살정책에 맞서
핵무기전파방지조약에서 단호히 탈퇴하였고 자위를 위해 핵무기
를 만들었다. 우리의 핵무기는 어디까지나 자위적 핵억제력으로
남아있을 것이다. 오늘의 현실은 강력한 힘만이 정의를 지키고
진리를 고수할 수 있다는 것을 보여주고 있다. 미국의 무분별한
망동과 적대적 기도가 로골화될수록 우리는 일찌기 선군의 기치
를 높이 들고 천만군민의 일심단결과 자위적 국방력을 백방으로
강화해온 데 대해 커다란 자부심을 느끼게 될 뿐이다. 대화와
협상을 통하여 문제를 해결하려는 우리의 원칙적립장과 조선반
도를 비핵화하려는 최종목표에는 변함이 없다.349)

이로써 그동안 의혹에만 쌓였던 북한의 핵개발 계획이 사실로
판명되게 되었다. 이에 따라 부시행정부의 대북한 핵 의혹 해소
의지는 더욱 분명하게 되었다.350) 핵 위기가 재현되자 부시행정
부는 제네바 합의를 근거로 북한이 경수로의 원자로 등 핵심부
품을 인도받기 전까지 핵 투명성을 위한 국제원자력기구의 사찰
을 받아야 한다고 하였다. 또한 현재의 경수로 공사진행 상황을
감안할 때 핵심부품 인도는 2005년경에 이루어지는 만큼 핵사찰
에 소요되는 시간을 감안하면 당장 국제원자력기구의 사찰이 개
시되어야 한다는 것이었다.351) 그러나 북한은 자신들이 현재 및
과거에도 제네바 합의를 충실하게 이행해 왔기 때문에 미국의

---

349) 『조선중앙통신』, 2005. 2. 10.
350) 부시대통령은 2001년 6월 6일 대북한정책에 대한 성명을 통해 "북한의 핵
    활동과 관련해서 기본 합의서의 보다 개선된 이행(improved
    implementation)을 추구하겠다."고 발표하면서 북한의 핵문제는 새로운
    국면으로 접어들게 된 것이다.
351) 김태운, "북한의 핵협상 전략과 목표에 대한 고찰: 다자회담에서 북·미
    간 주요쟁점을 중심으로", 『통일문제연구』제20권 제2호(조선대학교통일
    문제연구소, 2005), p.141.

핵사찰 주장은 터무니없는 것이며, 오히려 미국은 경수로 건설지연에 따른 보상금을 핵사찰에 우선해서 지급해야 한다는 주장을 하였다. 아울러, 미국의 북한 핵에 대한 '조기사찰' 요구를 일축하였다. 북한의 입장은 경수로 주요부품이 인도되기 직전에 이르러 국제원자력기구와 협상하면 된다는 것이었다.[352]

북·미 양측의 이 같은 이견으로 인해 핵문제는 그 해결의 접점을 찾지 못했다. 이에 미국은 2002년 11월 15일 제네바합의를 바탕으로 그동안 북한에 제공해 오던 중유공급 중단을 결정했다. 이에 대해 북한은 2002년 12월 12일 핵동결 해제를 선언하고, 핵봉인 제거와 핵시설 감시카메라를 철거하였으며, 국제원자력기구의 감시원을 강제 출국시켜 버렸다. 이후 북한은 2003년 1일 10일 NPT 탈퇴를 선언함으로써 1994년 제네바합의를 무력화시키는 조치를 취하였다. 이후 접점을 마련하지 못하던 북핵문제는 중국의 중재로 2003년 4월 베이징에서 3자회담(미, 중, 북)이 개최되었으나 별다른 성과는 거두지 못했다.

3자회담을 통해서도 아무런 성과를 내지 못한 제2차 북핵문제는 문제해결을 위한 새로운 방도로 기존의 3개국에 한국, 일본, 러시아가 참여하는 6자회담을 통해 그 해결방도를 찾고자 하였다. 이에 2003년 8월 베이징에서의 제1차 6자회담을 개최한 이후 총 2005년 11월까지 총 5차례에 걸쳐 핵문제 해결을 위한 회담을 개최하였다. 3자회담 및 6자회담의 개최경과의 그 내용을 요약하면 다음과 같다.

---

352) 김태운, "북한의 핵협상 전략과 목표에 대한 고찰: 다자회담에서 북·미간   주요쟁점을 중심으로",(2005), p.141...

⊙베이징 3자회담(2003. 4)

▌북한의 입장 및 협상원칙
■입장
-미국의 선 대북 적대정책 중단과 안보위협 제거 필요성 제기
-안보위협 제거의 핵심은 북·미 상호불가침 조약을 체결하는 것에 있음
즉, 체제보장은 의회의 동의를 거친 조약 또는 북·미 간 불가침 조약이 필요하다고 주장하였음.
-핵개발 포기조건은 미국이 북한을 침략하지 않겠다고 약속하는 안보문서에 서명하는 것353)

■협상원칙
-동시행동의 원칙으로서 북한이 핵시설을 동결하는 대가로 미국은 경수로발전소를 대체전력공급원으로 제공하고, 정치, 경제관계 정상화를 비롯해 북한에 대한 핵무기 위협을 배제
-불가침의 법적 보장
-물리적 억제수단의 확보로서 이는 북한이 그동안 강조해 온 '전쟁억제력'과 같은 의미이다. 이처럼 북한이 내세운 협상원칙과 주장들은 핵과 체제보장을 맞바꾸자는 것으로 이해된다.

---

353) 김태운, "북한의 핵협상 전략과 목표에 대한 고찰",다자회담에서 북·미 간 주요쟁점을 중심으로",(2005), p.144.

■ 미국의 입장 및 협상원칙
-북한 핵에 대한 포기를 촉구하고 북한이 먼저 핵을 포기하고
 이를 위하여 특별 사찰단에 의한 즉각적인 핵사찰 실시
-'완전하고 불가역적이며 검증 가능한 방법'으로 핵을 폐기하
 면 경제지원 재개를 비롯해 북한의 안보와 북·미 간 현안문
 제를 동시에 해결해야 함
-북한의 핵이 평화적으로 해결되어야 하는 것이 바람직하지만
 그것이 불가능할 경우 미국은 문제해결을 위해 다양한 제재
 조치를 취할 수 있음.

　이와 같이 베이징 3자회담에서 미국은 핵문제 해결에 대한 북
한의 의도 및 태도변화 가능성을 타진하는 기회로 활용하였고,
북한도 미국의 대북적대시 정책을 철회할 '정치적 결단' 가능성을
확인하는 데 그쳤다.354)

⊙베이징 6자회담(2003. 8~2005. 11)

■ 제1차 회담(2003. 8. 27~8. 29)
■북한: 핵문제 해결을 위한 북한의 6개 항 원칙과 2개 항의 제안
우선 6개 항의 원칙을 보면 다음과 같다.
-한반도 비핵화
-미국의 대북 적대시 정책 포기 시 북핵포기
-제네바 합의 중단에 대한 미국의 책임 이행

---

354) 김태운, "북한의 핵협상 전략과 목표에 대한 고찰", (2005),p.145.

-핵문제의 일괄타결과 동시행동 원칙 견지

-북·미 상호불가침조약 체결

-핵사찰을 통한 북핵검증은 미국의 핵위협 제거 시 가능

다음으로 2개 항 제안을 보면 첫째, 북·미 상호 우려해소 의사 표명 둘째, 북·미 간 동시행동 이행원칙에 대한 6개국 간 합의 등이다.

한편, 북한은 기조연설에서 '4단계 동시행동안'을 제의했다. 이는 미국의 중유제공 재개와 인도적 식량지원의 확대, 북한의 핵계획 포기 의사 선포, 미국의 불가침조약 체결과 전력손실 보상, 북한의 핵시설과 핵물질 동결 및 감시·사찰 허용, 북한의 대미·일 수교, 미사일문제 해결, 경수로 완공 및 북한의 핵시설 해체 등을 포함하고 있었다.

■미국: 북한이 빠른 시일 내에 핵문제의 해결에 나서야 함을 촉구하고 북한이 '검증 가능하고 불가역적'인 방식의 핵 폐기를 수용할 경우 경제지원을 비롯한 북·미수교를 검토할 용의가 있음을 표명하였다.

▌ 제2차 회담(2004. 2. 25 ~ 2. 28)

■북한 핵폐기에 대한 한·미·일 3국의 입장

-완전하고 검증 가능하며 돌이길 수 없는 방식(CVID: Complete, Verifiable and Irreversible)으로 핵을 폐기해야 함

-미국은 북한을 침공하거나 정권교체를 추구하지 않음

■ 북한의 입장

- 미국의 대북적대 정책 포기, 북한에 대한 불가침 확약, 북·미 수교, 북한과 주변국 간 경제협력 불방해를 제시
- 핵동결에 대한 상응조치 시 비핵화를 위한 첫 단계로 핵동결 실시 가능

■ 회담의 평가

제2차 6자회담은 문제해결을 위한 큰 실마리는 마련하지 못했다. 그러나 의장성명을 채택하는 등 관련국 간 최초의 서면 합의를 도출하였고, 북핵문제 해결원칙과 향후 회담진행 방향을 제시하는 등 6자회담이 지속될 수 있는 기반을 마련하였다는 점에서 그 의의를 찾을 수 있다.

■ 제3차 6자회담(2004. 6. 23)

■ 북한의 핵폐기 원칙

- 미국의 북한에 대한 적대정책을 포기할 경우 관련 핵프로그램의 포기
- 핵동결에 대한 상응조치로 에너지 지원, 테러지원국 명단 삭제, 대북경제제재 해제 및 봉쇄 해제

■ 미국의 입장

- 단계적인 상응조치 이행방안을 제시
- 초기 준비
기간 중 대북 중유공급

-잠정적 다자안전보장 제공

-북한 에너지 수요 연구

-테러지원 명단삭제 및 경제제재 해제문제 협의 개시

-핵폐기 관련조치 완성 이후 항구적 안전보장 제공, 외교관계 정상화의 장애를 해소한다는 입장

■ 회담의 평가

이전에 개최되었던 회담들보다는 보다 진전되었다고 볼 수 있다. 회담의 결과 의장성명 등에 의해 6자회담의 필요성과 지속성이 합의되었다는 점과 함께 6자회담의 의미와 역할에 대해 동 회담이 북핵문제의 위기 고조를 방지하고 관련국들의 입장을 조율할 수 있는 유용한 창구로서 가동될 필요성이 있다는 점에 대한 합의가 이루어졌기 때문이다. 또한 6자회담의 전체 회의와 함께 실무그룹이 토의할 수 있는 통로가 마련됨에 따라 회담이 정례화될 수 있는 기반을 마련했다.[355]

■ 제4차 1단계 회담(2005. 7. 26)

■ 북한의 입장

-핵폐기의 범위를 '모든 핵무기와 관련된 핵프로그램'으로 한정

-발전용 원자로 등 미수용 핵시설은 제외(평화적 핵이용은 계속 보유)

-조건이 충족되면 핵무기 및 핵무기 프로그램을 검증 가능하게 함

---

355) http://www.mofat.go.kr/file/hotissue.html. 김태운, "6자회담의 다자주의 실천성 검증과 다자협력기제로의 발전방안", 『북한연구학회보』 제9권 제2호(2005), pp.8-9.

■미국의 입장

-핵 폐기의 범위는 '모든 핵무기와 모든 핵프로그램'(민수용까지 포함)

-현존하는 모든 핵무기와 핵프로그램을 검증할 수 있도록 폐기

■평가

참가국 간 공동합의문 도출에는 실패하였다. 그러나 동 회담에서는 북한의 핵폐기에 대한 원칙을 합의 한 가운데, 북한과 미·일의 관계정상화, 북한에 대한 다자안전보장, 경제지원 등에 대한 원론적 합의가 이루어졌다. 또한 동 회담을 통해 북·미 간에 초보적인 신뢰가 형성될 수 있는 기반을 마련하였다. 그러나 이러한 초보적 신뢰가 양국 간 장애를 극복할 수 있는 수준은 못 되었다. 한편, 북한의 핵폐기 범위와 평화적인 핵이용 권리에 관해 북·미 간 이견이 발생하였다.

▌제4차 2단계 회담(2005. 9. 13 ~ 9. 19)

■주요 내용과 평가

회담 참가국들은 평화적 방법으로 검증 가능하게 한반도 비핵화를 실현하자는 데 합의했다. 이에 따라 북한은 모든 핵무기와 핵개발을 포기하고 빠른 시일 내에 NPT에 복귀해 국제원자력기구(IAEA)의 감독을 받기로 했다. 또한 미국은 북한을 공격하거나 침공할 의사가 없다는 것을 명백히 했다. 이러한 합의를 토대로 참가국들은 적당한 시기에 북한에 대한 경수로제공, 미국의 북한 불침공 등을 내용으로 하는 공동성명을 채택했다. 특히 제4차 2단계 회담에서는 6자회담의 틀 안에서 한반도평화체제에 대

한 별도의 협상을 진행시켰다. 이는 북핵문제가 북·미 간의 문제
를 넘어 근본적으로 한반도 문제라는 것을 확인시켜주는 계기가
되었다.

■ 제5차 회담(2005. 11)
■주요 내용과 평가

제5차회담에서 북·미 양측은 첫 단계 조치를 놓고 입장 차이만
을 확인한 가운데 특별한 성과는 내지 못하였다. 특히 북·미 간에
는 보상과 의무에 관한 순차적 조치를 둘러싼 인식의 차이가 매
우 컸다. 따라서 5차회담에서도 이러한 차이만을 확인하게 되었
다.[356] 5차회담에서 발표된 의장성명 원문을 보면 다음과 같다.

【5차 6자회담 의장성명】

-제5차 6자회담 1단계 회의가 11월 9일부터 11일까지 베이징
 에서 개최되었다.

각 측은 진지하고 실질적이고 건설적인 토론을 하였고 제4차 회
담의 공동성명을 어떻게 이행할 것인가에 대해 방안을 제시하였다.
 -각 측은 '공약 대 공약' '행동 대 행동' 원칙에 따라 공동성명
 을 이행함으로써 검증 가능한 한반도 비핵화 목표를 조기에
 실현하고 한반도와 동북아지역의 항구적인 평화와 안정에 기
 여해 나갈 것이라는 점을 재천명했다.

---

356) 『세계일보』, 2005. 11. 13. 인터넷 판 참조.

-각 측은 신뢰구축을 통해 공동성명을 이행하며 각 부문에서
의 모든 공약을 실천하고 적시에 조율된 방식으로 이런 과정
을 시작하고 종결하며 균형된 이익 및 협력을 통한 윈윈의
결과를 달성할 의지가 있다는 점을 강조했다.

-각 측은 상기 정신에 따라 공동성명 이행의 구체적인 방안,
조치 및 절차를 정하자는 데 동의하였다.

-각 측은 제5차회담 2단계 회의를 가능한 가장 빠른 시일에
개최하자는 데 동의하였다.[357]

이처럼 의장성명은 '9·19 공동성명'의 이행방안 마련을 위한
원칙을 확인하는 데 그쳤다.

▌북핵문제 해결을 위한 북·미 간 쟁점의 종합

	미 국	북 한
핵폐기 범위	민수용, 군사용 등 모든 핵	민수용은 그대로 보유
핵동결 방법	북한이 먼저 동결	'말 대 말' '동결 대 보상'
핵동결 대상	HEU 프로그램	플루토늄 생산시설에 한정
보상문제	불가침조약 체결불가(다자적 안전보장 가능), 단계별 보상	체제보장(불가침협정체결), 경제보상

---

357) 『연합뉴스』, 20005. 11. 11.

(2) 미사일문제

핵문제와 더불어 미사일문제는 탈냉전기 북·미 간 2대 현안문제 가운데 하나이다. 냉전기에는 북한의 미사일문제가 부각되지 않았다. 그러나 현재는 상황이 크게 다르다. 1998년 8월 대포동 미사일 시험발사를 계기로 북한의 미사일 능력이 상당한 수준에 올라와 있다는 것이 사실로 증명되었기 때문이다. 특히 북한의 경우 대량살상무기 보유가능성이 매우 높은 국가로 인식되고 있는 상황에서 장거리 운반수단까지 보유하게 되었다는 것은 미국에게 새로운 위협이 아닐 수 없었다. 게다가 2차례에 걸친 핵문제를 통해서 북한의 핵보유 가능성을 전혀 배제할 수 없는 상황이기도 하다.

최근 몇 년 전에는 북한의 미사일이 중동의 반미국가들에게 수출되는 과정에서 미사일 선적의 선박이 공해상에서 나포되는 사건이 발생하기도 했다. 9·11 테러사태 이후 세계 도처에서 반미 테러가 끊이지 않고 있다. 북한의 핵이나 미사일이 이 같은 반미 테러조직들에게 유입될 경우 미국의 세계전략은 큰 차질을 빚게 될 것이다. 부시행정부가 추구하고 있는 MD는 바로 이 같은 문제와 무관하지 않다.

한편, 북한은 미사일은 1969년 사정거리 50킬로미터의 지대지 미사일을 도입하여 자체 미사일 개발을 시작하였다. 1976년에는 중국의 미사일 개발에도 참여하였으며, 1984년에는 스커드 미사일을 독자적으로 개발하여 시험 발사하였다. 1993년 5월에는 노동1호 미사일을 시험 발사하였으며, 1998년 8월에는 사정거리 6,000킬로미터의 대포동 미사일을 쏘아 올림으로써 주변국들을

놀라게 했다.[358] 2000년 이후에도 북한의 중단거리 미사일 시험
발사는 계속되었나. 2006년 7월 5일 또다시 장거리 미사일 시험
발사를 강행함으로써 주변정세를 얼어붙게 만들었다. 물론 북한
은 이를 군사훈련의 일환으로 주장하며 주변국들의 항의를 무마
하려 하고 있다. 현재 북한은 스커드-B, 스커드-C, 스커드-D 중
단거리 미사일을 5000~6000기 정도를 실전배치하고 있다.[359] 한
편, 지금까지 북한이 시험 발사했던 미사일 발사일지 및 미사일
협상관련 일지를 요약하면 다음과 같다.

- 1984년 4월 스커드 B형 미사일 개발 시험발사 성공(최대 사
  거리 320km 추정)
- 1989년 5월 스커드 C형 미사일 개발(사거리 500km 추정)
- 1993년 5월 중거리 미사일 노동 1호 동해상 발사(사거리 1
  천300km 추정)
- 1998년 8월 장거리 미사일 대포동 1호 발사(사거리 2천500km
  추정)
- 1999~2000년 미사일 시험발사 유예 선언
- 2001년 5월 김정일 위원장, 페르손 스웨덴 총리에게 "2003년
  까지 시험발사 유예하겠다."고 약속
- 2002년 9월 북·일 징상, 미사일 발사 동결 '평양선언' 발표
- 2005년 3월 북한 외교부 비망록 '조미 대화 차단으로 미사일

358) 김태우, 『미사일 안보와 미사일 주권』(성남: 세종연구소, 1999), p.11.
359) General Thomas Schwartz, Commander-in-Chief of U.S. Forces Korea, Testimony *before a House Armed Services Committe Hearing on the Department of Defence Fiscial Year 2001 Budget*, 15 March 2000.

발사 보류도 구속받지 않는다.'고 주장
- 2005년 5월 동해상에 소련제 단거리 미사일 개량형 KN-02 발사
- 2006년 5월 한·미·일 정보당국 북한 대포동 2호 시험발사 징후 포착
- 2006년 6월 23일 미 "북한 미사일 발사 시 '상당한 대가' 치를 것"이라고 주장
- 2006년 7월 5일 북한의 대포동 2호 미사일 시험발사 강행(사정거리 약 6,700킬로미터 추정)[360]

■ 미국이 북한의 미사일 문제에 대해 민감하게 반응하는 이유

기본적으로 북한의 미사일은 주한 미군 및 주일 미군을 겨냥하고 있는 점에서 한반도 안보는 물론 동북아 안보에 위협이 된다는 것이다. 또한 북한의 미사일과 미사일 기술의 중동지역에 대한 수출 및 이전이 가져다줄 중동의 반미 국가들에 대한 미국의 대응 등 여러 가지 파급효과 및 부정적 효과를 염두에 두고 있기 때문이다. 특히, 부시행정부는 장거리 미사일의 확산이 반미 성향을 지닌 국가들은 물론 '불량국가들'에 대한 미국의 무력 응징을 어렵게 만들고 있다고 판단하고 있는 것도 그 주된 이유가 된다.[361] 한편, 미국 의회 내의 공화당 다수의원은 북한, 이라크 등 소위 '불량국가'로 지목했던 나라의 미사일 위협을 조사하기 위한 목적으로 럼스펠드 위원회를 구성하고 1998년 7월 15일 '럼스펠드 위원회 보고서'를 의회에 제출한 바 있다. 그러면서 북한

---

360) 『동아일보』, 2006. 9. 4.
361) 사단법인 평화포럼 편, 『한반도 문제해결을 위한 정책권고안』(2002. 6), p.3.

의 장거리 미사일에 대한 위험성을 강조하였다.[362] 이후 1998년 8월 31일 김정일의 총비서 취임에 즈음하여 장거리 미사일 대포동 1호 사선이 발생하면서 '럼스펠드 위원회'의 보고가 확대·과장된 것이 아니라는 것이 입증되었다.

■ 북·미 미사일회담 전개과정과 주요 내용

■ 제1차 회담(1996. 4. 20 ～ 4. 21)

회담은 1995년 2월 미국의 제안으로부터 시작되었다. 미국의 제안을 북한이 수락함에 따라 1996년 4월 20일부터 21일까지 베를린에서 개최되었다. 당시 북한이 미국의 이 같은 제안을 순순히 받아들였던 것은 미사일 협상을 통해 경제난 및 식량난을 해결하고자 하였던 것이다. 1차회담에서는 서로가 입장만을 확인하는 수준에서 끝났다. 당시 회담에서 미국은 북한에 대해 MTCR 가입을 요구함과 동시에 대중동 미사일 수출에 대한 우려를 표시하였으며, 만약 북한이 미사일 수출과 개발을 중단한다면 북·미관계 개선도 전혀 불가능한 것은 아니라고 언급하였다.[363] 이에 대해 북한은 미국의 각종 경제제재 해제와 상당한 양의 경제원조(식량을 포함한 금전보상)가 이루어진다면 미사일 수출문제에 한해서만 협상할 수 있다고 하였다. 그 이외의 미사일 문제에 대해서는 MTCR이 정하는 신사협정을 북한이 이행해야 할 의무가 없기 때문에 거론하지 않겠다는 입장을 피력하였다.

---

362) "The Executive Summary of the Report of the Commission to Assess the Ballistic Missile Threat to the United States", July 15, 1998(Pursuant to Public Law 201, 104th Congress).

363) http://cns.miis.edu/research/korea/abs96.html.

이처럼 북한의 미사일 문제에 대한 시각은 1차회담에서부터 미사일 개발과 수출 등에 있어서 북·미 간에 현격한 입장 차이를 보였다. 미국의 경우 북한을 MTCR에 묶어 두어야 할 필요성은 북한을 비롯한 반미국가들이 소유하고 있을지도 모를 대량살상무기의 확산방지에 있었다. 그러나 북한의 입장은 미사일에 관한 모든 문제를 개별 국가의 자주권의 문제라고 주장하며 미국의 이 같은 입장에 맞섰다. 한편, 북한은 이 같은 미사일 협상창구를 북·미 간 관계개선 및 군사문제 해결을 위한 접촉 통로로 활용하고자 하였다.

■제2차 회담(1997. 6. 11 ~ 6. 13)

제2차 회담은 뉴욕에서 개최되었다. 미국은 1차회담과 마찬가지로 미사일개발 및 수출동결 그리고 북한의 MTCR 가입을 요구하였다. 북한이 이에 응할 경우 대북 경제제재 완화를 포함한 각종의 경제적 반대급부가 제공될 수 있다는 입장이었다. 이에 대해 북한은 주변국의 미사일개발 및 무장을 언급하면서 자신들에 대해서만 미국이 미사일통제를 하려는 것에 대해 강한 불만을 나타내면서 미사일문제의 자주권적 성격을 다시 한번 강조했다. 1차회담과 마찬가지로 수출문제만을 고려해볼 수 있다는 입장을 되풀이했다. 결국 2차회담도 큰 성과 없이 끝나고 말았다. 이후 이집트 주재 북한대사의 망명을 미국이 허용함으로써 북·미 간 미사일문제는 한동안 협상이 재개되지 않았다. 이 과정에서 미국은 북한에 대해 미사일협상 재개를 요청했으나 북한은 이를 거부하는 가운데 자신들의 미사일이 중동에 수출되고 있다는 것을 간접적으로 시사하기도 했다. 북한은 자신들의 이 같은 미사일 수출이 미국에게 책임이 있다고 주장하였다. 즉, 미국의 대북경제제재로 인해 외화획득이 제한되어 있는 상황에서 수출은 생존을 위한 어쩔 수 없는 조치라고 하였다.

■ 제3차회담(1998. 10. 1 ~ 10. 2)

장승길 대사의 망명 등으로 한동안 중단되었던 미사일협상이 1998년 10월 뉴욕에서 재개되었다. 제3차회담은 북한이 1998년 8월 김정일의 총비서 취임에 즈음하여 쏘아 올린 미사일 사건 직후라서 더욱 세계적인 이목을 집중시키게 되었다. 우선 회담에서 미국은 북한 측에게 1998년 8월말에 발사된 북한의 '광명성 1호'에 대한 우려를 제기했다. 그러면서 북한이 미국과의 관계개선을 바란다면 기본적으로 미사일 수출문제와 개발 및 시험발사 등의 문제가 동시에 협의되어야 한다고 하였다. 그러면서 2차회담에서 제안되었던 미국 측의 입장은 변함이 없으며, 북한이 요구한 금전적 보상은 고려하지 않고 있음을 분명히 했다. 또한 북한이 1998년 8월과 같은 미사일 시험발사가 재현되거나 미사일 수출이 계속된다면 향후 양국관계 개선에 매우 부정적인 영향을 줄 것이라고 경고하였다.[364]

북한은 이에 대해 '광명성 1호'의 시험발사는 평화적이고 과학적인 목적이라는 점을 강조하는 가운데 미사일문제를 미국이 간섭하는 것 자체가 억지라고 주장했다. 이전 회담에서의 주장과

---

364) James P. Rubin, Spokesman, "U. S.-DPRK Missile Talks", *Press State ment*, U. S. Department of State, October 2, 1998.

동일하게 미사일 발사는 전적으로 개별 국가의 자주권에 관한 문제라는 것을 재차 강조하는 가운데 미사일 수출건만은 협상할 용의가 있다고 하였다. 특히 북한은 수출을 포기하는 대신 미국이 3년에 걸쳐 연차적으로 연간 10억 달러씩 북한에게 현금으로 보상하라는 것이었다.[365] 동 회담을 통해 북한은 미사일 포기 대가로 금전적 보상을 공식적으로 요구하였다. 이로써 북한은 미사일을 협상수단으로 개발하고 있거나 시험발사를 하고 있다는 것을 간접적으로 시인한 것이다.

■ 제4차 회담(1999. 3. 29 ～ 3. 30)

1999년 들어서도 북·미 간 미사일 공방을 계속되었다. 이에 따라 제4차 회담은 1999년 3월 29일부터 3월 30일까지 평양에서 개최되었다. 미국은 당시 회담에서 미사일 협상 진전 시 북한에게 선물을 줄 것이라고 하였는데, 그 선물은 북한 측이 바라는 현금보상이 아닌 미국기업의 북한에 대한 투자 허용과 세부적인 대북한 경제제재 완화 및 해제 등에 관한 것이었다. 이에 대해 북한은 미사일 시험, 발사, 개발, 배치에 관한 종전 입장을 그대로 고수하였다. 그러면서 3년에 걸쳐 매년 10억 달러씩 총 30억 달러를 현금으로 보상하라는 종전의 입장만을 되풀이 하였다.[366] 또한 북한은 자신들이 미사일 시험발사 및 개발, 배치할 수밖에 없는 이유 중에 하나는 바로 미국의 대북적대정책 지속이라고 주장하였다. 4차회담에서도 미사일 문제 해결과 관련한 가시적인 성과는 내지 못했다.

---

365) http://www.armscontrol.org/factsheets/.html.
366) 『조선중앙통신』, 1999. 2. 6.

■ 제5차 회담: 북한의 미사일 모라토리엄 선언과 북·미 베를
  린 협상(1999. 9. 7 ~ 9. 12)

앞서 살펴본 것처럼 북·미 양국은 그동안 여러 차례에 걸쳐
미사일문제를 논의했으나 가시적인 성과를 내지 못했다. 북한의
미사일문제가 이전보다 더 심각성을 갖게 된 것은 1998년 8월 말
에 발사된 '광명성 1호'를 계기로 해서였다. 이후에 개최된 미사
일협상에서도 큰 성과를 내지 못한 미국은 근본적인 문제해결을
위해 대북한 정책조정관에 윌리엄 페리 전 국방장관을 임명하였
다. 페리는 북한의 미사일 문제와 관련한 첫 단계로 북한의 장거
리 미사일 시험발사를 유예시키고 궁극적으로는 북한을 미사일
기술통제체제(MTCR)에 편입시키는 계획을 수립하는 한편, 미국
의 이러한 계획은 대북한 경제제재 완화조치가 필수적임을 건의
하였다.[367] 이러한 보고서를 바탕으로 1999년 9월 12일 베를린합
의가 이루어졌다. 동 합의를 통해 미국은 대북한 경제제재 완화를
약속하였고, 북한은 장거리 미사일 발사를 유예하기로 하였다. 특
히 북한은 수출중단에 따른 보상에 있어서 미사일 수출을 중단하
는 대신 잠정적으로 3~5년간 매년 10억 달러에 이르는 금전적
보상을 요구하였으나 미국은 금전보상을 거부하고 대신 경제제재
완화방침을 제시하였다.

---

367) "Review of United States Policy toward North Korea: Findings and
    Recommendations", declassified Report by Dr. William Perry, U.S.
    North Korea Policy Coordinator and Special Advisor to the President
    and the Secretary of State, Washington, D.C., Oct. 12, 1999; 이창헌,
    "북·미 베를린 협상 타결 및 '페리 보고서' 이후의 과제와 남북한 관계 전
    망", 한국 정치·정보학회, 『정치·정보 연구』, 제3권 1호, 2000,
    pp.167-185 참조.

■제6차 회담(2000. 7. 10 ~ 7. 12)

2000년 7월 10일부터 7월 12일까지 말레이시아 콸라룸푸르에서 6차 미사일회담이 개최되었다. 이 당시 회담은 북·미 간이 상당히 우호적이고 긍정적인 분위기에서 이루어졌다. 여기에는 당시 남북정상회담이라는 우호적 환경이 대내외적으로 조성되고 있었음은 물론 미국의 대북한 경제제재 해제조치가 발효되는 시점이기도 했다. 또한 북한은 1999년 9월 베를린 협상에서 미사일 문제에 대한 해결가능성을 보여주기도 했던 것이다. 그러나 북한은 여전히 미사일 개발을 포함해 배치, 시험발사 문제는 자주권의 문제이므로 북한이 미국에게 양보할 수 없다고 하였다. 아울러, 수출중단에 따른 미국의 북한에 대한 현금보상을 재차 강조하였다. 이에 대해 미국은 북한의 현금보상에 대해서는 논의 대상이 아니라는 종전의 입장을 고수하였다. 이처럼 양측의 입장은 종전과 큰 변화 없이 회담이 종료되었다.

■제7차 미사일회담(2000. 11. 1 ~ 11. 3)

제7차 회담이 말레이시아 콸라룸푸에서 개최되었다. 동 회담에서는 북한의 장거리 미사일 개발·시험발사 포기, 미국에 의한 북한의 인공위성 대리발사 가능성, 북한의 중·단거리 미사일수출 중단과 보상에 관한 문제들이 거론되었다. 특히 미국은 북한에게 MTCR이 정하고 있는 수준 이상의 미사일개발 포기와 함께 북한 내에 이미 배치된 중·단거리 미사일의 즉시 폐기를 요구하는 한편, MTCR에의 가입을 강력히 요구했다. 한편, 북한의 미사일 포기에 대한 반대급부는 현금 보상이 아닌 경제협력 및 지원 등을 통한 간접보상을 원칙으로 한다는 것을 명백히 하였다. 북한은 미국의 인공위성 대리발사 시 자신들의 중·단거리 미사일발사 포기 가능성을 표명했다. 그러나 이미 배치된 미사일 폐기는 불가능하다는 태도를 보였다. 이처럼 양국 간에 미사일 문제는 이전과 달리 상당히 의견접근을 보여주었다. 무엇보다도 미국이 제안한 인공위성 대리발사를 북한이 수용하겠다는 의사를 밝혔던 점과 이를 대가로 중·단거리 미사일을 포기할 수 있다는 것이었다.

그러나 2000년 11월 미국 대선에서 공화당의 부시가 당선되면서 북·미 간에 진전되어 왔던 미사일문제는 또다시 난항을 예고하였다. 즉 2001년 5월 유럽연합 고위대표단이 평양을 방문했을 때 북한은 미사일 발사 유예기간을 2003년까지로 한정한다고 한 것이다. 클린턴 정부시기 애매모호하게 처리된 북한의 미사일문제가 부시행정부에 들어와서 다시 문제화될 조짐을 보인 것이다. 미국은 북·미관계 정상화를 위해서는 미사일 문제해결이 전제되어야 함을 강조하였다. 부시행정부는 기본적으로 북한의 미사일 기술이 반미 국가들 중 가장 앞서 있다는 것이며, 미사일의 국제적 확산 주범이라는 인식을 갖고 있다.

■ 북·미 간 미사일 문제 해결의 쟁점 요약

지금까지 살펴본 바를 토대로 해서 볼 때, 미국의 북한 미사일 해법은 북한을 미사일기술통제체제(MTCR) 내에 포함시키는 방식에서 처리하겠다는 것을 원칙으로 하고 있다. 아울러, 검증 가능한 개발규제와 수출금지를 요구하고 있다. 그러나 북한의 입장은 미국과는 완전히 다르다. 즉, 미사일은 자주권에 관한 문제로서 미국이 관여할 문제가 아니라는 것이다. 무엇보다도 북한이 MTCR에 편입되어 있는 것도 아니고 또 이것이 강제적으로 가입을 해야 되는 것도 아니기 때문에 미국이 그 어떤 것도 강요할 수 없다는 것이다. 따라서 미국이 북한의 미사일 시험발사 중단을 요구할 권리는 없으며, 만약 북한의 미사일이 위협이 된다고 인식하여 수출중단을 요구할 경우에는 보상이 필요하다는 주장을 하고 있다. 이와 같이 미사일 문제는 북한의 자주권 주장과 미국의 세계전략 이익차원에서 제거필요성이 맞물리면서 팽팽히 맞서고 있다.

▌주변국들의 우려에도 불구하고 미사일 시험발사를 강행하는 이유

북한이 탈냉전기 들어 미사일에 집착하는 이유는 크게 네 가지 차원에서 생각해 볼 수 있다. 첫째, 순수 방어용 무기 개발의 차원과 대내외 과시용이다. 둘째, 수출을 통한 외화 벌이용이다. 셋째, 강성대국과 선군정치라는 김정일시대 통치담론 실천의 차원이다. 넷째, 대외 협상용에 관한 것이다. 이 가운데서 최근의 상황만을 감안하면, 이번 사태는 대외협상용 또는 북·미 관계의 국면 전환용일 가능성이 높은 것이 사실이지만 실은 복합적이라고 보아야 한다.

순수방어용 무기 개발의 차원과 대내외 과시용은 북한체제의 특성에서 비롯되는 자연스런 현상이라고 볼 수 있다. 또한 미국의 대북경제제재가 지속되고 있는 상황에서 수출을 통한 외화벌

이의 가장 확실한 수단은 고부가가치 군수산업이라고 볼 수 있
는 미사일 수출이라고 볼 수 있다. 또한 김정일시대 대내외 통치
방식의 원리가 '선군정치'에 입각하고 있다는 점에서 미사일 시험
발사는 통치담론 실천으로서의 의미를 갖게 된다. 이 같은 목적
과 더불어 가장 중요한 목적은 바로 대외협상용 또는 이목 집중
용이라고 보아야 한다. 북한이 1994년 제네바 합의를 무시하고
제2차 핵 위기를 재현시켜 현재 미국을 비롯한 주변국들로부터
일정부분 정치, 경제적 양보를 이끌어 낼 수 있다는 가능성을 발
견한 것처럼, 이번 사건도 1999년 베를린 협상을 원천 무효화하
여 이를 또 다른 협상카드로 활용하겠다는 것은 아닌지 하는 것
이다. 이 같은 개연성은 북한이 그동안 대외 협상에서 보여준 행
태를 통해서도 충분히 입증되고 있다. 특히 최근의 6자회담 과정
에서도 북한은 이러한 행태를 보여준 적이 있기 때문이다. 즉, 새
로운 카드 꺼내들기(경수로건설)를 통해 국면전환을 시도하겠다
는 의도를 보였던 것이다. 따라서 북한의 이번 미사일 발사는 6
자회담과 무관하지 않으며, 북한은 6자회담이 5차 1단계 회담 이
후 별다른 진전을 보이지 않자 국면전환을 위한 그 어떤 돌파구
마련이 필요했던 것으로 볼 수 있다. 현재 북한이 미국이나 6자
회담 관련국들을 상대로 활용할 수 있는 국면전환용 협상 카드
가 많지 않다는 점에서 미사일은 가장 확실한 협상카드가 되었
다고 본다. 왜냐하면, 1999년 베를린 미사일 협상은 누가 보더라
도 불완전한 것으로 볼 수 있는 부분들이 많기 때문이다. 아울러,
북한이 MTCR(미사일기술통제체제)에 가입되어 있지 않기 때문
에 설사, 미사일 문제를 일으킨다고 하더라도 미국을 비롯한 주

변국들이 이를 제재할 수 있는 논리가 불충분하다는 것이다. 결국, 최근의 상황만을 놓고 보면, 북한 미사일 문제의 본질은 6자회담의 정체상태에 있는 것이다.368)

■ 미사일 문제의 본질에 대한 이해

우선 미국의 우려를 보면, 북한의 미사일은 미국 본토를 공격할 수 있는 대륙간탄도미사일 개발 문제와 함께 다른 국가로의 부품 및 기술수출로 인한 제2차 확산이 우려된다는 것이 미국의 표면적인 이유이다.

한편, 북한의 미사일에 대해서 미국이 이를 통제할 법적 근거가 미약하다는 것이 북한의 주장이었다. 즉 북한은 MTCR에 가입되어 있지 않다는 것이 가장 중요한 이유이다. 또 이의 가입을 미국이 강제할 수도 없다는 것이다. 이러한 점에서 북한의 미사일 시험발사는 다분히 북한의 자주권에 관한 문제라고 볼 수 있다. 따라서 그것이 군사훈련의 목적에서이건 아니면 시험용 발사이든지 간에 주변국들이 법적으로 북한의 미사일을 통제할 권한이 없는 것이다. 북한의 미사일 문제에 관한 본질은 미국의 세계전략 및 동북아전략 차원에서 이해되어야 한다.369)

---

368) 김태운, "북한이 미사일에 집착하는 이유", 광주매일 칼럼(2006. 3. 17).
369) MD정책의 지지자들의 입장을 보면 북한의 미사일에 왜 미국이 민감하게 반응하는지를 알 수 있다. 즉, 이들의 관점은 지금 국제사회는 대량살상무기와 운반수단이 확산되고 있는 추세에 있고, 특히 이들 무기가 불량국가 혹은 비국가적 테러집단의 손에 들어갈 가능성이 점점 높아지고 있어 대재앙이 예고되고 있으며, 이와 같은 위협은 전통적인 억제이론(deterrence theory)으로 억제할 수 없다고 주장한다. 반면에 MD정책의 반대자들은 지난 20년 동안 핵무기를 추구하거나 핵무기를 확보하고 있는 국가 수는 실제로 감소했으며, MD 기술은 아직 미숙한 단계에 머물러 있기 때문에

여기서 북한이 왜 미사일에 관한 자주권을 주장하고 있는가를 MTCR의 내용을 통해서 정리해보자. 주지하는 바와 같이 MTCR 은 1980년대 제3세계국가의 핵 및 미사일 개발능력 확산이 NPT 체제의 위협요인으로 대두되어 1987년 미국을 중심으로 한 캐나다, 일본, 프랑스, 이탈리아, 독일 등이 중심이 되어 MTCR을 결성하고, 이를 통해 미사일 장비 및 기술의 수출통제를 추진하게 되었다. 이후 가입국이 계속 늘어나게 되었으며, 2000년 이후 30여 개국 이상으로 늘어났다. 회원국 대부분은 서구국가들이며 중국과 북한, 인도, 파키스탄 등은 현재 가입되어 있지 않다. 이 체제에 가입하게 되면 사정거리 300킬로미터, 탄두중량 500킬로그램 이상의 미사일체계 및 이를 위한 총 20개 품목군의 생산설비 수출을 통제받게 된다.[370] 이 체제는 강제가입 규범은 아니다. 일종의 신사협정으로서의 성격을 지니고 있으며, 또 이를 위반한 회원국에 대한 특별한 제재수단도 없다는 특징을 갖고 있다. 2006년 7월 5일에 발사한 미사일문제에 대해서도 북한 외무성은 이것이 한 국가의 자주권에 관한 문제라는 것을 강력히 주장했다. 외무성 발표 내용은 다음과 같다.

MD체계의 실현가능성이 의문시되며, 오히려 막대한 개발예산은 전통군사력에 대한 현대화 자원을 잠식할 수 있다고 주장한다. 박선섭, "부시행정부의 미사일 방어정책의 특징", 『동북아 안보정세 분석』(서울: 한국국방연구원, 2005. 9. 9).

370) 문성묵, "군축과 핵문제", 문성묵 외, 『신세계질서론』(서울: 대왕사, 1997), p.310.

【미사일시험발사와 관련한 북한외무성 발표내용】

"우리 군대가 미사일을 발사한 것과 관련하여 지금 미국과 그에 추종하는 일본과 같은 일부 나라들이 위반이니, 도발이니, 제재니, 유엔안전보장이사회 상정이니 하면서 무슨 큰일이나 난 것처럼 분주탕을 피우고 있다.

이번에 있은 성공적인 미사일 발사는 자위적 국방력 강화를 위해 우리 군대가 정상적으로 진행한 군사훈련의 일환이다. 주권국가로서의 우리의 이러한 합법적 권리는 그 어떤 국제법이나 조·일 평양선언, 6자회담 공동성명과 같은 쌍무적 및 다무적 합의에 구속되지 않는다.

우리는 미사일기술 통제제도에 가입한 성원국도 아니며 따라서 이 제도에 따르는 어떠한 구속도 받을 것이 없다.

1999년에 우리가 미국과 합의한 장거리 미사일 시험발사 임시중지에 대하여 말한다면 그 것은 조·미 사이에 대화가 진행되는 기간에만 한한 것이다.

그런데 부시행정부는 앞선 행정부가 우리와 한 모든 합의를 무효화하였으며 조·미 사이의 대화를 전면 차단했다.

이미 우리는 2005년 3월에 미사일 발사 임시중지 합의가 어떤 효력도 없다는 것을 밝혔다. 2002년 우리가 조일 평양선언에서 일본과 합의한 장거리미사일 시험발사 임시중지도 마찬가지다. 우리는 조·일 평양선언에서 '선언의 정신에 따라 미사일 발사의 보류를 2003년 이후 더 연장할 의향'을 표시하였다. 이것은 조·일 사이에 국교가 정상화되고 우리에 대한 일본의 과거청산이 이루어질 것을 전제로 한 것이다. 그러나 일본당국은 우리가 납치문제를 완전히 해결해 주었음에도 불구하고 자기의 의무는 어느 하나도 이행하지 않았을 뿐더러 오히려 미국의 대조선 적대시 정책에 적극 편승해 납치문제를 국제화하는 등 우리의 선의를 악용하여 조·일 관계 전반을 원점으로 되돌려 세웠다. 이런 조건에

서 우리가 지금까지 미사일 발사를 보류해 온 것은 대단한 아량
의 표시이다. 2005년 9월 19일 6자회담 공동성명은 조선반도의
비핵화실현을 위하여 각 측이 해야 할 의무를 규제하고 있다. 그
러나 미국은 공동성명이 채택되기 바쁘게 우리에 대한 금융제재
를 실시하면서 그를 통한 압박을 여러 각도에서 가중시키고 있으
며, 우리를 표적으로 한 대규모의 군사연습과 같은 위협공갈로
공동성명 이행과정을 전면적으로 가로막아 나서고 있다.

이러한 조건에서 우리만이 일방적으로 미사일 발사를 보류해야
할 필요가 없다는 것은 누구에게나 명백하다. 사실이 이러함에
도 불구하고 우리 군대가 자위를 위해 정상적으로 진행하는 미
사일 발사가 지역정세를 긴장시키고 대화진전을 가로막는다는
주장은 완전히 현실을 외면한 억지논리이다. 힘의 균형이 파괴
될 때 불안정과 위기가 조성되고 전쟁까지 벌어진다는 것은 역
사의 교훈이며 오늘날의 이라크사태가 보여주는 국제관계의 냉
혹한 현실이다. 만일 우리에게 막강한 자위적 억제력이 없었더
라면 미국은 악의 축, 핵 선제공격대상으로 지정한 우리를 몇
번이고 공격하였을 것이며 조선반도(한반도)와 지역의 평화는
엄중히 파괴되었을 것이다. 결국 우리의 미사일 개발과 시험, 생
산 및 배비는 동북아시아지역에서 힘의 균형을 보장하고 평화와
안정을 보장하는 주되는 요인으로 되고 있다. 우리가 미사일 발
사에 대해 사전에 통보하지 않았다고 도발이요 뭐요 하고 걸고
느는 것 역시 언어도단이다.

우리와 교전관계, 기술적으로 전쟁상태에 있는 미국이 일본과
야합하여 이미 한 달 전부터 우리가 미사일을 발사하면 요격하
겠다고 떠들고 있는 조건에서 그들에게 미사일발사에 대하여 미
리 통보해준다는 것은 실로 어리석기 짝이 없는 일이다.
묻건대 미국과 일본은 우리 주변에서 숱한 미사일을 발사하면서

언제 한번 우리에게 통보한 적이 있었는가.

6자회담 9·19 공동성명에서 공약한 대로 조선반도의 비핵화를 대화와 협상을 통하여 평화적으로 실현하려는 우리의 의지에는 지금도 변함이 없다. 그러나 우리 군대의 미사일 발사훈련은 애당초 6자회담과 무관하다.

우리 군대는 이번과 마찬가지로 앞으로도 자위적 억제력 강화의 일환으로 미사일 발사훈련을 계속하게 될 것이다. 만약 그 누가 이에 대해 시비질하고 압력을 가하려 든다면 우리는 부득불 다른 형태의 보다 강경한 물리적 행동조치를 취하지 않을 수 없을 것이다.[371]

한편, 유엔은 북한의 이 같은 미사일발사 문제와 관련하여 규탄결의문을 채택하자 북한은 2006년 7월 16일자 외무성 성명을 통해 다음과 같은 주장으로 대응하고 있다.

"오늘 조선반도에는 미국의 악랄한 대조선적 대시정책과 유엔안전보장리사회의 무책임성으로 말미암아 우리 민족의 자주권과 국가의 안전이 엄중히 침해당하는 극히 위험천만한 사태가 조성되었다.

미국은 얼마 전 우리 군대가 자위를 위한 정상적인 군사훈련의 일환으로 진행한 미사일발사를 두고 〈하나의 목소리로 대답해야 한다.〉는 구호 밑에 유엔에 끌고 가 분주탕을 피우던 끝에 7월 15일 우리의 자위적 권리행사를 엄중시하는 유엔안전보장리사회 〈결의〉라는 것을 채택하도록 하였다.

미국의 주도하에 만들어진 이번 〈결의〉는 우리의 자위적 권리에 속하는 미싸일발사를 〈국제평화와 안전에 대한 위협〉으로 매도하면서 우리를 무장해제시키고 질식시키기 위한 국제적 압력공

---

371) 『북한외무성대변인 대담』, 2006. 7. 6.

세를 호소하였다.

미국은 이렇게 함으로써 조선 대 미국사이의 문제를 조신 대 유엔사이의 문제로 둔갑시키고 우리를 반대하는 국제적 련합을 형성해보려 하고 있다. 이로 하여 우리의 존엄과 자주권이 심히 유린당하고 정세가 극도로 긴장되어 조선반도와 동북아시아지역의 평화와 안전이 엄중히 파괴되는 심각한 결과가 초래되었다.
애당초 그 어떤 국제법에도 저촉되지 않는 우리의 미싸일발사를 반칙으로 규정하고 유엔에 끌고 간 자체가 완전히 부당하고 강도적인 행위이다.
이번에 미국이 우리에 대한 군사적 행동을 합법화하는 유엔헌장 제7장을 적용하려고 마지막까지 시도한 것은 〈결의〉가 제2의 조선전쟁도발을 위한 전주곡으로 된다는 것을 보여준다.

미국과 일본이 진행하는 미싸일발사는 합법적이고 우리가 자기를 지키기 위해 진행하는 미싸일발사훈련은 비법적이라는 것은 날강도적인 론리이다. 미국의 승인만 받으면 미싸일을 쏘든 핵시험을 하든 묵인되고 유엔에 상정조차 되지 않는 것이 오늘의 현실이다.

조선반도비핵화를 대화와 협상을 통해 평화적으로 실현하려는 우리의 진심과 성의 있는 노력을 희롱할 대로 희롱한 미국이 이제 와서 우리가 6자회담에 나오면 징벌하지 않고 나오지 않으면 징벌하겠다고 하는 것은 그 무엇으로써도 정당화될 수 없는 파렴치한 궤변이다. 약육강식의 법칙이 란무하는 오늘의 세계에서는 오직 힘이 있어야 정의를 수호할 수 있게 되어 있다. 유엔은 물론 그 누구도 우리를 지켜줄 수 없다.

지나온 력사와 오늘의 현실은 오직 자기의 강력한 힘이 있어야 민족의 존엄과 나라의 자주독립을 지킬 수 있다는 것을 보여주고 있다.

세상이 변한다고 하여 우리의 원칙도 변할 것이라고 생각한다면 그것은 개꿈이다.
우리는 이미 우리 군대의 자위적인 미싸일발사훈련에 대해 시비 질하고 압력을 가하려 든다면 보다 강경한 물리적 행동조치를 취하지 않을 수 없을 것이라는 립장을 밝힌 바 있다.
조선반도에 조성된 엄중한 사태에 대처하여 조선민주주의인민공화국 외무성은 위임에 따라 다음과 같이 천명한다.

첫째, 우리 공화국은 미국의 대조선적대시정책의 산물인 유엔안 전보장리사회 〈결의〉 강력히 규탄하고 전면배격하며 이에 추호 도 구애되지 않을 것이다.

둘째, 우리 공화국은 미국의 극단한 적대행위로 인해 최악의 정세가 도래되고 있는 상황에서 모든 수단과 방법을 다하여 자위 적 전쟁억제력을 백방으로 강화해 나갈 것이다.
우리는 필승의 보검인 선군정치를 받들고 우리 인민이 선택한 사상과 제도를 우리 식대로 굳건히 지켜나갈 것이다."[372]

현재 북·미 간의 미사일 문제 해결에 관한 입장을 종합하여 정리하면 다음과 같다. 우선 북한의 입장은 미국이 북한의 일정 한 요구를 수행하면 미사일 문제를 미국과 논의할 수 있다는 것 이다. 여기서 말하는 북한의 일정한 요구라고 하는 것은 물론 미 사일 포기를 전제로 한 경제적 반대급부 제공이다. 북한의 이 같

---

372) 『조선중앙통신』, 2006. 7. 16.

은 주장의 배경에는 현재와 같이 미국에 의한 북한의 대북경제
제재가 계속되고 있는 상황에서 미사일은 유일한 수입원이 된다
는 것이다. 미국은 북한의 이 같은 입장에 대해 1999년 베를린
협상 당시 이를 고려한 바가 있다.

(3) 테러지원국 해제문제

　미국은 1979년 반테러법을 제정하였다. 이후 미국은 해년마다
5월경에 테러지원국을 발표하고 있는데, 북한은 2005년에도 또다
시 테러지원국에 지정되었다. 이로써 북한은 거의 20년 가까이
연속으로 테러지원국에 지정되는 불명예를 안게 되었다.[373]

　미국에 의한 북한의 테러지원국 해제문제는 북한 핵, 미사일
문제 등과 함께 클린턴 행정부시기에 본격적으로 제기되었고, 그
해결을 위한 회담들이 개최되기도 하였다. 그러나 해제를 위한
실질적인 성과들은 이끌어내지 못했다. 특히 북한에 대해 부정적
인식이 강한 부시행정부가 출범하면서 북한의 테러지원국 해제
문제는 더욱 어려워지게 되었다. 특히 2001년 9·11 테러사태로
인해 북한의 테러지원국 해제문제는 더욱 힘들어지는 상황으로
전개되고 있다. 한편, 북한은 문제해결을 위해 2004년 7월 일본의
요도호 납치사건[374]과 관련 있는 일본 적군파의 일본으로의 귀
국조치를 취할 수 있다고 발표하기도 했다.[375] 이후 테러지원국

---

373) "Office of the Coordinator for counterterroism", *Country Reports on Terrorism 2004*, U. S. Department of State, April 27 2005, p.6.

374) 이 사건은 1970년 3월 31일 일본의 극좌단체인 적군파대원들이 일본항공 요도호 승객 129명을 인질로 잡고 북한으로 들어간 사건이다. 연합뉴스사 편, 『요도호 사건의 어제와 오늘』, (서울: 연합뉴스사, 2004. 7. 5).

375) 이에 대해 미국은 2004년 7월 12일 북한이 테러지원국 명단에서 삭제되기

해제문제는 북핵문제의 재발로 인해 그 논의가 수면 아래로 가라앉아 있는 상태이다.

사실, 북한은 1960년대 이래로 수많은 테러유형의 사태를 저질러 왔음에도 불구하고 1980년대 말까지 테러지원국에 지정되지 않았다. 주지하는 바와 같이 1974년 육영수 여사 저격사건을 비롯해 1976년 판문점에서 미군 병사에 대한 도끼만행 사건, 1983년 버마 아웅산 사태 등 크고 작은 테러사건들의 배후가 북한과 관련되어 있었다. 결국 1987년 KAL기 폭파사건이 북한과 연루되어 있다는 것이 사실로 확인됨으로써 북한은 테러지원국에 지정되게 되었다. 이로써 북한은 1980년대 후반부터 현재까지 약 20여 년 동안 미국이 정하는 몇 안 되는 테러지원국으로 남아 있다.376) 언급한 바와 같이 그 계기는 1987년 북한에 의한 KAL기 공중폭파 사건으로서, 북한은 1988년 1월 20일부터 테러지원국으로 분류되어 국제사회로부터 정치 경제적 고립을 당하고 있다. 특히 북한의 경제 고립과 관련하여 미국의 테러지원국 지정은 절대적인 영향을 미치고 있다.377) 따라서 미국이 지정하는 테러지원국에서 벗어나는 것은 핵문제 해결 이상으로 그 중요성이

위해서는 1970년 당시 일본항공기를 끌고 들어간 일본적군파 대원들을 북한에서 추방해야 한다고 대응하였다. Richard Boucher, Spokesman, "Daily Press Briefing", U. S. Department of State, July 12, 2004.

376) 현재 미국이 지정하는 테러지원국은 북한을 비롯해 이란, 이라크, 시리아, 쿠바, 리비아 등이다.

377) IBRD와 IMF 등의 국제금융기관들은 미국이 지정하는 테러지원국에 대해 차관 제공과 자금 사용 시 미국 측의 집행이사는 이의 제공 및 사용에 대해 반대하도록 의무규정화되어 있다. 특히 IMF를 비롯한 주요 국제금융기관들은 국가별 1인 1표 행사가 아닌 출자금액에 비례하여 투표권이 주어지기 때문에 미국이 국제금융기관에서 행사할 수 있는 영향력은 절대적이라고 보아야 한다.

크다고 볼 수 있다. 무엇보다도 북한으로서는 이 문제가 해결되어야만 국제사회에서 정상적인 정치·경제활동이 가능하다. 미국이 가지고 있는 세계 경제의 패권을 감안하면 북한은 반드시 이 문제를 해결하지 않으면 안 된다.

한편, 북한은 자신들에 대한 미국의 테러지원국 지정 문제와 관련하여 미국이 자신들을 테러지원국378) 명단에서 해제한다면 미국과 수교하는 데 큰 문제가 없을 것이라는 입장을 그동안 여러 차례 피력해왔다. 1990년대 중반 이후 북핵문제를 계기로 마련된 북·미 간 협상에서 이 문제는 북한이 미국 측에 요구하는 단골 화두가 되다시피 했다. 이러한 문제 해결과 관련하여 북한은 미국의 관심을 끌기 위해 여러 차례에 걸쳐 반테러 및 테러지원 반대에 대한 자신들의 입장을 표명해 왔다. 1996년 3월 이스라엘 폭탄테러 및 1998년 8월의 케냐 미대사관 폭탄테러에 대한 북한 외무성의 반테러 성명발표를 비롯해 2000년 10월 6일 '국제테러

---

378) 미국이 정하는 테러지원국의 정의와 관련하여, 1989년 反테러 및 무기수출 수정법(하원 101-296)을 승인한 미 하원 외교위원회 보고서를 인용할 수 있다. 즉, 하원 외교위원회는 그 보고서에서 테러 지원국을 다음과 같이 정의했다. 첫째, 영토를 성역으로 사용할 수 있도록 제공 둘째, 테러활동에 사용할 수 있는 치명적 물자를 개인이나 집단에 제공 셋째, 테러리스트나 그 집단에게 군수지원 넷째 테러리스트와 그 조직에게 은신처나 본부를 제공 다섯째, 테러 활동 수행의 계획, 시시, 훈련 또는 지원 제공 여섯째, 테러 활동에 대한 직접 또는 간접적 재정지원, 일곱째, 테러활동을 지원 또는 교사하기 위해서 서류작성 등의 외교적 수단을 제공하는 국가. 상원의 보고서도 유사한 정의를 포함하고 있다.

한편, (상원보고서 101-173) 수출관리법 6(j)의 (4)항은 대통령이 사전에 보고서를 하원 외교위원회, 상원의 은행-주택-도시위원회, 외교위원회에 제출하지 않으면 테러지원국 리스트에서 이름을 삭제할 수 없도록 금지하고 있다. http://monthly.chosun.com/html/200105/200105010024-3.html

리즘에 관한 북·미 공동 코뮤니케'를 발표하기도 했다. 북한의 이러한 노력은 2001년 9·11 테러사태 이후 보다 적극적으로 표명되었다. 즉 북한은 2001년 9·11 뉴욕테러사건 이후 즉시 외무성 대변인을 통해 테러리스트의 행동을 비난하고, 모든 형태의 테러지원 및 테러기구들에 대한 지원도 반대한다는 입장을 표명하였던 것이다. 또한 같은 해 10월 5일 유엔총회 연설에서도 반테러 입장을 재확인하기도 하였다. 또한 12월에는 반테러 국제협약에 가입하는 등 테러지원국 오명을 벗기 위해 나름대로의 노력을 기울였다. 그러나 미국의 태도는 냉담하였다. 부시대통령이 2002년 1월 29일 발표한 연두교서에서 북한을 이라크, 이란 등과 함께 '악의 축'(axis of evil)으로 규정하고, 대량파괴무기(WMD)의 위협을 경고하면서 오히려 북한에 대한 강한 불신을 나타냈던 것이다. 이 같은 미국의 대북 인식에 비추어 볼 때 테러지원국 해제 문제가 결코 용이하지 않다는 것을 알 수 있다.

북한의 테러지원국 해제문제와 관련하여 북·미 양측은 2000년 3월 이후 몇 차례에 걸쳐 협상을 가진 바 있다. 그 과정에서 미국이 북한에 제시한 테러지원국 해제 요건을 보면 첫째, 북한이 테러를 하지 않겠다는 입장의 표명 둘째, 최근 6개월간 테러를 하지 않았다는 확인 셋째, 테러방지 국제협약에의 가입, 과거 테러행위에 대한 필요한 조치 등과 아울러 테러와 연계된 미사일 개발 및 수출 등을 중단해야 된다는 것이었다.[379] 이에 대해 북한은 미국의 요구조건을 북한이 대부분 충족시켰기 때문에 테러지원국 해제가 당연하다고 했다. 그러나 미국의 태도는 단호하

---

[379] 오일환, "북·미 관계의 점검과 향후 전망",(2002), p.27.

였고, 다시 북한을 대러지원국으로 지정했다. 이후에도 북·미 간 테러지원국 헤제를 위한 회담이 개최되었다. 미국은 회담을 통해 북한이 테러지원국에서 해제되기 위해서는 앞서 언급했던 4가지 선결조치가 필요하다고 또다시 강조했다.[380] 지금까지 개최되었던 북·미 테러회담 경과와 주요 내용을 요약하면 다음과 같다.

■ 제1차 협상(2000. 3. 8 ~ 15)

동 회담은 2000년 1월 북·미 베를린 회담에서 북한 측이 미국 측에 테러지원국 해제를 요구하면서 테러문제만을 논의한다는 조건하에 2000년 3월에 뉴욕에서 개최되었다. 동 회담에서 미국은 북한 측에 대해 테러지원국 명단삭제와 관련된 미국 내 법적 절차와 의회와의 관계 등에 대해 설명하고, 테러지원국 해제를 위한 4대 선결과제를 제시했다. 이에 대해 북한은 자신들에 대한 미국의 테러지원국 지정이 그 근거가 희박하다는 것을 강력히 주장하는 가운데 미국의 즉각적인 테러지원국 해제를 요구했다.

1차회담은 양측 모두 큰 성과를 내지 못한 가운데 끝났다. 회담 당시 미국의 북한에 대한 인식은 다음과 같은 미국의 언급을 통해 확인할 수 있다.

"북한은 1970년에 일본민항기를 납치한 일본의 적군파에게 은신처를 제공하였고, 1999년에는 망명한 태국주재 북한대사를 납치하려는 시도를 했으며, 국제테러단체와 북한이 연결된 증거가 포착되고 있다. 그러나 최근 들어 북한이 모든 형태의 테러리즘

380) Philip T. Reeker, *Daily Press Briefing*, U.S. Department of State, August 14, 2000.

에 반대한다는 긍정적인 태도를 보이고 있다. 따라서 미국은 북
한과의 회담을 통해 테러지원국 해제를 위해 북한이 취해야 할
조치를 명확히 설명하였다"381)

미국의 이 같은 언급을 통해서 볼 때 향후 북한의 태도 여하
에 따라 테러지원국 해제에 대한 미국의 입장변화도 가능하다는
것을 알 수 있다.

■ 제2차 협상(2000. 8. 9 ～ 8. 10)

제2차 협상은 2000년 8월 9일부터 10일까지 평양에서 개최되
었다. 회담에 개최에 앞서 미국은 미리 테러지원국 해제에 반드
시 필요한 북한의 조치를 언급했다. 특히 일본적군파들에 대한
북한의 추방을 강하게 촉구했다. 회담에서 미국은 이러한 요구와
함께 북한의 테러지원국 포기선언, 테러관련 국제협약 가입, 일본
의 요청에 의한 일본인 납치문제 해결 등을 제기했다. 이에 대해
북한은 2000년 남북정상회담 이후 한반도 해빙무드에 맞게 미국
이 북한에 대한 테러지원국을 해제하는 것이 당연하다고 주장했
다.382) 한편, 이 회담의 결과에 대해 북한은 특별한 언급은 하지
않았다.

---

381) "Office of the Coordinator for Counterterrorism", *Patterns of Global Terrorism 2000*, U.S. Department of State, May 1, 2000.
382) 『연합뉴스』, 2000. 8. 13.

■ 세3차 회담(2000. 9. 27 ~ 10. 2)

제3치 협상은 2000년 9월 27일부터 10월 2일까지 뉴욕에서 개최되었다. 동 회담을 통해 국제테러에 관한 양국 간 공동성명을 발표하였다. 양국 간 공동 코뮤니케의 주요 내용은 다음과 같다.

"북·미는 2000년 두 번에 걸친 테러회담을 통해 국제테러가 세계안보는 물론 평화에 위협이 되고 있다는 데 기본인식을 함께 하는 것은 물론, 화학, 생물, 핵물질이 개입된 테러행위를 포함하여 어떠한 국가와 개인에 의한 모든 형태의 테러리즘에 반대한다는 데 의견을 같이 했다. 북한은 모든 테러활동에 대한 사주·자금조달·고무 및 관용 등을 자제하는 것이 모든 유엔회원국의 책임이라는 것을 강조했다. 북·미는 반테러 투쟁을 위해 효과적인 조치를 취하는 데 있어서 필요한 정보교환 등에 협력하기로 상호 합의했다. 또한 양측은 테러분자를 포함해 테러단체에 물질을 지원하거나 피신처를 제공하지 않으며 테러분자를 재판에 회부한다. 또한 테러로부터 항공·해운의 안전보호에 노력한다. 북·미는 테러방지를 위해 모든 유엔회원국들에 대해 테러방지에 관한 12개 협약을 가입하도록 권고한다. 미국은 북한이 테러지원국 해제에 대한 법률요건을 충족시킬 경우 즉시 테러지원국 명단에서 북한을 제외하기 위해 서로 협력한다."[383]

결국 북한은 미국이 징하는 테러지원국으로 남아 있는 한 미국의 대북한 수출통제는 계속될 수밖에 없다. 이는 수출관리규정(The Export Administrarion Regulation: EAR)의 일반금지규정과 북한의 테러지원을 규제하기 위한 새로운 통제방식인 수출통

---

383) Richard Boucher, Spokesman, "Joint U. S.-DPRK Statement on International Terrorism", *Press Statement*, U. S. Department of State, October 6, 2000.

272

제분류(Export Control Classifiction Numbers: ECCNs)에 의한
것이다. 이에 따라 미국의 대북한 경제제재는 다양한 방식으로
계속되고 있다.384) 제네바 핵협상 및 베를린 미사일협상 등에 따
라 미국의 대북한 경제제재가 대폭 해제되거나 완화된 것은 사
실이지만 양국 간 비정상적인 경제관계는 계속되고 있다. 제2차
핵 위기 발생 이후 개최된 2차 베이징 6자회담에서도 북한은 테
러지원국 해제문제를 들고 나왔다. 북한이 이 같은 해제문제에
집착할 수밖에 없는 이유는 간단하다. 기본적으로는 국제사회로
부터 불량국가의 이미지를 탈피해야 할 필요성이 있다. 이를 통
해 국제사회의 인도적 지원과 협력을 유도하고자 하는 것이다.
다음으로, 미국의 실질적인 정치, 경제적 협력을 유도할 수 있는
지름길이고, 특히 외화조달 길이 막혀버린 북한으로서는 테러지
원국 해제만이 이 길을 뚫을 수 있기 때문이다. 즉, 북한이 테러
지원국으로 남아 있는 한 북한경제의 회복 가능성도 불투명하다
고 볼 수 있다.385) 특히 군수품 또는 이중 용도로 사용될 수 있
는 민수품에 대한 상업적 규제는 계속될 수밖에 없을 것이다. 주
지하다시피, 부시행정부의 대북한 인식이 매우 부정적인 상황임
을 감안하면 향후 미국의 대북한 경제제재는 양국 간 경제관계

---

384) 미국의 대북한 경제제재는 기본적으로 적성국 교역법에 기초하고 있다. 적
성국 교역법은 미국 재무부의 승인 없이는 수출입 및 금융거래, 투자행위 등
을 제한하고 있고 미국 내의 자산도 동결하는 등 북한에 대한 거의 모든 경
제활동을 제한하고 있다. Zachary S. Davis et. al., *Korea: Procedural and
Jurisdictional Questions Regarding Possible Normalizations of Relations
with North Korea*, CRS Report for Congress, November 29, 1994.
385) "Implementation of Easing of Sanctions against North Korea", *Fact
sheet released by the Office of the Spokesman*, U.S. Department of
State, June 19, 2000.

가 정상화 수준에 이를 정도로 해제되기는 어렵다고 본다. 참고로, 미국이 정하는 테러지원국은 다음과 같은 법률에 의해 각종의 제재조치를 받게 되어 있으며, 미국의 대북한 제재는 바로 여기에 근거하고 있다.[386]

■ 무기수출통제법(Arms Export Control Act)
- 미군수품의 테러지원국에 대한 직·간접적인 수출, 재수출, 판매, 인가, 증여하거나 미군수품 이전을 용이하게 하는 행위 금지
- 테러지원국의 미군수품 획득에 필요한 신용공여, 재정지원 행위 금지
- 위 규정은 미국 및 테러지원국의 정부, 기관, 기업, 개인 모두에게 적용

■ 수출관리법(Export Administration Act of 1979)
- 테러지원국에게 이중용도로 사용될 수 있는 물품 및 기술 수출시 허가가 필요하며, 수출 전에 미 의회 동의 필요
- 미사일 관련 물품 및 기술 등은 전면적으로 금지
■ 국제금융기관법(International Financial Instutions Act)
- 국제금융기관들의 차관제공, 자금사용 시 미국 측 집행이사의 거부 의무화

---

386) "North Korea on the Terrorism List", *Memorandum*, CRS: Congressional Research Service, March 5, 2004, pp.1-5.

■ 대외원조법(Foreign Assistance act of 1961)

-테러지원국에 대한 식량원조 금지를 포함해 신용대출 금지

-단, 인도주의적 견지에서 지원이 필요할 경우 의회와 협의하여 지원가능

■ 적성국교역법(Trading with the Enemy Act)

-테러지원국과의 교역 및 금융거래 금지

(4) 재래식 무기감축 문제

■ 동북아지역의 주요 4강의 재래식 무기 및 전력 증강

냉전 이후 현재 동북아 역내 국가들은 군개혁을 통해 재래식 전력증강을 도모하고 있다. 우선, 미국의 경우는 해외주둔 병력의 재배치를 통해 전력증강 및 전환을 구상하고 있다. 이에 앞서 1990년대부터 자신들의 해외주둔기지 안전문제를 대두시켜 오고 있으며, 특히 2001년 9·11 테러를 계기로 해외주둔 개념을 일대 전환하여 해외주둔 군재배치를 실행하고 있다. 특히 재배치와 더불어 재래식 장비의 기술첨단화를 통해 살상력을 크게 제고시키고자 한다. 즉 미군재배치와 기동력 제고를 위해 재래식 군사장비의 질적 능력을 크게 향상시키는 방향으로 나아가고 있는 것이다. 또한 미국은 일본을 자신들의 '동북아사령부'화할 계획으로 일본과의 군사협력을 더욱 강화하고 있다.387) 미국은 2003년 일본의 미사와 기지에 미 제5함대와 7함대 정찰, 초계 항공군 사령

---

387) 박종철 외, 『동북아협력의 인프라 실태: 국가 및 지역차원』(서울: 통일연구원, 2005), p.356.

부를 신설하어 p 3C 초계기아 EP-3 전자정찰기 등을 이전배치
하고 있다.

중국은 군현대화를 가속화하고 있는 가운데 경제성장률을 상
회하는 군사비 증가율을 보이고 있다. 2005년도 공식 발표된 군사
비는 290억 달러 수준으로 증대되었다.[388] 또한 해공군력을 크게
증가시키는 가운데 재래식무기의 첨단화를 지향하고 있다. 러시아
의 경우 역내 영향력 회복을 위해 인접국가들과의 군사협력을 과
시하고 있으며, 구소련식 군사개념에서 탈피하여 군개혁을 시도하
고 있다.

일본은 탈냉전 이후 자위대 전력의 해외투사능력 확대를 적극
추진하고 있다. 특히 일본은 미국의 도움으로 해군력을 크게 증
가시키고 있다. 현재 이지스함 4척을 보유하고 있으며, 15척의 구
축함과 18척의 잠수함 등 현재 해군력으로만 미국에 이어 2위를
기록하고 있다. 재래식무기 역시 살상력 제고 위주로 꾸준히 증
강하고 있다.

■ 북한의 재래식 무기현황과 미국의 전략

북한의 군사력을 살펴보면 현재 병력 117만 명(지상군 100만,
해군 6만, 공군 11만), 상비병력 748만여 명과 함께 전차 3,800대,
장갑차 2,300대, 야포 125,000문, 지원한 470여 척, 잠수함(정) 90
여 척, 전술기 840여 대, 헬기 290여 대 등을 보유하고 있다.[389]
이러한 현황을 기준으로 할 때 북한의 육군은 세계 제3위에 해

---

388) 박종철 외, 『동북아협력의 인프라 실태: 국가 및 지역차원』, pp.356-357.
389) The International Institute for Strategic Studies, *The Military Balance*
    2001-2002: 국방부, 『국방백서 2000』 제3장 3절(서울: 국방부, 2000) 참조.

당하며, 10만 명 이상이 특수전을 수행할 수 있는 능력을 보유하고 있다.[390] 이에 비해 남한은 69만 병력으로 24개 보병사단, 4개 기갑여단, 9개 특전/특공여단, 2,400여 대 중형전차, 약 4,600여 문의 야포, 수상함 39척과 잠수함 9척(잠수정 11척), 전술기 500여 대의 공군을 보유하고 있다.[391] 이는 남북한 군사력에 대한 단순 비교이지만 현실적으로 남북한 간에는 엄청난 군사력의 차이를 보이고 있다. 이러한 점 때문에 미국은 한반도 전쟁 억지를 위해서는 남북한 간 군사력 균형의 필요성을 강조하고 있다.

핵이나 미사일 문제와 비교하면 북한의 재래식 무기감축 문제는 북·미 간 현안문제에서 그 중요성이 크다고는 볼 수 없지만 미국의 동북아 및 한반도 안보환경 개선에 있어서 북한의 재래식 무기 감축 역시 북한과 해결해야 할 과제인 것만은 틀림없다.[392] 특히 부시행정부에 들어와 북한의 재래식 무기 감축이 현안으로 부상하고 있는 것은 역내 안보환경 개선과 국방비 감축이라는 두 마리 토끼를 다 잡겠다는 미국의 전략적 계산이 깔려있다. 그러나 이러한 미국의 복안은 반드시 북한만을 겨냥하고 있는 것은 아니다. 즉, 이 문제는 유엔창설 이래 전 세계적 차원의 군축관련 의제에 포함되어 왔다는 것이다.[393] 특히 재래식무

---

390) The U.S. Secretary of Defence, "2000 Report to Congress Military Situation on the Korean Peninsula", 국방부, 『국방백서 2000』(서울: 국방부, 2000) 참조.

391) The *Military Balance* 2003-2004 참조.

392) 현재 북한의 재래식무기 감축과 관련하여 한·미 역할분담론이 존재하고 있다. 즉 재래식 위협 문제에 관한 협상은 한국이 주도하겠다는 것이며, 미국은 핵과 미사일에만 치중해야 한다는 것이다. 그러나 역할분담론이 그 주장의 설득력을 갖기 위해서는 북한의 재래식 전력 평가에 대한 한·미 양국의 정확한 평가가 선행되어야 한다.

기 감축이 그 중요성을 갖게 된 것은 핵무기와 미사일 개발이
본격화되고 화학무기의 위협이 가세되면서 군축의 중심이 재래
식 무기 및 대량파괴 무기 쪽으로 옮겨가게 되었기 때문이다. 또
한, 실질적인 위해를 가하는 무기는 핵무기보다는 재래식인 경우
가 대부분이므로 재래식 무기감축의 중요성은 지속되고 있다.[394]
특히 냉전이 종식되면서 국제분쟁의 형태가 내전 또는 내란의
양상을 띠는 가운데 무력충돌의 경우 주로 재래식 소형무기를
사용하게 되는 데서 불법소형무기 규제의 필요성이 대두되었다.
이에 따라 2001년 유엔 소형무기회의가 개최되기도 했다.

한편, 재래식무기 감축과 관련하여 유엔은 유엔재래식무기등록
제도(UNRCA: United Nations Register of Conventional Arms)
는 재래식무기 수출입실적 및 보유현황, 국내생산 현황, 정책수립
동향 등에 대한 설명서를 유엔에 등록하는 제도로서 1993년부터
시행되고 있다. 이에 따라 개별 국가들은 탱크, 장갑차, 야포, 전
투기, 공격용 헬기, 전함, 미사일 등 7가지 공격용 재래식 무기를
등록해야 한다. 그러나 북한을 포함한 40여 개국은 지금까지 단
한 차례도 등록한 사실이 없다.[395]

부시행정부는 북한의 재래식 무기에 대한 해결에 있어서 순차
적 해결방식보다는 핵문제 및 미사일문제 등과 동시에 다루고자
하는 이른 바 포괄적 접근 방식을 염두에 두고 있다. 그러나 북
한은 부시행정부의 재래식 무기감축 요구에 대해 자신들의 무장
해제를 위한 의도라고 반발하고 있으며, 재래식 무기감축이 가능

---

393) The United Nations Disarmament Yerbook(2002).
394) 류광철 외, 『군축과 비확산의 세계』(서울: 평민사, 2005), p.176.
395) 류광철 외, "군축과 비확산의 세계",(2005), p.192.

하다면 그것은 남한에서 주한미군이 배치한 군사장비 및 군병력을 철수하는 것이라고 맞대응하고 있다. 즉 북한의 입장은 조건부 감축인 것이다.[396] 북한의 재래식 무기 감축은 교섭과정에서 주한미군 철수 및 남한의 재래식 무기 배치 등과 맞물려 있는 사안이므로 그 교섭 전망이 밝다고는 볼 수 없다. 결국 재래식무기 감축문제는 북·미 간 관계개선 여부를 결정짓는다고 볼 수 있는 핵문제 등과 함께 포괄적으로 해결될 수 있는 그런 문제로 보인다.

2. 대일본 정책

북·일 관계가 정부 수준에서 접촉이 이루어진 것은 1991년 양국 간에 수교회담을 시작하면서부터이다.[397] 수교협상 개시 전 양국 간에는 1990년 9월 24일 일본 자민당, 사회당 대표단의 방

---

396) 평양방송은 2001년 8월 23일 북한이 상용무력을 가지는 것은 '당당한 자주적 권리'라고 전제하고, "미국이 남조선에 배치한 침략무력을 철수한다면 우리는 구태여 경제건설에 지장을 받으면서 상용무기(재래식 군사력) 강화에 힘을 넣지 않을 것이며, 조선반도의 평화를 위해 상용무기를 축감(감축)할 것이다."고 강조했다. 또한 방송은 북한의 상용무력이 미국의 위협으로 된다는 주장은 "도적이 매를 드는 것과 같은 날강도적인 궤변이다."고 비난하고 "현실은 미국의 모든 상용무력과 전략무기, 장비들이 임의의 시각에라도 단추만 누르면 우리 공화국에로 불을 뿜을 수 있는 것이다."며 미국의 대북 위협설을 강조했다. 방송은 또 북한이 상용무력을 강화한 것은 미국의 대북 군사적 위협 때문이라면서 "우리는 수십 년 동안 미국의 군사적 위협을 받아오면서 살아왔으며 상용무력조차 변변히 가지고 있지 못하면 언제 미국에 먹힐지 모른다."고 주장했다. 『평양방송』, 2001. 8. 23.
397) 북·일 수교회담의 역사적 출발점은 1990년 9월 자민당의 가네마루(金丸信)가 이끈 일본의 방북단에서 시작되었다. 여기서 가네마루는 일본의 자민당, 사회당, 그리고 '조선로동당' 간의 '3당 공동 선언'이라는 합의문을 얻어냈다.

북이 이루어졌고, 9월 28일에는 북·일 간의 '3당 공동 선언'이 발표되었다. 당시 공동 선언의 주요 내용을 보면, 일본은 식민지 배뿐만 아니라 일본이 남한과만 국교를 맺음으로써 북한이 제2차 세계대전 종전 시부터 1990년까지 45년 동안 입은 손실에 대하여 사과하고 보상하여야 하며, 일본 정부가 국교수립 후 이를 충분히 보상한다는 것, 그리고 되도록 일찍 국교를 수립하고 일본정부는 재일조선인의 법적 지위를 보장하여 일본여권의 '북한 제외사항'을 삭제한다는 것, 전 세계 모든 지역에서 '핵무기 위협'을 제거한다는 것을 포함하고 있다.[398] 이러한 만남이 가능했던 것은 우선 양국 간 관계진전을 가로막고 있던 국제체제의 구조적 변화(양극적 대립체제에서 다극적 화해협력체제로 전환)체로의 전환 때문이었다. 특히 일본의 경우는 한국정부의 '7·7 선언'이 대북정책 추진에 대한 유연성을 증가시켜주었던 것으로 볼 수 있다. 또 한편으로는 북한의 대일관계 개선에 대한 필요성의 인식이 작용했다.

한편, 앞서도 살펴본 바와 같이 북한의 대일관계 개선 여망과 노력들은 냉전기부터 계속되어 왔었다. 그러나 탈냉전이 시작되면서 일본과의 관계 개선 여부가 체제보전 및 도약과 밀접한 관련을 갖게 되면서 북한은 대일관계에 보다 적극성을 보이게 되었다. 특히 탈냉전 초기는 대외정책 환경의 변화와 북한의 대일관계 개선의 필요성이 크게 증가되던 시기였다. 그러나 양국관계는 북한의 핵확산금지조약(NPT) 탈퇴 선언으로 크게 경색되었

---

398) 『로동신문』, 1990. 9. 28: 김태운, "북한의 대일정책 변천과 그 특징에 관한 연구", 『정치·정보연구』 제7권 2호(2004), p.120.

다. 이후 1994년 10월 미·북한 간의 핵협상이 타결됨에 따라 관계 호전의 기미를 보이기도 했으나 1998년 8월 북한의 대포동 미사일 시험발사, 1999년 일본 영해에 북한의 괴선박 침입, 2000년 이후 부시행정부의 대북강경정책에 대한 일본의 정책공조, 제2차 북핵위기 재발 등으로 인해 양국관계는 큰 진전을 보지 못한 가운데 현재에 이르고 있다. 그러나 양국관계가 시종일관 경색의 국면만을 보이지는 않았다. 즉, 2000년 이후에는 두 차례에 걸쳐 양국 정상이 회담을 개최하는 등 관계진전을 위해 노력하는 모습도 보여주었다. 그러나 양국관계는 핵문제 및 미사일 문제 등과 더불어 미·일 관계, 한·일 관계 등에 따라 당분간 관계 진전을 크게 기대할 수 없는 상황에 놓여 있다. 특히 최근에는 핵문제 및 미사일 문제 등과 더불어 최근 동북아에서 미·일 간의 군사안보 협력이 크게 강화되면서 양국관계의 경색이 장기화 조짐을 보이고 있다.

1) 수교협상 전개와 대일정책

언급한 바와 같이 북·일 양국은 1991년 수교를 위한 정부 간 접촉 이후 지금까지 12차례의 수교협상을 진행해 왔다. 우선 협상초기인 1991~1992년 협상에서 북한의 목표는 일본과의 국교수립과 이에 따른 경제적 보상이었다. 북한의 이 같은 목표는 제3차 협상에서도 잘 드러나고 있는데, 북한은 양국 간 국교수립을 먼저 타결하고 다른 의제는 그 이후에 논의하자고 하였다. 특히 북한이 이 시기 수교회담에서 일본에게 집중적으로 요구한 것은 우선 식민지 시대에 대한 사죄와 보상이었다.399) 다음으로 북한은 관할권 문제도 집중 기론했다. 이와 관련하여 북한은 당초에 '조선은 하나'라는 원칙을 견지하되, 관할권 문제는 남북한 간에 해결되어야 할 민족내부의 문제이지 일본이 관여할 성질은 아니라는 논리를 펴며 북·일 수교 의제에서 제외하려는 입장을 보였다. 그러나 나중에 가서 '조선은 하나이며 우리 주권은 조선반도의 절반밖에 미치지 않는다.'라고 인정하였다.[400] 이시기 양국 간 수교협상은 협상의제가 다소 이견을 보이는 가운데 큰 진전은 보지 못했다. 그런 가운데 북한의 핵문제가 발생하면서 북·일 수교회담에 관한 제반 사항은 장기간 수면 아래로 가라앉게 되었다. 당시 양국 간 회담 결렬의 표면적인 이유는 일본 측이 제기한 일본인 여성문제이지만 근본적으로는 북한의 핵문제가 주된 원인이 되었다. 이후 양국 간 정치적 관계는 단절된 채 경색국면이 계속되었다.

침체된 북일관계는 1990년대 중반 이후부터 다소 진전되는 듯한 양상을 보였다. 우선 1995년 수교회담의 재개를 위한 접촉, 종군위안부 문제를 비롯한 과거청산 문제, 일본의 대북쌀지원, 군사력 증강을 둘러싼 양국 간 공방이 있었지만 일본이 1995년 6월 30일 쌀 50만 톤을 지원하기로 함으로써 양국관계는 냉각상태에서 벗어나게 되었다.[401] 이에 따라 북한의 대일수교 협상의지 피력과 함께 일본의 하시모토 내각도 북한과의 수교를 긍정적으로 검토하였다. 특히 북한 측이 일본인 납치사건 의혹에 대한 해명

399) 『朝日新聞』, 1992. 2. 1.
400) 『朝日新聞』, 1992. 2. 1.
401) 전현준, 『김정일정권의 분야별 정책변화 추이분석: 로동신문 사설·정론·논설을 중심으로』(서울: 통일연구원, 2001), p.105.

에 있어서 긍정적인 태도를 보이면서 1997년 8월 북일 양국은 수교회담을 위한 예비회담을 열기로 합의했으며, 외무성 심의관급으로 국교정상화 교섭을 '전제조건 없이 재개한다.'는 데 합의했다. 이어서 1998년 1월부터 일본인 처 고향방문이 성사되었다. 그러나 같은 해 6월에 조사된 '행방불명자는 발견되지 않았다.'는 북한 측의 납치 일본인 문제에 관한 조사 종결에 관한 선언이 있자, 일본은 강력히 반발하면서 일본인 납치 의혹402) 문제해결을 북일 수교의 전제조건으로 삼기로 결정하였다.

이후 8월 말 일본열도를 가로 질러 발사된 북한의 미사일 시험발사로 인해 양국관계는 크게 악화되게 되었다. 미사일 발사로 인해 일본에서는 9월 1일 유엔안보리 총회에서 북한 미사일문제를 제기하고, 북·일 수교 교섭 및 대북 식량지원 유보, KEDO분담금 합의서 서명 보류, 미사일방어체제 구축 검토 등을 결정하고, 9월 2일에는 평양왕래 직항전세기 운항을 중지시켰다.403) 1999년 3월에는 북한 공작선이라고 일본 측이 주장하는 괴선박의 일본 영해를 침범하는 사건까지 발생하였다. 이 사건으로 국교정상화의 길은 더욱 멀어지게 되었다. 특히 일본은 북한의 미

---

402) 북·일 양국 간에 현안이 되고 있는 일본인 납치자 문제는 1990년 5월에 열린 제3차 수교회담에서부터 시작되었는데, 당시 일본은 KAL기 폭파사건과 관련 있는 김현희에게 일본어를 가르친 '이은혜'라는 일본여성에 대한 확인여부를 북한 측에게 제기하였다. 이에 대해 북한은 일본이 회담을 결렬시키기 위한 억지주장이라고 맞서며 회담결렬을 선언하였다. 이후 북한에 의한 일본인 납치의혹이 또다시 제기되었는데, 1997년 2월, 니가타(新潟)현 여중생 요코다 메구미(横田めぐみ)의 실종사건이 북한의 납치와 관련이 있다는 일본 매스컴의 보도를 계기로 일본인 납치의혹이 북·일 간 현안으로 떠오르게 되었다.

403) 전현준, 『김정일정권의 분야별 정책변화 추이분석: 로동신문 사설·정론·논설을 중심으로』, p.118.

사일 발사에 내응하여 수교교섭 중단과 대북한 식량지원 중단 선언, KEDO 분담금 합의서 서명 보류 등의 대북한 제재 조치를 취하게 되었다.

1999년 9월 미국과 북한 간에 미사일 협상이 타결되자 일본은 대북한 제재 조치를 해제하였다. 북·일 양국은 싱가포르에서 10월 18일부터 20일까지 외교당국자 간 비밀회동을 가졌고, 일본은 11월 2일 그동안 운행을 중단해 왔던 북·일 간 전세기 운항 동결 조치를 해제한다고 발표했다. 이어서 2000년 3월 국교정상화 본회담 개최를 합의 한 후, 같은 해 4월에 평양에서 7년 만에 제9차 수교회담 본회담을 개최하였다. 한편, 북일 양국은 1992년 11월 제8차 수교회담 이후 이은혜 문제로 수교협상이 결렬된 지 7년여 동안 회담을 개최하지 못했다. 그러나 수교에 관한 양국 간의 입장 차이로 회담은 중단되었다. 그 후 몇 차례에 걸친 수교회담이 있었으나 큰 진전의 효과는 없었다. 다만, 당시 수교회담 진행과정에서 일본의 대북 식량지원이 이루어졌으나, 과거청산문제와 일본인 납치의혹 문제 등으로 수교회담은 큰 진전이 없었다.

2000년 10월 30~31일 개최된 제11차 북·일 수교회담에서 북일 양측은 국교정상화 조기 실현을 위해 노력할 것임을 확인하고 남북 및 북·미 관계의 진전을 환영한다는 데 의견 일치를 보았다. 당시 양측은 북측이 최우선적 해결을 촉구하고 있는 일본의 식민지배에 대한 사죄와 보상의 방향에 대해 진지하게 의견을 교환했다. 일본 측이 해결을 촉구하고 있는 '일본인 납치 의혹'에 대해서는 북한 적십자회측이 '행방불명자'로서 조사하고 있다는 입장을 표명해 수교회담이 급진전될 조건을 마련했다. 물론 북측 단장 정태화 외무성 순회대사는 표면적으로 일본의 식민지 지배 사죄와 배상을 강도 높게 촉구했지만, 실무 접촉을 통해 수교를 위한 논의에서 상당한 진전을 보였다. 이런 교섭의 결과 2001년 1월에 북한은 모리 요시로 일본 총리에게 방북 의향을 타진했고, 싱가포르에서 모리 총리의 측근인 나카가와 히데나오 전 관방장관과 북한의 강석주 외무성 제1부상 간의 극비 접촉이 진행되었다. 이 접촉에서 식민지배 등 과거청산과 일본인 납치의혹을 둘러싼 양측의 주장이 팽팽히 맞서자, 강석주 외무성 제1부상이 먼저 양국 정상회담의 필요성을 제안한 것으로 알려졌다. 그러나 모리 전 총리는 방북협상이 채 끝나기 전에 잇단 정치적 구설수와 지지율 하락으로 2001년 4월에 중도 퇴진하고 말았다. 그리하여 북·일 정상회담 개최 노력은 고이즈미 총리에게 넘겨지게 되었다. 그러던 중 2002년 8월 북일 외무성 국장급 회담이 있은 후 북·일 관계 역사상 최초로 정상회담이 개최되면서 양국은 새로운 국면을 맞게 되었다. 이러한 분위기에서 2002년 12월 29일 쿠알라룸푸르에서 제12차 수교협상을 재개했으나 북핵 파문이 재현되면서 별다른 성과는 내지 못했다.

2) 북일 정상회담과 대일정책

제1차 정상회담은 2002년 9월 17일 평양에서 개최되었다. 이 회담은 냉전기 및 탈냉전기를 통해 누적되어 있던 불편한 양국 관계를 개선하는 데 획기적인 계기를 마련하였다. 정상회담 후 발표한 두 나라 사이의 선언은 다음과 같다.

【북일 공동서언】

조선민주주의인민공화국 김정일국방위원장과 일본국 고이즈미 중이찌로총리대신은 2002년 9월 17일 평양에서 상봉하고 회담을 진행하였다. 두 수뇌들은 조일사이의 불미스러운 과거를 청산하고 현안사항을 해결하며 결실 있는 정치, 경제, 문화적 관계를 수립하는 것이 쌍방의 기본 리익에 부합되며 지역의 평화와 안정에 큰 기여로 된다는 공통된 인식을 확인하였다.

1. 쌍방은 이 선언에서 제시된 정신과 기본원칙에 따라 국교정상화를 빠른 시일 안에 실현시키기 위하여 모든 노력을 기울이기로 하였으며 이를 위하여 2002년 10월 중에 조일국교정상화회담을 재개하기로 하였다.

쌍방은 호상 신뢰관계에 기초하여 국교정상화를 실현하는 과정에도 조일 사이에 존재하는 제반 문제들에 성의 있게 림하려는 강한 결의를 표명하였다.

2. 일본 측은 과거 식민지지배로 인하여 조선인민에게 다대한 손해와 고통을 준 력사적 사실을 겸허하게 받아들이며 통절한 반성과 마음속으로부터의 사죄의 뜻을 표명하였다. 쌍방은 일본 측이 조선민주주의인민공화국 측에 대하여 국교정상화 후 쌍방이 적절하다고 간주하는 기간에 걸쳐 무상자금협력, 저리지 장기차관 제공 및 국제기구를 통한 인도주의적 지원 등의 경제협력을 실시하며 또한 민간경제활동을 지원하는 견지에서 일본국제협력은행 등에 의한 융자, 신용대부 등이 실시되는 것이 이 선언의 정신에 부합된다는 기본인식 밑에 국교정상화회담에서 경제협력의 구체적인 규모와 내용을 성실히 협의하기로 하였다. 쌍방은 국교정상화를 실현하는 데 있어서 1945년 8월 15일 이전

286

에 발생한 리유에 기초한 두 나라 및 두 나라 인민의 모든 재산 및 청구권을 호상 포기하는 기본원칙에 따라 국교정상화회담에 서 이에 대하여 구체적으로 협의하기로 하였다. 쌍방은 재일조 선인들의 지위문제와 문화재문제에 대하여 국교정상화회담에서 성실히 협의하기로 하였다.

3. 쌍방은 국제법을 준수하며 서로의 안전을 위협하는 행동을 하지 않는다는 것을 확인하였다. 또한 일본국민의 생명 및 안전 과 관련된 현안문제에 대하여 조선민주주의인민공화국 측은 조 일 두 나라의 비정상적인 관계 속에서 발생한 이러한 유감스러 운 문제가 앞으로 다시 발생하지 않도록 적절한 조치를 취할 것 을 확인하였다.

4. 쌍방은 동북아시아지역의 평화와 안정을 유지강화하기 위하 여 호상 협력해 나갈 것을 확인하였다.
쌍방은 이 지역의 유관국들 사이에 호상 신뢰에 기초하는 협력 관계구축의 중요성을 확인하며 이 지역의 유관국들 사이의 관계 가 정상화되는 데 따라 지역의 신뢰조성을 도모하기 위한 틀거 리를 정비해 나가는 것이 중요하다는 데 대하여 인식을 같이 하 였다.
쌍방은 조선반도 핵문제의 포괄적인 해결을 위하여 해당한 모든 국제적 합의들을 준수할 것을 확인하였다. 또한 쌍방은 핵 및 미싸일문제를 포함한 안전보장상의 제반 문제와 관련하여 유관 국들 사이의 대화를 촉진하여 문제해결을 도모해야 할 필요성을 확인하였다. 조선민주주의인민공화국 측은 이 선언의 정신에 따 라 미싸일발사의 보류를 2003년 이후 더 연장할 의향을 표명하 였다. 쌍방은 안전보장과 관련한 문제에 대하여 협의해 나가기 로 하였다.[404]

---

404) 『조선중앙통신』, 2002. 9. 17.

이처럼 양국 산 징상회담에서 발표뒤 북·일 평양선언은 과거
청산과 현안문제 해결을 위한 공통된 인식의 기초하에 양국 간
외교쟁점에 대한 해결책을 담고 있다. 동 선언에 따르면 양국은
1945년 8월 15일 이전의 모든 재산 및 청구권을 서로 포기하는
기본원칙에 합의하였다. 이러한 합의사항과 더불어 몇 가지 기본
원칙을 천명하였는데 첫째, 조속한 시일 내에 국교정상회담을 재
개하며 둘째, 상호간의 안전보장을 약속하며 셋째, 대화를 통한
핵 및 미사일 문제 해결에 대한 기본입장 등이 표명되었다. 특히
김정일 위원장은 미사일 시험발사를 2003년 이후에도 계속 유예
하겠다고 밝혔으며, 일본인 납치사건에 대해서도 사과하고 재발
방지를 약속했다.[405]

제2차 북·일 정상회담은 2004년 5월 22일 평양에서 개최되었
다. 동 회담이 성사되기까지는 일본에 대한 북한 측의 적극적인
회담 제안이 있었던 것으로 알려지고 있다. 북한은 2002년 9월
17일에 있었던 '평양선언'을 전체적으로 협의하고 싶다는 뜻을 일
본에 전달하고 일본총리의 북한방문을 제안하였던 것이다.[406] 회
담결과 두 정상은 1차회담 시 채택된 '평양선언'의 성실한 이행의
사를 확인하였다. 특히 일본의 고이즈미 총리는 북한에 대해 완
전한 핵 포기를 촉구하였고, 이에 대해 김정일 위원장은 6자회담
을 통해 평화적으로 해결하겠다고 화답했다. 또한 미사일문제와
관련해서도 시험발사를 동결하겠다는 것을 일본에게 확인시켜
주었다. 이처럼 일본은 '평양선언' 협의와는 별개로 핵문제나 미
사일문제 해결에 대해 높은 관심을 보여주기도 하였다.

---

405) 『조선중앙통신』, 2002. 9. 17.
406) 『毎日新聞』, 2004. 5. 20.

국교정상화와 관련하여 고이즈미 총리는 이를 위한 양국 간 협상재개 의지를 표명하였고, 김정일 위원장도 국교정상화 교섭 의지를 내비쳤다.

3) 대일 정책의 방향 및 목표

살펴본 바와 같이 북한은 탈냉전기 들어 총 12차례에 걸쳐 일본과 수교협상을 진행하였고, 두 차례에 걸쳐 정상회담을 가졌다. 이 같은 내용들을 토대로 해서 볼 때 탈냉전기 북한의 대일정책 목표와 방향은 다음과 같이 요약할 수 있다.

첫째, 외교적 고립을 탈피함과 동시에 일본으로부터 식민통치 배상이나 전후보상을 받아 경제·기술협력을 진전시킴으로써 심각한 경제난을 해결하고자 한다.[407] 이러한 목표는 궁극적으로 일본과의 수교를 통해서 달성될 수 있는 것들이다. 미국과의 수교로 북한이 얻을 수 있는 경제적 이익은 자산동결 해제나 경제제재 해제 등 다소 간접적인 것임에 비해 일본과의 수교로 인해 일본으로부터 얻을 수 있는 경제적 이익은 직접적인 것이라고 할수 있다. 즉, 식민통치 배상 또는 전후배상, 조총련계 자산의 북한유입 가능성이 바로 그것이다.[408]

---

407) 북한은 40년간의 식민통치와 종전 후 50년간 대북 적대정책으로 인한 100년간의 정신적·물질적 고통과 피해 보상을 주장하고 있는데, 북한이 일본과 수교 시 약 1백억 달러 내외의 보상금을 받을 것으로 추정되고 있다.

408) 주지하는 바와 같이 거의 9만 명의 재일교포가 북송됨으로서 북한은 일본과 비공식적인 경제 유대를 공고화시키고 있다. 일본에 남은 북송 교포의 가족과 친척들은 송금과 각종 경제원조의 중요한 원천이 되었고, 북한에 유치된 합영사업에 대한 투자를 거의 독점하게 되었다. 따라서 북·일 간의 수교가 성사된다면 일본은 북한의 최대 경제협력국으로 부상할 수 있는 가능성을 가지고 있다.

돌째, 일본과의 관계개선 목표는 또 다른 이유가 있다. 즉, 주변국들과의 관계 재정립에도 영향을 줄 수 있다는 점이다. 무엇보다도 그 동안 관계가 멀어졌던 중국과 러시아의 대북한 관심을 유도할 수 있을 것이라는 점이다. 중국이나 러시아 모두 탈냉전 이후 북한에 대해 일정 거리를 유지해 온 것은 사실이지만 북한이 지나치게 일본과 가깝게 지내는 것을 환영하지는 않을 것이다. 특히 동북아에서 일본과 패권경쟁을 벌이고 있는 중국으로서는 더더욱 환영할 만한 일은 아닌 것이다. 따라서 북한은 이러한 카드를 최대한 활용하여 일본과의 수교를 주변국들의 대북한 견인 경쟁 수단으로 활용하고자 할 것이다.

셋째, 남북대결에서 일본을 중립화함으로써 핵문제나 미사일 문제 등과 관련하여 한·일 간 및 한·미·일 간의 공조체제를 방해·저지하고자 한다. 북한은 기회가 있을 때마다 일본에 접근하여 한국 정부를 비난하는 한편 일본 내의 반한국 세력을 조장하고 친북여론을 조성하려는 시도를 해 왔다. 특히 북한은 한·일 조약의 폐기, 북·일국교정상화, 일본의 중립화 등의 문제에 있어서 일본 좌익계 정당들과 이해관계가 일치함을 이용하여 그들과 교류를 증진시켜 왔다. 이들 좌파 정당들은 한반도의 공산화가 결코 일본에 위협이 되지 아니하며, 보다 큰 위협은 러시아임을 상기시켜 친북여론 조성에 큰 기여를 했다. 더욱이 일본 사회당은 "전후 시기는 일본이 북한과의 관계를 정상화시키지 않는 한 끝나지 않을 것"이라고 주장하고 일본 정부가 대북한 관계를 좀더 적극적으로 개선해 나갈 것을 요구하였다.[409)]

---

409) 신정현, "한·일 간 신시대 개막에 따른 북한·일본관계 전망", 『정책연구

한편 북한은 일본과의 관계개선을 추진함으로써 평화협정체결을 위한 미국과의 협상을 유도하려 하고 있다. 또한 미국과 일본이 중국에 경쟁적으로 개방하고 관계 정상화를 수립했듯이 일본을 충동시켜 북한과 접근하면 미국을 포함한 서방 국가들의 대북 태도도 상당히 달라질 것이라는 계산이다. 즉 북한이 일본과의 관계를 개선하는 것은 미국을 비롯한 서방 국가들과의 관계개선에 활력소를 불어넣는 것이라고 볼 수 있다.

넷째, 북한의 대일정책에서 경제적 보상이라는 절대 실리가 큰 비중과 중요성을 차지하고 있는 것은 사실이지만 체제수호 차원에서 안보의 측면도 점차 그 중요성이 커지고 있다. 북한은 현재 부시행정부의 대북정책 성향 및 전개 양상 등을 통해서 볼 때 단기간 내에 미국과의 관계개선을 통한 체제생존 보장 확보가 어려운 것이 사실이다.[410] 또한 최근 미·일 군사협력이 더욱 강화되는 추세에 있는 반면, 냉전기에 형성되었던 북방삼각동맹협력체제는 그 구심점과 큰 위력을 상실한 것이 사실이다. 따라서 북한은 안전보장의 차선책으로 일본과의 관계개선을 먼저 도모하려하고 있다. 즉 북·일 관계 개선이 이루어지게 되면 북한에 대한 불량국가 이미지 내지 테러지원국의 오명에서 벗어날 수 있는 계기를 마련할 가능성도 있기 때문이다. 이러한 이미지 개선을 바탕으로 북한은 대미관계 개선의 효과를 동시에 노릴 수도 있을 것이다.

』제72호 (1985. 5. 6.) 참조.
410) 연현식, "고이즈미 방북의 의미와 영향", 『국제문제』 제387호(2002), p.70.

제6장 결 론

외교정책은 자국의 이익 극대화를 위해 타국의 행위를 자국에 유리하도록 유도하고, 자국의 정치이념 수호와 안보확보 및 경제번영을 증진시키기 위해 공동체적으로 행하는 행위체계이다. 이 책의 논의를 통해서 볼 때 북한 역시도 다른 국가들과 마찬가지로 이 같은 행위체계의 일반적 모습들을 보여주고 있다. 그러나 체제 자체가 지니는 특수성으로 인하여 외교정책은 다소 비정상적인 내용과 방향으로 전개되어 온 측면들이 있다. 생존을 위해 때로는 시계추 외교와 등거리 외교, 자주노선 외교를, 때로는 극단적인 벼랑 끝 외교를 전개해 왔다. 냉전기 및 탈냉전기를 통해 약소국인 북한이 강대국인 주변 4강들에 대해 추진했던 대외정책의 요약과 전망을 살펴보면 다음과 같다.

냉전기 북한의 대중·소 외교정책의 특징은 사회주의 국가라는 이데올로기적 동질성과 북한정권 수립 및 유지에 이들의 절대적 기여라는 정치적 요인에 의하여 상호관계가 구조화 되었다. 이에 따라 첫째, 북한은 대중·소 정책 전개과정에서 어느 일방에도 기울지 않는 등거리 외교관계를 전개하였다. 그러나 실제 북한은 김일성 자신의 정치권력 및 체제유지와 각종 지원을 유도하기 위해 중·소 사이에서의 '시계추 외교'와 '등거리 외교' 행태를 반복하였다.

둘째, 북한은 이데올로기적 동질성을 강조하며 형제국가로서 북한의 안보를 이들에게 의지하였다. 그러면서도 1950년대 중반 이후 소련의 이데올로기를 본떠 만든 '주체사상'의 자주적 입장에

292

입각, 대중·소 자주외교를 전개하며 이들에 대한 정치, 경제, 군사 등의 간섭에서 벗어나고자 하였다. 셋째, 북한의 냉전기 대중·소 정책은 이데올로기와 실리를 두 축으로 하였다. 특히 김일성 정권이 안정을 확보해가면서 이데올로기에서 점차 실리중심으로 그 축이 옮겨 갔다. 넷째, 북한이 중국 및 소련과의 관계가 불편한 적도 있었지만 북한은 이들 국가에 대하여 단 한번도 극단적인 적대정책을 취하지 않았다. 오히려 북한은 이들의 대립을 활용하여 자신들에 대한 두 나라의 견인경쟁을 유발하는 전략을 구사하였다.

한편, 적대적 관계하에 있던 대미·일 정책은 이데올로기적 대립관계 속에서도 이들에 대한 접근을 시도하였다. 먼저 대미정책은 한반도에 주둔하고 있는 미군을 철수시켜 한국의 방위능력을 약화시키고, 대미 평화협정 체결을 통하여 북한의 국제적 지위향상과 대미경제교류를 증진시키며, 한국의 국제적 고립화를 목적으로 지속적인 접근을 시도하였다. 다음으로 대일정책은 1950년대 중반 이후부터 대일관계 개선의지를 표명하며 정부 간 접촉을 시도하였으나 여의치 못했다. 특히 북한은 일본과의 수교를 통해 한반도에서 한국정부와 동등한 국제적 지위를 인정받고자 하였다. 일본과의 관계개선이 필요하였던 것은 안보문제와도 관련이 깊었다. 당시 중·소 대립 등으로 북방삼각동맹체제는 큰 균열의 조짐이 보였고, 반면에 미국중심의 남방삼각동맹체제는 한·일 간 국교정상화로 인해 3자 간의 안보협력이 더욱 확고해져가고 있었다. 북한으로서는 일본과의 수교를 통해 이 같은 남방삼각동맹체제를 이완시켜 안보불안정 문제를 해결하고자 하였다.

이치럼 냉전기 북한의 대주변 4강정책은 이념적 동질성과 대립관계를 바탕으로 동맹국들과는 갈등과 협력의 관계부침을 보였으며, 적대적 대립관계하에 있던 미국 및 일본과는 정부차원의 접촉보다는 민간차원에서 관계개선을 시도하였으나 괄목할 만한 성과는 거두지 못했다.

국제환경변화(탈냉전 도래)와 북한의 체제내적 변화는 북한으로 하여금 외교정책 목표, 전략, 방향 등에 있어서 대4강정책 전반에 걸쳐 변화를 가져왔다. 먼저 대중·러 정책의 무게중심은 명분보다는 점차 실리 쪽으로 이동하였다. 그 원인은 북한 측에 있다기보다는 중국 및 러시아 측에 있었다. 중·러 모두 북한을 냉전시기의 동맹파트너로서보다는 국가 대 국가, 경우에 따라서는 전략적 협력파트너로 간주하고 있는 등 그 인식이 변한 것이다. 이러한 가운데서도 중국과는 여전히 이데올로기적 동질성에 입각한 관계가 가끔씩 보였다. 하지만, 중국의 개혁개방 정책과 자본주의 시장경제 질서의 도입 등으로 이데올로기적 동질성이 양국 간의 관계에 결정적인 영향을 미치지는 못하고 있다. 오히려 전략적 협력관계의 차원에서 중국이 이를 활용하고 있다. 대러시아 관계에 있어서는 상호간에 이념적 동질성이 없는 관계로 국가 대 국가 간의 냉엄한 관계가 정착되어가고 있다. 따라서 북한으로서는 냉전기 동안 러시아로부터 받았던 일방적인 시혜는 기대할 수 없게 되었다. 다만, 동북아지역에서 미국과 일본의 패권견제, 한반도에서 힘의 우위를 점하기 위한 러시아의 전략하에 양국 간 협조가능성이 커지고 있다. 중국이 탈냉전기에도 북한을 결코 멀리하지 않는 것과 같은 이유라고 볼 수 있다.

탈냉전기 대미·일 정책을 보면, 무엇보다도 냉전기 동안 이들에게 품어왔던 적대관계를 해소하고 우호적인 태도로 그 방향을 전환하고 있다. 북한이 이 같은 태도를 보이게 된 것은 이들과의 관계정상화 여부가 자신들의 체제생존 여부와 밀접한 관련을 갖고 있기 때문이다. 따라서 현재 이들과의 관계정상화는 가장 중요한 대외정책 목표가 되고 있다. 특히 탈냉전기 들어 초군사강대국으로 부상한 미국의 군사위협이 위험수준에 이르고 있고, 최근에는 동북아에서도 미·일 군사협력이 크게 강화되고 있다는 점도 이러한 정책 전환과 관련이 있다. 게다가 자신들의 경제문제 해결에 있어서도 이 두 나라가 절대적 영향력을 행사할 수 있기 때문이다. 주지하는 바와 같이 내부동력으로 경제회복이 불가능한 상황에서 문제해결의 열쇠는 외부지원 및 협력이다. 이 과정에서 미국과 일본의 역할이 절대적이라는 사실이다. 이처럼 현 단계에서 북한이 미·일과 관계를 개선하고자 하는 주된 목표는 체제위협에 대한 불안감을 해소함과 동시에 각종의 경제지원 및 협력을 유도하는 데 있는 것이다. 북한이 일으켰던 핵문제나 미사일 문제는 모두 이것들을 협상의 지렛대로 활용하여 미국 및 일본과 대화채널을 확보하는 가운데, 핵이나 미사일을 포기하는 대가로 이 같은 대미일 정책 목표를 달성하고자 하는 것이다.

마지막으로 향후 북한의 대4강 외교정책 전망을 살펴보면 다음과 같다.

첫째, 대중 정책에 있어서는 여전히 이념적 동질성을 강조하는 가운데 체제안정 및 경제원조 획득에 치중할 것이다. 또한 현재

신행 중인 6자회담이나 미사일 문제 등에 있어서 중국의 협조를
이끌어내는 데 역점을 둘 것이다. 비록 6자회담에서 중국의 북한
에 대한 입장이 과거와는 다르다고 하지만 그렇다고 중국이 전
적으로 미국의 입장만을 옹호하지 않고 있다는 점을 감안하면
북한은 6자회담에서 자신들의 협상력 제고에 중국을 최대한 활
용하려 할 것이다. 2006년 7월 북한이 중국과 사전 의견조율 없
이 미사일을 시험발사 함으로써 불편한 관계에 있는 것도 사실
이다. 그렇지만 중국의 대한반도 및 동북아정책에서 북한은 여전
히 유용한 카드이다. 북한은 바로 이러한 제반 조건들을 최대한
이용하여 자신들이 처한 대내외 문제, 특히 미국의 압박에 대해
중국을 충격 완충장치로 활용하고자 할 것이다.

대러시아 정책과 관련하여 보면 북한은 대러시아 친선회복과
정상적 국가관계 정립에 역점을 둘 것이나, 특히 정치, 경제관계
에 중심을 둘 것이다. 러시아와의 정치적 관계정상화가 필요한
것은 무엇보다도 현안문제가 되고 있는 핵이나 미사일문제 해결
에 있어서 자신들의 협상력을 제고시키는 데 러시아는 중국 이
상으로 중요한 역할을 할 수 있기 때문이다.

대미정책과 관련하여 보면, 북한은 향후 미국과의 관계개선에
사활을 걸 수밖에 없을 것이다. 북한이 겉으로는 미국의 그 어떤
대북 정책에도 다 준비가 되어 있다는 단호한 입장을 보이고 있
지만, 사실은 이 모두 미국과의 협상을 위한 제스처에 불과하다.
두 번에 걸친 핵문제와 빈번한 미사일 시험발사는 모두 미국과
의 협상을 위한 예비동작이었음이 6자회담을 통해서 확인되었기
때문이다. 미국과의 관계개선이 중요한 것은 체제생존과 직결되

는 안보 불안정이 계속되고 있기 때문이다. 미국의 대북압박이 지속되고 있는 상황에서 반미국가들에 대한 미국의 태도가 선제공격이라는 무력행사로 나타나고 있다. 이라크전이 이를 증명하고 있다. 또한 미국은 북한도 결코 이 같은 선제공격 대상에서 예외가 될 수 없음을 수시로 경고하고 있다. 이 같은 상황에서 북한이 미국의 공격으로부터 피해갈 수 있는 방법은 핵무장을 통한 맞불작전이나 평화협정 또는 다자협정, 아니면 미국의 제반 요구를 수용하는 것밖에 없을 것이다. 북한은 이러한 선택의 기로에서 고민하지 않으면 안 되는 상황이다. 결국 협상카드를 통해 최대한 이익이 되는 선택을 하는 데 대미정책의 방향 및 목표를 정할 것이다.

대일본 정책과 관련하여 보면 북한은 대일수교에 역점을 둘 것이다. 특히 수교회담 재개 협의 등 정부 간 협상에서는 강경한 태도를 병행할 것으로 전망되며, 일본의 대북한 인도적 지원과 관련이 있거나 수교와 관련하여 물질적 이득이 있는 사항에 대해서는 강한 집착을 보일 것이다. 주지하는 바와 같이 2002년 9월 평양선언에서 양국이 전제조건 없이 수교회담에 응한다고는 약속하였지만 그동안 북한이 보여준 협상 행태를 볼 때 언제라도 북한은 자신들에게 유리한 입장에서 대일 수교협상을 이끌어내기 위해 보상금 문제나 구(舊)조약의 효력의 문제 등을 트집 잡아 관계를 악화시킬 가능성도 있다. 또한 북·미 관계 진전 여부도 북한의 대일관계 변수라고 할 수 있다. 즉 북·미 관계가 진전될 경우 북한은 일본과의 수교협상에 소극적 자세를 보일 가능성도 있다. 북한의 대일본 정책목표 중의 하나가 일본으로부터 경제지원 및 협력을 유도하는 것에 있기 때문에 이런 것들은 미국과의 관계개선으로부터 얻어질 수도 있기 때문이다. 그렇게 된다면 북한은 보다 더 유리한 입장에서 대일 수교협상을 벌이려고 할 것이다.

마지막으로 향후 연구과제와 관련해서 보면, 사실 북한은 여타의 사회주의 국가와는 다른 그들만의 독특한 체제를 고집하며 현재에 이르고 있다. 특히 자신들의 모든 문호 개방에 대해서는 아직도 부정적인 입장을 취하고 있다. 따라서 북한과 관련된 제반 연구는 북한사회의 이러한 특성으로 인해 자료접근 자체가 용이하지 않다는 한계가 있다. 현재 북한 연구에 있어서 가장 큰 문제점은 바로 이러한 자료접근의 제약성이라고 할 수 있다. 다음으로, 대부분 한국에서 이루어지고 있는 북한 연구는 객관성을 유지하기보다는 특정의 지배이데올로기에 편중된 연구가 대부분이다. 즉 연구자 자신이 자본주의체제의 우월성과 남한체제의 우월성의 선입관을 버리지 못하고 있는 것이다. 이는 아직까지 남한 사회에 남아 있는 국가보안법의 존재와 체제와 이념대립의 결과라고 생각된다. 향후 북한 외교정책을 비롯한 올바른 북한연구를 위해서는 가장 먼저 이러한 선입관을 배제하고 가치중립적인 입장에서의 연구자세가 필요하다.

아울러, 북한으로부터 입수되는 자료 역시 1차 자료보다는 2차 자료가 대부분인데, 2차자료 역시 가치중립적이지 못하다는 것이다. 따라서 북한 연구는 객관성을 지닌 연구결과를 산출하는 데 많은 제약이 있다. 이 책에서도 연구과정상의 이러한 제약으로 인해 정확한 논거를 제시하는 데 많은 미비점이 있었음을 인정

한다. 향후 북한을 연구하는 데 있어서 무엇보다도 연구자의 객
관적인 연구자세가 필요하다. 또한 북한 외교정책 연구분야 역시
지나치게 주변 강대국들을 중심으로 한 연구보다는 연구영역을
확장시켜야 할 것이다.

참고문헌

1. 국내문헌

■ 단행본 및 논문

강명구·박상후 "정치적 상징과 담론의 정치: 신한국에서 세계화까지",『한국사회학』, 제31집(1997).

강신창 『북한학 원론』, 서울: 을유문화사, 1998.

고유환 "향후의 한반도 정세를 전망한다",『월간북한』, 서울: 북한문제연구소, 2002.

국방부 『국방백서 2000』, 서울: 국방부, 2000.

국토통일원 『남북대화 연표, 1970-1980』, 서울: 국토통일원, 1980.

극동문제연구소   『세계공산권 총람』, 서울: 극동문제연구소, 1972.

김국신 『북방삼각관계와 소련·베트남·중공 간 3각관계의 비교 연구』, 서울: 일해연구소, 1988.

김재철 "북한·중국 간 외교관계", 윤정석 편,『통일환경론』, 서울: 오름, 1996.

김계동 "북한의 대미정책", 양성철·강성학 공편,『북한외교정책』, 서울: 도서출판 서울프레스, 1995.

김계동 "북방정책과 남북한관계 변화",『통일문제연구』, 제3권 4호(1991 겨울).

김성한 "페리 방북 이후 남북한 관계 전망: 한·미·북 삼각관계를 중심으로", 『통일전략포럼보고서 99-3』, 서울: 경남대학교 극동문제연구소, 1999.

김승채 "북한의 대외정책변화와 중·러 관계", 『계간 외교』, 제54호(2000.7).

『김일성 저작선집 제26권』, 평양: 조선로동당출판사, 1984.

김태우 『미사일 안보와 미사일 주권』, 성남: 세종연구소, 1999.

김태운 "북한의 대일정책 변천과 그 특징에 관한 연구", 『정치·정보연구』, 제7권 2호(2004).

_____ "김일성 사후 북한의 대주변 4강 정책변화 추이에 관한 연구", 『한민족문제연구소』, 제25집(부산대학교 한민족연구소, 2005. 4).

_____ "북한의 핵협상 전략과 목표에 대한 고찰: 다자회담에서 북·미 간 주요쟁점을 중심으로", 『통일문제연구』, 제20권 제2호(조선대학교통일문제연구소, 2005).

_____ "6자회담의 다자주의 실천성 검증과 다자협력기제로의 발전방안", 『북한연구학회보』, 제9권 제2호(2005).

_____ "북한이 미사일에 집착하는 이유", 광주매일 칼럼(2006. 3. 17).

김태운·노찬백 "김정일시대 주요 통치담론의 실천상 특징에 관한 고찰", 『통일정책연구』, 제15권 1호. 서울: 통일연구원, 2006.

랄프 클라프 "북한과 미국", 『북한의 대외정책』, 서울: 경남대학교 극동문제연구소, 1986.

류광철 외 『군축과 비확산의 세계』. 서울: 평민사, 2005.

문성묵   "군축과 핵문제", 문성묵 외.『신세계질서론』, 서울: 대
　　　　왕사, 1997.

박선섭   "부시행정부의 미사일 방어정책의 특징",『동북아 안보
　　　　정세 분석』. 한국국방연구원(2005. 9. 9).

박영규 『김정일정권의 외교전략』, 서울: 통일연구원, 2002.

박재규 『북한의 신외교와 생존전략』, 서울: 나남, 1997.

박춘삼   "북한의 대외경제협력",『북한의 대외관계』, 서울: 대왕
　　　　사, 1987

박태호 『조선민주주의인민공화국 대외관계사(1)』, 평양: 사회과
　　　　학출판사, 1985.

배성인   "김정일정권의 위기극복을 위한 정치담론과 담론의 정
　　　　치",『통일정책연구』, 제12권 2호. 서울: 통일연구원, 2003.

백광일   "북한-미국관계의 추이와 한반도 긴장완화",『국제정세』
　　　　(1990.8).

　　　　 "미국의 북한관계의 변화추세와 전망",『통일문제연구』,
　　　　제2권 1호(1990).

백학순   "김정일 위원장의 중국 방문, 용천역 폭발사고, 북한은 어
　　　　디로?",『정세와 정책』, 2004년 5월호. 성남: 세종연구소,
　　　　2004.

사단법인 평화포럼 편,『한반도 문제해결을 위한 정책권고안』,
　　　　(2002. 6).

사회과학연구소   『조선어문화어사전』, 평양: 사회과학출판사,
　　　　1973.

신상진 『북·중 관계의 전망: 미·북 관계와 관련하여』, 연구보

고서 97-04. 서울: 민족통일연구원, 1997.

신정현 "한·일 간 신시대 개막에 따른 북한·일본관계 전망", 『정책연구』, 제72호 (1985. 5. 6.).

연합뉴스사편 『2002 북한연감』, 서울: 연합뉴스사.

연합뉴스사 편 『요도호 사건의 어제와 오늘』, 서울: 연합뉴스, 2004.

연현식 "고이즈미 방북의 의미와 영향", 『국제문제』, 제387호 (2002).

오일환 "북·미 관계의 점검과 향후 전망", 『극동문제』, 서울: 극동문제연구소, 2002. 9).

이계만·김태운 "북한의 대중 동맹관계 균열과 회복원인에 관한 연구", 『한국동북아논총』, 제37집(2005).

이명수 "한반도 통일에 대한 중국의 2중정책", 『한국동북아논총』, 제2집(1996).

이상두 『마르크스 레닌주의의 제문제』, 서울: 범우사, 1983.

이상우 외 『북한 40년』, 서울: 을유문화사, 1988.

이원봉 "6자회담과 중국", 『정치·정보연구』, 제8권 2호(2005).

이종석 『북한-중국관계: 1945~2000』, 서울: 중심, 2000.

외교안보연구원 편 『주요 국제문제 분석』, 서울: 외교안보연구원, 2000.

이종석 외 『남북정상회담 이후 주변 4강의 대북한 정책변화와 우리의 대응방향』, 성남: 세종연구소, 2002.

이창헌 "북·미 베를린 협상 타결 및 '페리 보고서' 이후의 과제와 남북한 관계 전망", 『정치·정보 연구』, 제3권 1호

(2000).

진현준 "김정일정권의 대남정책과 남북관계 전망", 『통일연구논총』, 제7권 2호. 서울: 통일연구원, 1998.

_____ 『김정일정권의 분야별 정책변화 추이분석: 로동신문 사설·정론·논설을 중심으로』. 서울: 통일연구원, 2001.

정로관 "미·북한관계 추이와 그 장래", 『공산권연구』, (1990.4).

정성장·백학순 공저 『김정일정권의 생존전략』, 성남: 세종연구소, 2003.

정세진 『동아시아 국제관계와 한반도』, 서울: 한울아카데미, 2002.

정진위 "북한의 대중공관계", 박재규 편 『북한의 대외정책』, 서울: 경남대학교 극동문제연구소, 1986.

최선근 "탈냉전기 주변강국의 대외정책 및 대한반도 정책의 전개: 미국", 백종천 외 편. 『탈냉전기 한국 대외정책의 분석과 평가』. 성남: 세종연구소, 1998.

통일부 『주간북한동향』, 제522호(2001. 1. 13~20)/제553호, 2001. 8. 18~8. 24.

_____ 『북한최고인민회의 자료집Ⅲ』, 서울: 국토통일원, 1988.

한국정치학회 편 『북핵문제의 해법과 전망』, 서울: 중앙 M&B, 2003.

황장엽 『어둠의 편이 된 햇볕은 어둠을 밝힐 수 없다』, 서울: 월간조선사, 2001.

■ 신문·방송 및 인터넷 자료

『동아일보』 1994. 7. 22

『동아일보』 인터넷 판, 2004. 12. 26

『로동신문』 955. 2. 26/1955. 3. 4/1955. 10. 21/1955. 11. 22/1963. 1.
    30/1965. 6. 24/1966. 1. 11/1974. 3. 26/1979. 7. 11/1981. 1.
    30/1989. 12. 22/1990. 9. 28/1995. 8. 28/1995. 10. 25/2000. 6.
    2/2001. 8. 22/2002. 8. 26

『세계일보』 2005. 11. 13 인터넷 판 참조.

『연합뉴스』 2000. 8. 13/10. 25/2004. 4. 27

『조선중앙통신』 1999. 2. 6/2002. 9. 17/2004. 4. 22

『중앙일보』 1992. 4. 14/1997. 4. 14

『평양방송』 2001. 8. 23

『朝日新聞』 1990. 9. 25/1992. 2. 1

『每日新聞』 2004. 5. 20

http://cns.miis.edu/research/korea/abs96.html.

http://www.armscontrol.org/factsheets/.html.

http://nk.chosun.com/glossary.html.

http://www.acdpu.go.kr/news/310.html

http://usembassy.state

http://wwwkifs.org/main/info-all-view.html.

http://www.mofat.go.kr/file/hotissue.html.

http://monthly.chosun.com/html/200105/200105010024__3.html

http://nkchosun.com/original/original.html.

2. 외국문헌

Ballistic Missile Threat to the United States", July 15. 1998(Pursu
    ant to Public Law 201, 104th Congress).

Boucher, Richard. "Joint U.S. -DPRK Statement on
    International Terrorism", *Press Statement*, U.S.
    Department of State, October 6, 2000.

Boucher, Richard. *Sporkesman Daily Press Briefing.* U.S.
    Department of State, July 12, 2004.

Byung Chul Koh. *The Foreign Policy of North Korea.* New
    York: Frederick A. Praeger, 1969.

Crow, Suzanne. "Why has Russian Foreign Policy changed?"
    RFE/RL Research Report, Vol.3, N.18(May 1994).

Davis Zachary S. et. al., *Korea: Procedural and Jurisdictional
    Questions Regarding Possible Normalizations of Relations
    with North Korea. CRS*

Dmytryshyn, Basil. "Soviet Perceptuons of South Korea". in Jae
    Kyu Park and Joseph M. Ha(eds), *The Soviet Union and
    East Asia in the 1980s*(Seoul: The Institute for Eastern
    Studies, Kyungnam University Press, 1983).

G.F. Hudson, Richard Lowinthal, and Rodrick MacFarquhur.

The Sino-Soviet Disput. (New York: Praeger, 1961).

Gaddis, John Lewis. The Long Peace: Elements of Stability in the Postwar International System", Sean M. Lynn-Jones, ed., *The Cold War and After: Prospects for Peace.* Cam bridge, Massachusetts: MIT Press, 1991.

Gye-Dong Kim. "South Korea's Nordpolitik and Its Impact on Inter-Korean

"Implementation of Easing of Sanctions against North Korea". *Fact sheet released by the Office of the Spokesman,* U. S. Department of State, June 19, 2000.

Jahan, Egbert. Sowjetische Weltpolitik". in Manfred and Gert Krell(eds.), *Einfuehrung in die International Politik* (Mue chen: R. Oldenbourg Verlage, 1990), pp.121.

Lenoard Spector and Jacqueline Smith, "North Korea: the next nuclear nightmare", *Arms Control Today,* Mar. 1991.

Neville Maxwell, *India's China War.* Harmonds-worth, England: Penguin Book, 1972.

Niksch, Larry A. "North Korea's Nuclear Weapons Program" (CRS Report, 2001. 12. 6).

Relations". *East Asian Review.* Vol.1(Spring 1992).

"North Korea on the Terrorism List". *Memorandum,* CRS: Congressional Research Service, March 5, 2004.

"Office of the Coordinator for counterterroism". *Country Reports on Terrorism 2004,* U. S. Department of State, April 27 2005.

Rede von Michail Gorbatschow in Wladiwostok 28. Juli 1986. Moskau: APN-Verlage, 1986.

Reeker, Philip T. *Daily Press Briefing.* U.S. Department of State, August 14. 2000.

Rubin, James P. Spokesman. "U.S. -DPRK Missile Talks". *Press Statement,* U.S. Department of State, October 2, 1998.

Report for Congress, November 29, 1994.

Sagan, Scott D. Why Do States Build Nuclear Weapons?: Three Models in Search of a Bomb". *International Security,* Vol.21, No.3(1997).

Selig S. Harrison. "The North Korean Nuclear Crisis: From Stale mate to Breakthrough". *Arms Control Today,* Vol.24, No.9, November 1994.

Schwartz, General Thomas. Commander -in -Chief of U.S. For ces Korea. Testimony *before a House Armed Services Committe Hearing on the Department of Defence Fiscial Year 2001 Budget*(15 March 2000).

The Military Balance 2003-2004

The United Nations Disarmament Yerbook(2002).

Thomas An. "New Winds in Pyongyang?" *Problems of Commu nism,* vol.xv, No.4(July August 1966).

The Executive Summary of the Report of the Commission to Assess the

William J. Perry. *Review of United States Policy Toward North*

308

Korea: Findings and Recommendations Unclassified Report.
(Washington, DC October 12, 1999).

中華人民共和國外交部 政策研究室 『中國外交』, 1996年 版. 北京:
世界知識出版社, 1996.

中華人民共和國外交部 政策研究室 『中國外交』, 1997年版. 北京:
世界知識出版社, 1997.

부 록

■ 조소 우호협조 및 호상원조에 관한 조약(1961. 7. 6)

조선민주주의인민공화국과 쏘베트사회주의공화국연맹 최고쏘베트 상임위원회는 사회주의적 국제주의 원칙에 기초한 조선민주주의인민공화국과 쏘베트연맹 간의 친선관계를 강화발전시킬 것을 지향하면서,

유엔의 목적과 원칙에 입각하여 극동과 전세계에서의 평화와 안전의 유지 공고화를 촉진시킬 것을 희망하면서,

어떠한 국가 또는 국가련합으로부터 체약 일방에 대한 무력침공이 감행되는 경우에 원조와 지지를 제공할 결의에 충만되면서,

조선민주주의인민공화국과 소비에트연방 간의 친선, 선린, 협조의 강화가 량국 인민들의 사활적 리익에 부합되며 그들의 경제, 문화의 금후 발전을 가장 훌륭하게 촉진시키라는 것을 확인하면서,

이 목적으로 본 조약을 체결하기로 결정하고,

조선민주주의인민공화국 최고인민회의 상임위원회는 조선민주주의인민공화국 내각 수상 김일성을 쏘베트사회주의공화국연맹 최

고쏘베트 상임위원회는 쏘련 내각 수상 니끼따 쎄르게예비치 흐루쑈브를 각각 자기의 전권대표로 임명하였다.

량 전권대표는 소정의 형식과 완전한 절차를 갖춘 자기의 전권위임장을 교환한 후 다음과 같이 합의하였다.

제1조 체약 쌍방은 그들이 앞으로도 극동과 전세계의 평화와 안전의 보장을 목적으로 하는 모든 국제적 활동에 참가할 것이며 이 고귀한 과업의 수행에 기여할 것을 성명한다. 체약일방이 어떠한 국가 또한 국가련합으로부터 무력침공을 당함으로써 전쟁상태에 처하게 되는 경우에 체약 상대방은 지체 없이 자기가 보유하고 있는 온갖 수단으로써 군사적 및 기타 원조를 제공한다.

제2조 체약 각방은 체약 상대방을 반대하는 어떠한 동맹도 체결하지 않으며 체약 상대방을 반대하는 어떠한 연합이나 행동 또는 조치에도 참가하지 않을 데 대한 의무를 진다.

제3조 체약 각방은 평화와 전반적 안전의 공고화를 촉진시킬 것을 념원하면서 량국의 리해관계와 관련되는 모든 중요한 국제문제들에 대하여 호상 협의한다.

제4조 체약 쌍방은 평등과 국가주권의 호상 존중, 령토완정, 호상 내정불간섭의 원칙들에 립각하여 친선과 협조의 정신에서 조선민주주의인민공화국과 쏘베트사회주의공화국연맹 간의 경제적

및 문화적 관계를 강화발전시키며, 경제 및 문화 분야에서 가능
한 모든 원조를 호상 제공하며 필요한 협조를 실현할 데 대한
의무를 진다.

제5조 체약쌍방은 조선의 통일이 평화적이며 민주주의적인 기초
우에서 실현되어야 하며 그리고 이와 같은 해결이 조선인민의
민족적 리익과 극동에서의 평화 유지에 부합된다고 인정한다.

제6조 조약은 평양시에서 비준서를 교환한 날부터 효력을 발생
한다.
조약은 10년간 효력을 가진다.

체약 일방이 기한 만료 1년 전에 조약을 폐기할 데 대한 희망을
표시하지 않는다면 조약은 다음 5년간 계속하여 효력을 가지며
이와 같은 절차에 의하여 앞으로 유효기간이 연장된다.

본 조약은 1961年 7月 6日 모스크바에서 조선어와 로어로 각각 2
부씩 작성되었으며 이 두 원문은 동등한 효력을 가진다.

조선민주주의인민공화국 최고인민회의 상임위원회 위임에 의하여
조선민주주의인민공화국 내각 수상 김일성

쏘베트사회주의공화국연맹 최고쏘베트 상임위원회의 위임에 의
하여

쏘베트사회주의공화국연맹 내각 수상 엔 에쓰 흐루쑈브

■ 조중 우호협조 및 호상원조에 관한 조약(1961. 7. 11)

조선민주주의인민공화국 최고인민회의 상임위원회와 중화인민공
화국 주석은 마르크스-레닌주의와 프로레타리아국제주의의 원칙
에 입각하여 또한 국가주권과 영토완정에 대한 호상 존중, 호상
불가침, 내정에 대한 호상불간섭, 평등과 호혜, 호상원조 및 지지
의 기초 우에서 조선민주주의인민공화국과 중화인민공화국간의
형제적 우호협조 및 호상협조관계를 가일층 발전시키며 량국 인
민의 안전을 공동으로 보장하며 아세아와 세계평화를 유지 공고
화하기 위하여 모든 노력을 다할 것을 결의한다.

또한 량국 간의 우호협조 및 호상협조 관계의 강화발전은 량국
인민의 근본 리익에 부합될 뿐만 아니라 또한 세계 각국 인민의
리익에 부합된다고 확신한다. 이 목적을 위하여 본 조약을 체결
하기로 결정하고 조선민주주의인민공화국 최고인민회의 상임위
원회는 조선민주주의인민공화국 내각수상 김일성을, 중화인민공
화국 주석은 중화인민공화국 국무원 총리 저우언라이(周恩來)를
각각 자기의 전권대표로 임명하였다.

쌍방 전권대표는 전권 위임장이 정확하다는 것을 호상 확인하고
다음과 같은 조항들에 대하여 합의하였다.

제1조 체약쌍방은 아세아 및 세계의 평화와 각국 인민의 안전을 수호하기 위하여 계속 모든 노력을 다할 것이다.

제2조 체약 쌍방은 체약 쌍방 중 어느 일방에 대한 어떠한 국가로부터의 침략이라도 이를 방지하기 위하여 모든 조치를 공동으로 취할 의무를 지닌다. 체약 일방이 어떠한 한 개의 국가 또는 몇 개 국가들의 연합으로부터 무력침공을 당함으로써 전쟁상태에 처하게 되는 경우에 체약 상대방은 모든 힘을 다하여 지체없이 군사적 및 기타 원조를 제공한다.

제3조 체약 쌍방은 체약 상대방을 반대하는 어떠한 동맹도 체결하지 않으며 체약 상대방을 반대하는 어떠한 집단과 어떠한 행동 또는 조치에도 참가하지 않는다.

제4조 체약 쌍방은 량국의 공동리익과 관련되는 일절 중요한 국제문제들에 대하여 계속 협의한다.

제5조 체약 쌍방은 주권에 대한 호상 존중, 내정에 대한 호상불간섭, 평등과 호혜의 원칙 및 친선협조의 정신에 입각하여 량국의 사회주의건설 사업에서 호상 가능한 모든 경제적 및 기술적 원조를 제공하여 량국의 경제, 문화 및 과학기술적 협조를 계속 공고히 하며 발전시킨다.

제6조 체약쌍방은 조선의 통일이 반드시 평화적이며 민주주의적

인 기초 우에서 실현되어야 하며 그리고 이와 같은 해결이 곧 조선 인민의 민족적 리익과 극동에서의 평화유지에 부합된다고 인정한다.

제7조 본 조약은 비준을 받아야 하며 비준서를 교환한 날로부터 효력을 가진다. 본 조약은 1961년 7월 11일 북경에서 조인되었으며 조선문과 중국문으로 각각 2통씩 작성된 이 두 원문은 동등한 효력을 가진다.

조선민주주의인민공화국 전권대표 김일성

중화인민공화국 전권대표 저우언라이(周恩來)

■ 제네바 기본합의문(1994. 10. 21)

조선민주주의인민공화국정부대표단과 미합중국정부대표단은 1994년 9월 23일부터 10월 21일까지 제네바에서 조선반도핵문제의 전면적 해결에 관한 회담을 진행하였다.

쌍방은 조선반도의 비핵화 평화와 안전을 이룩하기 위하여 1994년 8월 12일부 조미합의성명에 명기된 목표들을 달성하며 1993년 6월 11일부 조미공동성명의 원칙들을 견지하는 것이 가지는 중요성을 재확인하였다.

조선민주수의인민공화국과 미합중국은 핵문제의 해결을 위하여
다음과 같은 행동조치들을 취하기로 결정하였다.

1. 쌍방은 조선민주주의인민공화국의 흑연감속로와 련관시설들을
경수로발전소들로 교체하기 위하여 협조한다.

1) 미합중국은 1994년 10월 20일부 미합중국 대통령의 담보서한
에 따라 2003년까지 총 200만 키로와트 발전능력의 경수로발전소
들을 조선민주주의인민공화국에 제공하기 위한 조치들을 책임지
고 취한다.

-미합중국은 자기의 주도하에 조선민주주의인민공화국에 제공할
 경수로발전소 자금과 설비들을 보장하기 위한 국제련합체를 조
 직한다. 이 국제련합체를 대표하는 미합중국은 경수로제공사업
 에서 조선민주주의인민공화국의 기본상대자로 된다.
-미합중국은 련합체를 대표하여 이 합의문이 서명된 날부터 6개
 월 안에 조선민주주의인민공화국과 경수로제공계약을 체결하기
 위하여 최선을 다한다. 계약을 체결하기 위한 협상은 이 합의문
 이 서명된 후 될수록 빠른 시일 안에 시작된다.
-조선민주주의인민공화국과 미합중국은 필요에 따라 핵에네르기
 의 평화적 리용분야에서의 쌍무적 협조를 위한 협정을 체결한
 다.

2) 미합중국은 1994년 10월 20일부 미합중국 대통령의 담보서한

에 따라 련합체를 대표하여 1호경수로발전소가 완공될 때까지 조선민주주의인민공화국의 흑연감속로와 련관시설들의 동결에 따르는 에네르기손실을 보상하기 위한 조치들을 취한다.

-대용에네르기는 열 및 전기 생산용 중유로 제공한다.

-중유납입은 이 합의문이 서명된 날부터 3개월 안에 시작하며 납입량은 합의된 계획에 따라 매해 50만 톤 수준에 이르게 된다.

3) 경수로제공과 대용에네르기보장에 대한 미합중국의 담보들을 받은 데 따라 조선민주주의인민공화국은 흑연감속로와 련관시설들을 동결하며 궁극적으로 해체한다.

-조선민주주의인민공화국의 흑연감속로와 련관시설들에 대한 동결은 이 합의문이 서명된 날부터 1개월 안에 완전히 실시된다. 이 1개월간과 그 이후의 동결기간에 조선민주주의인민공화국은 국제원자력기구가 동결상태를 감시하도록 허용하며 기구에 이를 위한 협조를 충분히 제공한다.

-경수로대상이 완전히 실현되는 때에 조선민주주의인민공화국의 흑연감속로와 련관시설들은 완전히 해체된다.

-경수로대상건설기간 조선민주주의인민공화국과 미합중국은 5메가와트시험원자로에서 나온 폐연료의 안전한 보관방도와 조선민주주의인민공화국에서 재처리를 하지 않고 다른 안전한 방법으로 폐연료를 처분하기 위한 방도를 탐구하기 위하여 협조한다.

4) 조선민주주의인민공화국과 미합중국은 이 합의문이 서명된 후 될수록 빠른 시일 안에 두 갈래의 전문가협상을 진행한다.

-한 전문가협상에서는 대용에네르기와 관련한 련관문제들과 그리고 흑연감속로계획을 경수로대상으로 교체하는 데서 제기되는 련관문제들을 토의한다.
-다른 전문가협상에서는 폐연료의 보관 및 최종처분을 위한 구체적인 조치들을 토의한다.

2. 쌍방은 정치 및 경제 관계를 완전히 정상화하는 데로 나아간다.

1) 쌍방은 이 합의문이 서명된 후 3개월 안에 통신봉사와 금융결제에 대한 제한조치들의 해소를 포함하여 무역과 투자의 장벽을 완화한다.
2) 쌍방은 전문가협상에서 령사 및 기타 실무적 문제들이 해결되는 데 따라 서로 상대방의 수도에 련락사무소들을 개설한다.
3) 조선민주주의인민공화국과 미합중국은 호상관심사로 되는 문제들의 해결에서 진전이 이루어지는 데 따라 쌍무관계를 대사급으로 승격시킨다.

3. 쌍방은 조선반도의 비핵화. 평화와 안전을 위하여 공동으로 노력한다.

1) 미합중국은 핵무기를 사용하지 않으며 핵무기로 위협하지도

않는다는 공식담보를 조선민주주의인민공화국에 제공한다.

2) 조선민수주의인민공화국은 시종일관하게 조선반도의 비핵화에 관한 북남공동 선언을 리행하기 위한 조치들을 취한다.

3) 조선민주주의인민공화국은 이 기본합의문에 의하여 대화를 도모하는 분위기가 조성되는 데 따라 북남대화를 진행할 것이다.

4. 쌍방은 국제적인 핵전파방지체계를 강화하기 위하여 공동으로 노력한다.

1) 조선민주주의인민공화국은 핵무기전파방지조약의 성원국으로 남아 조약에 따르는 담보협정의 리행을 허용할 것이다.

2) 경수로제공계약이 체결되면 동결되지 않는 시설들에 대한 조선민주주의인민공화국과 국제원자력기구 사이의 담보협정에 따르는 정기 및 비정기사찰이 재개된다. 계약이 체결될 때까지는 동결되지 않는 시설들에 대한 담보의 련속성을 보장하기 위한 국제원자력기구의 사찰이 계속된다.

3) 경수로대상의 상당한 부분이 실현된 다음 그리고 주요핵관련 부분품들이 납입되기 전에 조선민주주의인민공화국은 국제원자력기구와 자기의 핵물질초기보고서의 정확성 및 완전성 검증과 관련한 협상을 진행하고 그에 따라 기구가 필요하다고 간주할 수 있는 모든 조치들을 취하는 것을 포함하여 기구와의 담보협정(회람통보/403)을 완전히 리행한다.

조선민주주의인민공화국대표단 단장 조선민주주의인민공화국 외교부 제1부 부장 강석주

미합중국대표단 단장 미합중국 순회대사 로버트 엘 갈루치

1994년 10월 21일 제네바

1994년 10월 20일 워싱톤 백악관

■ 조일관계에 관한 조선로동당, 일본의 자유민주당, 일본사회당의
　공동 선언(1990. 9. 28)

자유민주당대표단과 일본사회당대표단이 1990년 9월 24일부터 28
일까지 조선민주주의인민공화국을 방문하였다.

조선로동당 중앙위원회 총비서이신 김일성주석께서는 자유민주
당대표단과 일본사회당대표단을 접견하시었다.

접견석상에서 가네마루 싱단장과 다나베 마꼬도단장은 조선로동
당 중앙위원회 총비서이신 김일성주석께 자유민주당 가이후 도
시끼총재의 친서와 일본사회당 도이 다까꼬 중앙집행위원장의
친서를 전하였다.

방문기간 당중앙위원회 비서 김용순을 단장으로 하는 조선로동
당대표단과 중의원의원 가네마루 싱을 단장으로 하는 자유민주
당대표단, 중앙집행부 위원장 다나베 마꼬도를 단장으로 하는 일

본사회당대표단 사이의 3당 공동회담들이 진행되었다.

3당 대표단은 자주, 평화, 친선의 리념에 기초하여 조일 두 나라 사이의 관계를 정상화하고 발전시키는 것이 두 나라 인민들의 리익에 부합되며 새로운 아세아와 세계의 평화와 번영에 기여로 된다고 인정하면서 다음과 같이 선언한다.

1. 3당은 과거에 일본이 36년간 조선인민에게 커다란 불행과 재난을 끼친 사실과 전후 45년간 조선인민에게 입힌 손실에 대하여 조선민주주의인민공화국에 공식적으로 사죄를 하고 충분히 보상해야 한다고 인정한다.

자유민주당 가이후 도시끼총재는 김일성주석께 전한 친서에서 지난 기간 조선에 대하여 일본이 끼친 불행한 과거가 존재하였다는 것을 언급하고 《이러한 불행한 과거에 대해서는 다께시다 이전 수상이 지난해 3월 국회에서 깊은 반성과 유감의 뜻을 표명하였는데 저도 내각수상으로서 그와 같은 생각입니다.》라는 것을 밝히고 조일 두 나라사이의 관계를 개선해나갈 희망을 표명하였다.

자유민주당대표단 단장인 중의원의원 가네마루 싱도 조선인민에 대한 일본의 과거식민지통치에 대하여 깊이 반성하는 사죄의 뜻을 표명하였다.

3당은 일본정부가 국교관계를 수립하게 되는 것과 관련하여 과거 36년간의 식민지지배와 그 이후 45년 동안 조선민주주의인민공화국 인민에게 끼친 손해에 대하여 충분히 보상하여야 한다고 인정한다.

2. 3당은 조일 두 나라사이에 존재하고 있는 비정상적인 상태를 해소하고 가능한 빠른 시일 안에 국교를 수립하여야 한다고 인정한다.

3. 3당은 조일 두 나라사이의 관계를 개선하기 위하여 정치, 경제, 문화 등 여러 분야에서 교류를 발전시키며 당면하여 위성통신리용과 두 나라사이의 직행항로를 개설하는 것이 필요하다는데 대하여 인정한다.

4. 3당은 재일조선인들이 차별을 받지 않고 인권과 민족적제권리와 법적 지위가 존중되어야 하며 일본정부는 이것을 법적으로 담보하여야 한다고 인정한다.

3당은 또한 일본당국이 조선민주주의인민공화국과 관련하여 일본려권에 기재한 사항을 제거하는 것이 필요하다고 간주한다.

5. 3당은 조선은 하나이며 북과 남이 대화를 통하여 평화적으로 통일을 이룩하는 것이 조선인민의 민족적 리익에 부합된다고 인정한다.

6. 3당은 평화롭고 자유로운 아세아를 건설하기 위하여 공동으로 노력하며 지구상의 모든 지역에서 핵위협을 없애는 것이 필요하다고 인정한다.

7. 3당은 조일 두 나라사이의 국교수립의 실현과 현안의제문제들을 해결하기 위한 정부 간의 교섭을 1990년 11월 중에 시작하도록 강력히 권고하기로 합의하였다.

8. 3당은 두 나라 인민들의 념원과 아세아와 세계 평화의 리익에 맞게 조선로동당과 자유민주당, 조선로동당과 일본사회당 사이의 당적 관계를 강화하고 호상 협조를 더욱 발전시키기로 합의하였다.

1990년 9월 28일

조선로동당을 대표하여 김용순
자유민주당을 대표하여 가네마루 싱
일본사회당을 대표하여 다나베 마꼬도

■ 조선민주주의인민공화국과 로씨야련방의 모스크바선언(2000.
7. 19)

조선민주주의인민공화국 국방위원회 김정일 위원장께서 로씨야련방
대통령이신 뿌찐각하의 초청에 의하여 2001년 7월 26일부터 로씨야
에 체류하시였으며 8월 4일과 5일 공식방문하시였다.

새 세기 첫해에 모스크바에서 진행된 조선민주주의인민공화국과
로씨야련방 최고수뇌들의 상봉과 회담은 조로친선관계력사에서
특별한 의의를 가지는 사변으로, 아시아태평양 지역과 전세계에서
의 평화와 안전을 강화하는 데 기여할 력사적인 리정표로 되였다.

두 나라 최고수뇌들은 친선적이고 허심탄회한 분위기에서 쌍무
관계문제와 호상 관심사로 되는 국제문제들에 대한 폭 넓은 의
견교환을 진행하고 다음과 같이 합의하였다.

1. 조선민주주의인민공화국과 로씨야련방은 새 세기에 세계적 안
정을 유지하고 정치, 경제, 사회문화, 공보 및 기타 분야에서 국
제사회의 모든 성원들의 믿음직한 안전을 보장하기 위하여 법의
우위와 평등, 호상 존중, 호혜적 협조의 원칙에 기초한 정의로운
새 세계구조를 형성하는 데 이바지할 것이다.

쌍방은 세계적인 문제들에서 유엔의 주도적인 역할을 강화하는
것이 가지는 중요성과 유엔헌장을 비롯한 국제법적원칙과 규범

늘에 배치되는 온갖 시도들을 방지해야 할 필요성에 대하여 인
정하였다.

세계에 존재하는 분쟁문제들은 대결이 아니라 평화적으로, 정치
적 협상의 방법으로 해결되어야 한다.

조선민주주의인민공화국과 로씨야련방은 국제관계에서 독립과
자주권, 령토완정이 철저히 보장되어야 한다고 인정하면서 매개
국가는 평등한 수준의 안전을 향유할 권리를 가진다는 것을 확
인한다.

쌍방은 국제테로와 호전적분립주의의 전파위협에 대처하기 위하
여 국제사회의 노력을 합치는 것이 중요하다는 데 대하여 지적
하였다.

 2. 두 나라 최고수뇌들은 1972년 요격미싸일제한조약이 전략적
안정의 초석으로, 전략공격무기의 가일층의 축감을 위한 기초로
된다는 데 대하여 류의하면서 새 세기에도 국제적 안전강화에
백빙으로 기여할 결의를 표명하였다.

조선 측은 조선민주주의인민공화국의 미싸일계획이 평화적 성격
을 띠고 있으며 따라서 조선민주주의인민공화국의 자주권을 존
중하는 그 어느 나라에도 위협으로 되지 않는다고 확언하였다.

로씨야 측은 조선민주주의인민공화국의 이러한 립장을 환영하였다.

3. 두 나라 최고수뇌들은 깊은 력사적 뿌리를 가지고 있는 전통적인 조로친선협조관계를 더욱 발전시키는 것이 새 세기에 들어선 두 나라 인민들의 근본리익에 부합되며 아시아와 세계의 평화와 안전보장에 중대한 기여를 한다는 데 대하여 일치하게 인정하였다.

쌍방은 2000년 7월 19일에 두 나라 최고수뇌들이 서명한 조로공동 선언과 2000년 2월 9일에 조인된 조선민주주의인민공화국과 로씨야련방 사이의 친선, 선린 및 협조에 관한 조약의 력사적 의의를 다시금 확인하고 이 문건들에 기초하여 동북아시아와 전 세계에서의 평화와 안정, 두 나라의 번영과 평등한 호혜적 협조를 이룩하기 위한 친선관계를 확대발전시켜 나가기로 하였다.

4. 두 나라 최고수뇌들은 정치, 경제, 군사, 과학기술, 문화 등 여러 분야에서 쌍무적인 협조를 가일층 발전시키기 위한 구체적인 방향과 조치들에 대하여 합의하였으며 일련의 해당한 협정들이 체결된 데 대하여 만족스럽게 지적하였다.

5. 쌍방은 무역경제협조분야에서 이미 이룩된 합의들을 구체화하면서 쌍무결제에서의 과거 문제들을 조정하는 데 기초하여 공동의 노력으로 건설된 기업소들, 특히 전력부문 기업소들의 개건

계획들을 우선적으로 실현하기로 약속하였으며 자기 정부들에
이와 관련한 지시를 주었다.

로씨야 측은 일련의 쌍무계획실현을 위하여 조선 측의 리해 밑
에 외부의 재정원천을 인입시키는 방법을 리용하려는 자기의 의
향을 확인하였다.

6. 쌍방은 세계적 실천에서 공인된 호상리익의 원칙에 기초하여
조선반도 북남과 로씨야, 유럽을 련결하는 철도수송로창설계획을
실현하기 위하여 필요한 모든 노력을 기울 것을 공약하면서 조
선과 로씨야철도련결사업이 본격적인 실현단계에 들어선다는 것
을 선포하였다.

7. 두 나라 최고수뇌들은 2000년 6월 15일 북남공동선언에 따라
나라의 통일문제를 조선민족끼리 서로 힘을 합쳐 자주적으로, 평
화적으로 해결하기 위한 조선인민의 노력을 지지하는 것이 조선
의 통일문제해결에 이바지한다는 데 대하여 견해의 일치를 보았
으며 이 과정에 대한 외부적인 방해를 허용하지 말아야 한다고
언급하였다.

로씨야 측은 이와 관련한 조선의 북남사이의 합의를 존중하며
북남대화가 외부의 간섭이 없이 계속되는 것을 확고히 지지한다
는 것을 확인하였으며 앞으로도 조선반도에서의 긍정적인 과정
들에서 건설적이며 책임적인 역할을 수행할 용의를 확인하였다.

8. 조선민주주의인민공화국은 남조선으로부터의 미군철수가 조선반도와 동북아시아의 평화와 안전보장에서 미룰 수 없는 초미의 문제로 된다는 립장을 설명하였다.

로씨야 측은 이 립장에 리해를 표명하였으며 비군사적 수단으로 조선반도의 평화와 안정을 보장하여야 할 필요성을 강조하였다.

로씨야 측은 조선민주주의인민공화국과 일련의 유럽국가들 및 국제기구들 사이의 공식관계 설정이 적극화되고 있는 것을 환영하였으며 조선민주주의인민공화국과 미국, 일본과 같은 나라들 사이의 회담과정에서 성과가 이룩되기를 진심으로 바란다고 언급하였다.

조선민주주의인민공화국 국방위원회 김정일 위원장께서는 방문 기간 로씨야 측의 따뜻한 환대에 사의를 표시하시고 로씨야련방 대통령 뿌찐각하가 편리한 시기에 조선민주주의인민공화국을 다시 방문하도록 초청하시였다.

초청은 감사히 수락되었다.

조선민주주의인민공화국 국방위원회 위원장 김정일
로씨야연방 대통령 뿌찐
2001년 8월 4일 모스크바

▌ U. S.-D. P. R K. Joint Communique(October 12, 2000)

Released by the Office of the Spokesman
U. S. Department of State, October 12, 2000

As the special envoy of Chairman Kim Jong Il of the D. P. R. K. National Defense Commission, the First Vice Chairman, Vice Mar shal Jo Myong Rok, visited the United States of America from October 9-12, 2000.

During his visit, Special Envoy Jo Myong Rok delivered a letter from National Defense Commission Chairman Kim Jong Il, as well as his views on U. S.-D. P. R. K. relations, directly to U. S. President William Clinton. Special Envoy Jo Myong Rok and his party also met with senior officials of the U. S. Administration, including his host Secretary of State Madeleine Albright and Secretary of Defense William Cohen, for an extensive exchange of views on issues of common concern. They reviewed in depth the new opportunities that have opened up for improving the full range of relations between the United States of America and the Democratic People's Republic of Korea. The meetings proceeded in a serious, constructive, and businesslike atmosphere, allowing each side to gain a better understanding of the other's concerns.

Recognizing the changed circumstances on the Korean Peninsula created by the historic inter-Korean summit, the United States and the Democratic People's Republic of Korea have decided to take steps to fundamentally improve their bilateral relations in the interests of enhancing peace and security in the Asia-Pacific region. In this regard, the two sides agreed there are a variety of available means, including Four Party talks, to reduce tension on the Korean Peninsula and formally end the Korean War by replacing the 1953 Armistice Agreement with permanent peace arrangements.

Recognizing that improving ties is a natural goal in relations among states and that better relations would benefit both nations in the 21st century while helping ensure peace and security on the Korean Peninsula and in the Asia-Pacific region, the U.S. and the D.P.R.K. sides stated that they are prepared to undertake a new direction in their relations. As a crucial first step, the two sides stated that neither government would have hostile intent toward the other and confirmed the commitment of both gove rnments to make every effort in the future to build a new rela tionship free from past enmity.

Building on the principles laid out in the June 11, 1993 U.S.-D. P.R.K. Joint Statement and reaffirmed in the October 21, 1994

Agreed Framework, the two sides agreed to work to remove mistrust, build mutual confidence, and maintain an atmosphere in which they can deal constructively with issues of central concern. In this regard, the two sides reaffirmed that their relations should be based on the principles of respect for each other's sovereignty and non-interference in each other's internal affairs, and noted the value of regular diplomatic contacts, bilaterally and in broader for a.

The two sides agreed to work together to develop mutually beneficial economic cooperation and exchanges. To explore the possibilities for trade and commerce that will benefit the peoples of both countries and contribute to an environment con ducive to greater economic cooperation throughout Northeast Asia, the two sides discussed an exchange of visits by economic and trade experts at an early date.

The two sides agreed that resolution of the missile issue would make an essential contribution to a fundamentally improved relationship between them and to peace and security in the Asia-Pacific region. To further the efforts to build new relations, the D. P. R. K. informed the U. S. that it will not launch long-range missiles of any kind while talks on the missile issue continue.

Pledging to redouble their commitment and their efforts to fulfill their respective obligations in their entirety under the Agreed Framework, the US and the D. P. R. K. strongly affirmed its importance to achieving peace and security on a nuclear weapons free Korean Peninsula. To this end, the two sides agreed on the desirability of greater transparency in carrying out their respective obligations under the Agreed Framework. In this reg ard, they noted the value of the access which removed U. S. con cerns about the underground site at Kumchang-ri.

The two sides noted that in recent years they have begun to work cooperatively in areas of common humanitarian concern. The D. P. R. K. side expressed appreciation for significant U. S. contributions to its humanitarian needs in areas of food and medical assistance. The U. S. side expressed appreciation for D. P. R. K. cooperation in recovering the remains of U. S. servicemen still missing from the Korean War, and both sides agreed to work for rapid progress for the fullest possible accounting. The two sides will continue to meet to discuss these and other humanitarian issues.

As set forth in their Joint Statement of October 6, 2000, the two sides agreed to support and encourage international efforts against terrorism.

Special Envoy Jo Myong Rok explained to the US side developments in the inter-Korean dialogue in recent months, including the results of the historic North-South summit. The U.S. side expressed its firm commitment to assist in all appropriate ways the continued progress and success of ongoing North-South dialogue and initiatives for reconciliation and greater cooperation, including increased security dialogue.

Special Envoy Jo Myong Rok expressed his appreciation to President Clinton and the American people for their warm hospitality during the visit.

It was agreed that Secretary of State Madeleine Albright will visit the D.P.R.K. in the near future to convey the views of U.S. President William Clinton directly to Chairman Kim Jong Il of the D.P.R.K. National Defense Commission and to prepare for a possible visit by the President of the United States.

· 저자 ·

김태운
(金太云)

· 약 력 ·

전남 진도출생
조선대학교 정치외교학과 졸업(정치학사)
조선대학교 대학원 정치외교학과 졸업(정치학 석사)
전남대학교 행정대학원 행정학과 졸업(행정학 석사)
조선대학교 대학원 정치외교학과 졸업(정치학 박사)
프랑스외교전략연구원 졸업
(Centre D'Etudes Diplomitiques Et Strategi ques)
(국제관계 외교학 박사)

현 조선대학교 정치외교학부 초빙객원교수
　한국아시아학회 편집이사 겸 국제학술이사
　한국정치·정보학회 감사

· 주요논저 ·

『신국제질서와 남북한』
『한반도와 국제관계』
『김일성사후 북한의 대주변 4강정책』
『김정일시대 주요 통치담론의 실천과정상 특징』
『북핵 6자회담의 다자주의 실천성에 관한 고찰』
『북한의 대중 동맹관계 균열과 회복원인에 관한 연구』
『최고정책결정권자의 대외인식과 북한의 대외정책』
외 다수

북한의 한반도 주변 대4강
외교정책에 대한 이해

· 초판 인쇄	2006년 10월 30일
· 초판 발행	2006년 10월 30일
· 지 은 이	김태운
· 펴 낸 이	채종준
· 펴 낸 곳	한국학술정보㈜
	경기도 파주시 교하읍 문발리 526-2
	파주출판문화정보산업단지
	전화　031) 908-3181(대표)·팩스　031) 908-3189
	홈페이지　http://www.kstudy.com
	e-mail(출판사업부)　publish@kstudy.com
· 등　록	제일산-115호(2000. 6. 19)
· 가　격	22,000원

ISBN　89-534-5760-2 93340 (Paper Book)
　　　　89-534-5761-0 98340 (e-Book)